孙 建 / 著

REORGANIZATION FINANCING:
A STUDY OF LEGAL PRACTICE

重整融资法律实务问题研究

法律出版社
LAW PRESS·CHINA
——北京——

图书在版编目（CIP）数据

重整融资法律实务问题研究 / 孙建著. -- 北京：法律出版社，2025. -- ISBN 978 - 7 - 5244 - 0447 - 7

I. D922.291.914

中国国家版本馆 CIP 数据核字第 2025MY2253 号

重整融资法律实务问题研究
CHONGZHENG RONGZI FALÜ
SHIWU WENTI YANJIU

孙　建著

责任编辑　陶玉霞
装帧设计　鲍龙卉

出版发行　法律出版社	开本　710 毫米×1000 毫米　1/16
编辑统筹　法规出版分社	印张 16.75　　字数 258 千
责任校对　张红蕊	版本　2025 年 9 月第 1 版
责任印制　耿润瑜	印次　2025 年 9 月第 1 次印刷
经　　销　新华书店	印刷　河北虎彩印刷有限公司

地址：北京市丰台区莲花池西里 7 号（100073）
网址：www.lawpress.com.cn　　　　　销售电话：010 - 83938349
投稿邮箱：info@lawpress.com.cn　　　客服电话：010 - 83938350
举报盗版邮箱：jbwq@lawpress.com.cn　咨询电话：010 - 63939796
版权所有·侵权必究

书号：ISBN 978 - 7 - 5244 - 0447 - 7　　　　定价：58.00 元

凡购买本社图书，如有印装错误，我社负责退换。电话：010 - 83938349

序 言

破产法律制度中的再建主义取代清算主义是一项革命性的变革。清算主义将保护债权人的利益作为制度构建的核心价值，破产程序的目的是将债务人的全部财产用于清偿债务。早期罗马法的《十二铜表法》第3表"债务法"以极为残酷的惩罚手段保护债权人的利益：（1）债务人在承认债务或得到债务判决后，有30日的特许宽限期；（2）宽限期届满仍未偿还的，债权人可以将债务人押解到庭；（3）债务人如当庭不能偿还，且无人为之到庭偿还或提供担保，则债权人可以将债务人押回家中，给他戴上足枷或手铐，加以拘禁；（4）拘禁期间，债务人的生活自理，如无力自理则由债权人供养；（5）拘禁期间，债务人有权与债权人谋求和解；（6）在此期间，债权人须连续3个集市日，将债务人押往广场，在裁判官面前当众宣布其所欠债额；（7）至第3个集市日，如无人为之清偿或提供担保，债权人可以将债务人处死，或卖至国外；（8）如果债务人是被交给多个债权人，债权人可以将债务人切块分尸，或分配将其出卖的价金。再建主义主张在保全债务人资产和营业的基础上，通过一定的偿债安排，使债务人企业得以拯救和复兴，并使债权人得到清偿。在此情况下，债权人关注的不是债务人当时的资产，而是将来可以获得的资产。再建主义典型的制度体现就是重整。清算主义和再建主义实际上也是传统破产法和现代破产法的主要区别。我国现行《企业破产法》较为全面地规定了和解与重整程序，充分体现了再建主义的价值追求。

尽管重整相较于和解具有更加灵活和有效的企业拯救手段，但是各国法律制度长期以来对重整方法的规定存在雷同和局限性，在制度创新方面远远不能适应社会的需求。《重整融资法律实务问题研究》着墨于破产重整中的融资问题。作者长期从事破产案件的司法审判工作，对破产重整中的资产融资、债权融资、股权融资等具体问题进行了深入思考和研究，对破产融资方案的制定、破产融资市场法治环境的完善、破产融资中政府和法院的合作机制做了深入分析，提出了独到见解。

  作者的潜心耕耘终于有了收获。很高兴《重整融资法律实务问题研究》付梓出版，谨以此文为序。

张国平

2025 年 1 月 9 日于南京

目 录
Contents

导 论
一、本书的研究缘起 　　　　　　　　　　　　　　001
二、本书的创新之处 　　　　　　　　　　　　　　002
三、本书的研究思路 　　　　　　　　　　　　　　003
四、本书的研究方法 　　　　　　　　　　　　　　007

第一章　重整融资制度概述
一、企业融资与重整融资 　　　　　　　　　　　　009
二、重整融资的制度价值 　　　　　　　　　　　　017
三、重整融资的制度变迁 　　　　　　　　　　　　020
四、重整融资的相关理论 　　　　　　　　　　　　035

第二章　资产融资的法律规制
一、资产出售 　　　　　　　　　　　　　　　　　039
二、资产证券化 　　　　　　　　　　　　　　　　068

第三章　债权融资的法律规制
一、借款融资 　　　　　　　　　　　　　　　　　080
二、发行债券 　　　　　　　　　　　　　　　　　099
三、可转债 　　　　　　　　　　　　　　　　　　103

第四章 股权融资的法律规制

  一、增资   109

  二、减资   151

  三、股份让渡   154

  四、债转股   156

  五、股东权益调整的其他问题   163

第五章 重整融资方案的制定和审查

  一、重整融资方案与重整计划的关系   181

  二、重整融资方案制定的基本原则   185

  三、重整融资方案相关问题及建议   191

第六章 重整融资的市场培育

  一、重整投资人的培育   197

  二、重整资本市场的培育   214

  三、重整融资信息化建设   228

第七章 重整融资中的府院联动

  一、府院联动的基础   237

  二、府院联动的边界   241

  三、政府介入重整融资的比较分析   246

  四、我国府院联动的反思及建议   251

导 论

一、本书的研究缘起

破产重整是在企业无力偿债但有复苏希望的情况下，依照法律规定的程序，保护企业继续营业，实现债务调整和企业整理，使之摆脱困境，走向复兴的再建型债务清理制度。[1] 重整制度设置的目的是挽救企业的经济与社会价值，避免其因破产清算造成各种不良社会影响，同时使债权人得到较清算更多的清偿。[2] 而重整制度功能目的的实现，需要解决好以下基本问题：第一，如何为债务人提供合理机会进行重整；第二，如何保障重整企业财产价值最大化和债权人利益最大化；第三，如何在对融资方和投资人进行特别保护的同时，给予融资方相应的救济；第四，如何综合考虑重整融资中的强制性和自治性问题，明确政府干预和法院介入的边界，实现公力干预和私人自治的有机结合。所有这些问题都与重整融资制度密切相关。

重整融资直接关系到破产重整的结果，是破产重整的基础性和关键性问题。企业能否及时筹集到足够的资金，对其经营发展至关重要，直接决定了企业重整的成败，也决定了企业是走向新生还是进入清算。[3] 进入重整程序后，重整企业主要面临两项任务：维持企业运营和采取措施实现企业重生。无论是完成哪个任务，都需要一定的现金流，以支付

---

[1] 参见王卫国：《论重整制度》，载《法学研究》1996年第1期。
[2] 参见王欣新：《重整制度理论与实务新论》，载《法律适用》2012年第11期。
[3] 参见李荐、王国亮：《破产重整中的资产证券化》，载王欣新、郑志斌主编：《破产法论坛》第14辑，法律出版社2019年版，第376页。

企业经营费用和寻求新的利润点。[1] 对于一个已经陷入困境的重整企业，如果不能及时注入新的资金，维系企业正常运营都十分困难，更不必说实现企业的重生，乃至实现重整的社会价值。司法实务中，重整成功的企业通常会有成功融资的支持；而公司重整的失败，往往不是因为企业没有运营价值，也不是重整计划缺乏可行性，而是未能及时获得必要的资金支持。这种融资的失败，有债务人或管理人主观的原因，如对融资的重要性缺乏足够的认识，对现有的融资制度缺乏必要的了解，对具体融资方式不知如何选择和运用等，但更重要的是现有的融资法律制度本身存在诸多问题，这些问题突出表现在重整融资方式、重整融资方案、重整融资市场和府院联动等方面。

重整融资与优化营商环境也密切相关，是提升营商环境评价指数的重要环节。世界银行认为，有效的破产制度能够帮助无法生存的企业迅速清算，并使具有生存能力的企业进行有效重组。相反，如果破产制度不能及时有效地处理企业的重组和清算流程，会加剧这些企业的经济困境。一个好的破产制度至少应当具有以下六个特征：一是能够实现资产价值最大化；二是鼓励对有救助可能的企业进行重整；三是能够提高市场的确定性；四是能够激励贷款人向破产企业借款；五是能够保障职工在重整企业继续工作；六是能够保护与破产企业有关的产业链。上述诸多特征，均与重整融资密切相关。从更广阔的视野来看，重整融资制度对于完善我国社会主义市场经济制度，激发市场主体活力和动力，进一步推动经济高质量发展，具有十分重要的制度价值和现实意义。

二、本书的创新之处

本书的创新之处主要体现在以下几个方面：

---

[1] 参见贺丹：《破产重整控制权的法律配置》，中国检察出版社2010年版，第125－126页。

（一）直面实务中的问题。本书牢固树立问题导向，以切实解决重整实务中"融资难"问题作为出发点。重整融资既是企业重整的关键问题，也是实践性很强的问题。如何应对司法实践中融资方式单一、激励性和保障性不足、融资市场不完备以及具有中国特色的府院联动等突出问题，是研究这个课题所不能回避的。本书从拓展融资方式、强化融资保障等方面入手，直面阻碍重整企业融资的新问题，旨在为重整企业及时有效解决融资困境提供切实有效的观点和方法。

（二）广泛搜集文献资料。总体而言，直接与重整融资制度相关的理论和实务资料较为有限。本书对融资制度相对成熟的国家和地区的法律及案例进行了搜集，重点对近年来我国破产重整融资实践进行了全面梳理和总结，旨在借鉴新的理论成果、总结新的实践经验，对我国的重整融资理论进行研究，并通过实证检验，使理论研究成果更具现实契合性。

（三）提出新的规则建议。制度创新与规则建议是本书研究的重点。重整融资涉及的法律关系复杂，不仅涉及《企业破产法》的自身问题，还与《公司法》《证券法》等法律存在衔接问题，如何从制度层面提出新的规则建议，是研究重整融资不可回避的核心问题。本书立足于制度分析和制度完善，对重整融资的具体模式、法律规范、政府行为、司法角色和市场培育等问题进行梳理和分析，旨在健全我国的重整融资体系，深化制度的全面性和系统性。

三、本书的研究思路

在体系架构上，本书共分为七章。第一章为重整融资制度概述，第二章至第四章为重整融资模式的类型化研究，第五章为重整融资方案的制定和审查，第六章为重整融资的市场培育，第七章为重整融资中的府院联动。第六章和第七章反映了完善的重整融资制度需要统筹用好市场和政府"两只手"，离不开重整融资市场的培育和府院联动机制的完善。

各章节之间的关系和主要内容如下：

第一章为重整融资制度概述。本章作为全书的逻辑起点，重点阐述了重整融资的概念、特点和必要性，同时结合破产重整制度的理念变迁，梳理了国内外重整融资制度的历史发展脉络，最后介绍了与重整融资制度相关的主要理论。本章的内容为后面各章的研究奠定了基础，提供了方向。通过各国重整制度的改革变迁可以发现，重整融资制度的建立和完善既是挽救困境企业、推进市场经济和制度完善的内在要求，也是破产制度和重整制度改革的必然趋势。

第二章为资产融资的法律规制。本章正式开启了重整融资制度体系构建的序幕。本章与第三章债权融资、第四章股权融资是并列关系，都属于融资模式或融资方式的内容，同时也是第五章重整融资方案制定和审查中应当关注的重点。资产融资主要包括资产出售和资产证券化两种方式。资产出售是司法实践中最常见的融资方式之一。实务中，资产出售的审查标准，尤其是重整计划外出售式重整的审查标准，存在立法的缺陷和司法的短板，同时资产出售程序保障机制的欠缺也是阻碍资产价值最大化目标实现的重要因素。资产证券化是以资产为导向的结构性融资方式，我国司法实践中已经出现将资产证券化运用于重整融资的初步尝试。如果能够解决好信用增级、资产池选择、破产隔离等重点问题，资产证券化可以成为大型重整企业融资的有效方式。综上，如何在借鉴国外制度的基础上完善我国的资产出售和资产证券化制度，是本章探讨的重点。

第三章为债权融资的法律规制。债权融资是通过调整负债结构获取资金的融资方式。典型的债权融资主要包括新增借款和发行债券两种方式，其核心内容是优先权问题。可转债属于公司债券的范畴，其作为一种特殊的债权资本，是兼具债权、股权和期权性质的融资工具。我国《企业破产法》没有明确借款融资的清偿顺位。2019年出台的《最高人民法院关于适用〈中华人民共和国企业破产法〉若干问题的规定（三）》（以下简称《破产法司法解释三》）规定，重整案件受理后的新的借款可以参照共益债务的清偿顺位,但是在借款融资的清偿顺位上仍然存在值得研究的新问题。各国和地区立法通过不同的形式和方法为重整中的借款债权确立了优先受偿地位,在一定条件下甚至优先于担保债权,或者将这种优先权扩展到法院裁定重整之前形成的债权,这种多层次的优先权体系激发了贷款人的积极性,极大提升了借款融资的制度效果。鉴于我国的法律和司法解释均没有涉及借款融资的优先权体系,如何构建符合我国国情的多层次债权融资优先权体系成为本章的重中之重。发行债券的主要问题在于:一方面要修订《公司法》《证券法》等相关法律条文,降低重整企业的融资条件;另一方面公司债券应当参照借款融资确定优先受偿地位。关于可转债,我国《企业破产法》和相关司法解释未作规定,司法实践中也没有运用于重整企业融资的案例。本章认为,可转债运用于重整企业融资在理论上具有可行性,在实践中具有必要性,在规则设计上应将其纳入重整企业融资体系。

第四章为股权融资的法律规制。股权融资是司法实践中常见的融资方式之一,主要包括增资、减资、股份让渡、债转股等相关内容。债转股主要涉及转股对象的选择、转股债权的条件、债转股的表决批准、债转股的退出机制等问题。股权融资必然涉及股东权益调整的问题,而重整企业的股东权益调整更具复杂性。我国《企业破产法》虽然提及出资人权益调整,但是对于重整企业如何通过调整资本结构进行融资未作规定。本章分析了增资、减资、股份让渡、债转股等股权融资方式的实务问题并提出解决措施,在此基础上就出资人权益调整的方式、表决程序以及股权变更等司法实践中的常见问题进行了论述。重点提出了重整企业股东权益调整的规则体系,即资产大于负债时应保留股东权益、资不抵债时原则上不保留股东权益、根据意思自治保留股东权益、股东配合重整可以保留一定权益、股东依据"新价值"保留相应权益。

第五章为重整融资方案的制定和审查。本章提出了制定重整融资方案应当遵循的基本原则,分析了重整融资方案存在的三个方面的突出问题,即融资方案在重整计划中的地位不突出、融资方案不明确甚至没有融资方案、融资方案未对融资方式进行优化配置。在此基础上，本章建议将"为重整企业提供有效融资"作为重整计划的必要记载事项，同时列举具体融资方式作为提示性的一般记载事项；建议制定融资方案时，综合运用资产融资、债权融资、股权融资进行多元融资，并且根据企业的资产类型、负债情况、经营状况、行业地位等具体情况，选择适当的融资方式组合；建议法院在审查重整计划时，将重整融资方案的可行性作为批准重整计划的重要考量因素。

第六章为重整融资的市场培育。市场化是重整融资制度的原则和方向。本章重点从重整投资人培育、重整资本市场培育和重整融资信息化建设三个方面展开研究。重整投资人是企业重整中的一支重要力量。实务中，重整投资人制度主要面临招募原则不清晰、保障机制不完善、约束机制不健全等问题，需要采取有针对性的措施予以解决。在重整资本市场方面，长期以来我国融资市场更多关注的是正常经营的企业，危困企业投资市场未得到充分的重视，需要通过建立政府重整投资引导基金、健全困境企业债权交易制度、完善多层次资本市场体系等方式，为重整企业融资提供更加有力的制度保障。推进信息化建设是推进破产法市场化实施的重要方式，但是实践中依然还有很多问题值得关注和研究，如管理人在财产拍卖过程中的角色定位与履职保障的问题、破产财产网拍的特殊性如何体现在相应的制度规则中等问题，需要通过类型化的总结，推动相关法律制度规则的改进。

第七章为重整融资中的府院联动。府院联动是我国在破产法尚不完备的情况下，为应对破产社会外部性问题或破产衍生社会问题而采取的一系列做法。政府对重整企业提供资金支持是各国的普遍做法，较之美国、日本等国政府援助重整企业的经验，我国府院联动在市场化、法治化、专门化和制度化方面存在不足，突出表现为困境企业融资在制度供给和法律供给方面的明显不足，亟待从个案协调上升到普遍适用，从机制建立上升到制度完善，从政策出台上升到法律制定。同时，政府参与重整企业融资虽具有其合理性，但也要注意把握边界，否则会对破产重整制度市场化、法治化的基础造成损害。本章重点分析了府院联动机制的基础和边界，强调应当明确法院与政府的职能定位，在坚持法院主导地位的前提下发挥好政府的配合作用，并从市场化、法治化、专门化和制度化四个方面提出完善我国府院联动制度的对策建议。

四、本书的研究方法

本书采用的研究方法主要有：

（一）历史分析法。重整融资制度是破产制度发展到一定阶段的产物，它的出现有其历史必然性。对重整融资制度的分析研究，离不开对各个阶段法律制度的理解和把握。本书在分析破产法和破产重整制度立法变迁的基础上，对重整融资制度的起源和发展进行分析，旨在把握重整融资制度的立法本质，进而为制度设计奠定基础。

（二）价值分析法。价值分析法是认识和探究法律制度要旨和精义的钥匙，也是改革和完善法律制度的基本工具。本书通过分析重整融资制度价值取向的变化，指出重整融资制度是破产立法价值多元化的制度需求。重整融资制度将所有可能受债务人破产消极影响的利益主体都考虑在内，从而为破产法对社会利益的维护提供了制度上的依据。本书采用价值分析的方法，以"效率""公平"等核心价值为基础和主线，完成对重整融资制度的体系构建。

（三）比较分析法。比较分析法对提升认识水平具有不可或缺的作用，是各种学科适用的研究方法。在横向的比较中，能够生动明了地阐明现代各种法律秩序已经发展的关于具体问题的各类解决办法，同时为了批判性地观察这些解决办法，并且为了将本国的解决办法同它们进行比较估量而提供工具。我国对重整制度和重整融资制度引入较晚，通过对国内外理论、立法和实践进行比较分析，有助于开拓思维，加深对重整融资制度的理解，并为完善我国的立法提供有价值的建议。同时，在推行借鉴的"本土化"过程中，也要考虑各国政治、经济、文化、法制等各方面的差异，要研判已经或将来可能遇到的问题，以及预防这些问题可能带来的消极影响。

（四）案例分析法。重整融资的法律制度来源于实践，见诸于实践。因此，本书重点关注国内外重整融资的典型案例，充分采用了案例分析的方法。对有益于重整融资制度理论分析和探讨的重点案例，通过深入剖析案例背景及其主要内容，力争理论与实践相结合。

（五）实证分析法。破产法作为一门应用性学科，采用实证研究方法，将理论研究与实务操作相结合十分必要。总结这些重整融资制度在实践中的成功经验与失败教训，能够更明确地分析现有立法的不足，有助于提出正确的立法建议，设计出更加合理的法律制度。为此，本书力求吸收和借鉴经济学、社会学等学科的研究视角和方法，对重整融资制度这一极具理论和现实意义的课题展开研究。

第一章　重整融资制度概述

重整融资属于企业融资的范畴,是企业因陷入困境进入破产重整程序后,为实现重生而进行的资金融通。当前世界各国广泛运用资产融资、债权融资、股权融资等方式解决重整企业的融资困境,重整融资呈现出多元化和规范化的发展态势。我国的破产制度经历了政策性破产和市场化破产两个时期,但真正意义上的重整融资制度始于2006年《企业破产法》的公布,起步较晚,尚处于探索阶段。重整融资涉及的相关理论主要有资本结构理论、优序理论、控制权理论、市场失灵理论和公共利益管制理论等。

一、企业融资与重整融资

(一) 企业融资

1. 基本概念

融资制度,指的是在一定经济体制下以何种制度安排将一国的国民储蓄有效转化为社会投资,促进一国的经济社会可持续发展。具体来说,就是指经济生活的经济主体从何种途径、以怎样的方式筹资和分配资金的选择。融资制度是与国家的经济制度密切相关的范畴,其核心是如何有效聚集并分配资本,进而解决一国经济发展过程中的资本形成和融资需求问题。[1] 在不同的经济制度和经济时期下,会产生不同的融资制度

---

[1] 参见张雪梅:《中国中小企业融资难的制度性缺陷研究》,辽宁大学2014年博士学位论文。

和融资特点。比如，与计划经济体制相对应的是计划经济体制的融资制度，其特征是资金的融通方式采取配给制等行政手段，行政方式在资金配置中起到了主要作用。与市场经济体制相对应的是市场经济体制的融资制度，其特征是资金融通体现了市场导向而不是行政干预，市场机制在金融资源配置中起到了基础性作用。

企业融资可以分为广义的融资和狭义的融资。广义的企业融资，是指资金在不同的所有者之间流动，实现资金余缺互补的一种经济活动。这里的企业融资展现的是资金的双向互动，不仅包括资金的融入，还包括资金的融出。狭义的企业融资，是指资金需求者对资金的筹集，主要针对的是资金的来源和融入。具体可以表述为，企业根据生产经营状况、资金需求等实际情况，利用内部积累或者向企业的投资者及债权人筹集资金，组织资金供应，保证企业创业和发展活动所需资金的一种经济行为。

对于企业而言，资金是企业经营的特殊资源，是一切生产经营活动的基础。资金对其他资源具有引导和配置的作用，其他资源只有通过与资金的交换才能进入生产过程。同时，资金追求增值的特性促使其通常向个别收益率较高的行业或企业流动。因此，从表现方式上看，企业融资表现为企业能否获得资金以及通过什么方式获得资金；从本质上看，企业融资反映的是重新配置社会资源的过程。

2. 融资模式

融资模式是企业融资的重要问题，具体指的是企业在筹措资金的过程中，对于不同的融资方式、融资渠道以及融资条件的选择偏好及倾向。[1] 融资模式关系到企业的融资成本、资本构成和融资风险。对于一个企业而言，优化融资模式有利于降低企业的融资成本，改善企业的资本构成，降低企业的融资风险，从而帮助企业摆脱资金困境，推动企业

---

[1] 参见王秀贞：《中小企业融资与成长的关系研究》，北京交通大学 2017 年博士学位论文。

实现良性发展。因此，企业在拓展融资渠道的同时，还应当根据自身情况，综合考虑各种融资方式的优劣，打造融资方式的最优组合，最大限度地发挥融资对企业发展的重要作用。企业融资的方式多种多样，根据不同的分类标准和企业的现实需求，融资模式主要包括以下几种：

（1）长期融资和短期融资。这是根据资金使用期限对融资模式进行的划分。长期融资通常指的是资金使用期限超过一年的融资行为；短期融资通常指的是资金使用期限在一年以内的融资行为。长期融资具有使用时间长、利用成本高、周转速度慢的特征，包括长期借款、发行股票、发行债券等方式。短期融资的功能主要在于补充企业流动性，具有使用时间短、利用成本低、周转速度快的特征，包括短期借款、存货融资、信用融资、票据融资等方式。

（2）内源性融资和外源性融资。这是根据资金来源方向对融资模式进行的划分。内源性融资和外源性融资的分类最早由美国经济学家格利和爱德华·肖提出。内源性融资是指企业依托内部积累资金的方式进行融资，主要由企业的资本金、折旧基金和留存收益组成。内源性融资的优势在于具有自主性和抗风险性，对于企业，特别是创业初期企业的经营发展具有重要作用。但是其融资效果往往会受到企业的资产情况、盈利情况以及收益情况等因素的影响。外源性融资是企业向外部主体筹措资金的行为。根据企业是否通过金融机构借款，外源性融资又可以分为直接融资和间接融资两种方式。直接融资是指企业不通过金融机构，直接向资金供给者筹集资金，如民间借款、发行股票、发行债券等。间接融资是指企业通过银行等金融机构融资的行为，如银行贷款、银行券、银行汇票等。

对于企业而言，内源性融资和外源性融资各有优势和劣势。内源性融资成本较低，但是随着企业的发展，尤其是陷入困境的时候，需要向成本较高的外源性融资拓展。外源性融资市场广阔，可以起到优化资源配置的效应，但是相对于内源性融资，其成本较高，且对企业资产状况、征信情况等要求也较高。不同类型、不同发展阶段、不同发展状况的企业，对内源性融资和外源性融资的需求以及选择比例应当有所区别。

（3）资产融资、债权融资和股权融资。根据资金取得基础，融资模式可以分为资产融资、债权融资和股权融资。这也是本书所采用的类型化分析方法。

资产融资指的是企业通过资产运作来满足资金需求的融资方式。这里的资产包括流动资产（应收账款、存货等）和固定资产（厂房土地、机器设备等）。资产融资主要有以下几个特点：首先，体现资产信用，有利于降低企业成本。无论是债权融资还是股权融资，都以企业的信用和企业的经营状况为基础。同时，由于信息不对称等因素的存在，客观上影响了对企业价值的评估和判断，为此投资者往往会以折价的方式来规避这种风险，从而提高了企业的融资成本。资产融资脱离了对企业信用和经营状况的考量，降低了信息不对称造成的资产折价影响，从而可以降低企业的融资成本。其次，增加融资渠道，有利于提升资产价值。资产融资作为一种信用活动，其偿付的基础不仅来源于资产的重整价值，而且来源于资产未来的可预期收益。前者如简单的资产出售，后者如资产证券化。在资产融资的视角下，可以重新认识企业的预期收益价值，重视通过专利、资质、商誉、营销网络等无形资产进行融资，从而开辟新的融资渠道，全面提升企业的资产价值。最后，体现表外融资，有利于优化财务结构。资产融资通常只会对企业的资产状况产生影响，而不会对财务报表中的负债和所有者权益产生影响。对于一些资产信用良好，但是存在信用危机或者股权价值低估的企业，通过资产融资可以较好地回笼资金。

债权融资指的是企业依托自身信用或者第三方担保，通过举债的方式进行融资。通过债权融资获得的资金，企业需要偿本付息，主要包括租赁融资、银行贷款融资和债券融资等方式。债权融资具有以下特点：第一，债权融资对资金的使用是有成本的，企业必须还本付息。第二，债权融资能够提高企业所有资金的回报率，具有财务杠杆作用。第三，与股权融资相比，债权融资通常不会对企业的控制权产生影响。

股权融资指的是企业通过让渡部分所有权的方式进行融资，主要包括发行股份、股份转让、减资等方式。通过股权融资获得的资金，企业无须偿本付息，但新股东将获得公司的部分控制权。股权融资的特点主要包括：一是长期性。股权融资筹措的资金不需要归还本息。二是不可逆性。投资者不得要求归还资金，收回本金需要经过严格的法律程序，并且需要借助市场流通。三是无负担性。股权融资没有固定的股利负担，股利的支付与否及支付金额由股东会集体决策。

3. 融资原则

企业融资通常具备以下原则：

（1）融资效益原则。企业融资的直接目的是获取较高的经济效益，实现企业价值的最大化和股东利益的最大化。在进行融资决策或者制定融资方案时，企业需要对融资产生的收益进行评估，获得的收益越多，意味着融资的效益越高，因此融资效益往往成为企业和企业所有者首要考虑的因素。同时，与融资收益相伴的是融资风险，在融资的过程中，企业可能承担政策风险、利率风险、经营风险、管理风险、信用风险、评级风险等多种风险，这些风险需要企业在决策的过程中统筹考虑、综合分析。

（2）适度融资原则。适度融资原则指的是融资要根据企业对资金的需求、规模大小、发展状况、融资的难易程度和成本情况等因素，合理确定融资规模。融资过多，会造成资金闲置浪费，增加使用成本，甚至增加经营风险。融资不足，又会影响企业的发展规划及业务的正常开展。不同的企业，或者同一个企业在不同的发展时期，对融资金额、资金形式和资金需求期限的要求也是不同的，企业在制定融资方案时，应考虑国内市场利率和国际市场汇率的变化，考虑固定资金、流动资金和发展资金的配置，考虑长期融资和短期融资的搭配，从而减少企业的支付风险，增加企业融资效益。

（3）成本控制原则。融资成本指的是企业融资所付出的代价。融资成本是决定企业融资效率的关键因素，而融资方式直接影响融资成本的高低。企业融资的方式多种多样，对应的成本也高低不齐。成本控制原则强调企业应以成本最低的融资方式来进行融资。融资方式的成本分析受多种因素影响，需要根据具体的融资情况进行分析考量。通常情况下，各种融资方式的融资成本从低到高排列顺序大致如下：出售资产、发行股票、发行债券、银行借款、商业借款。

(4) 融资机会原则。融资机会是指对企业融资有益的融资环境和时机的总和。从企业内部环境来看，融资过早或过多会造成资金的闲置和浪费，融资过晚或过少又会对企业经营造成负面影响。从企业外部环境来看，国内外经济形势和融资环境的变化，对企业能否及时获得融资具有直接影响。因此，企业在作出融资决策时，应积极分析企业内部和国内外的融资环境，结合企业实际情况把握有利时机进行融资。

(二) 重整融资

虽然重整融资在从属关系上属于企业融资，是破产重整企业为实现重生而进行的资金融通。但是相对于正常经营状态下的企业，重整企业融资更具有特殊性、复杂性和困难性，在融资前提、融资难度、融资关系等方面具有较大差异性，需要有针对性地进行制度设计。

1. 重整融资的定义

重整融资有广义和狭义之分。狭义的重整融资主要是债权融资，指的是困境企业在重整期间获得的借贷资金。[1] 狭义上的融资在美国破产法上称为 DIP 融资 (Debtor In Possession Financing)，指的是在重整期间，为满足债务人业务和流动性的需求，由控制债务人发起并得到法院批准的，债务人依据美国破产法的规定直接从企业外部获得的额外的贷款融通活动。广义的重整融资指的是破产程序开始后，针对申请破产重整的公司进行的资金融通[2]，泛指重整企业为清偿债务或继续运营进行的所

---

[1] 参见贺丹：《破产重整控制权的法律配置》，中国检察出版社 2010 年版，第 125 页。
[2] 参见王佐发：《公司重整的契约分析》，中国政法大学 2008 年博士学位论文。

有融资性活动。从类型化分析来看，广义的重整融资不仅包括狭义的债权融资，还包括资产融资、股权融资。

狭义的重整融资即债权融资来源于公司外部，因与新的贷款人发生法律关系，因而涉及重整优先权的问题以及多主体的利益平衡。但是，财务困境是企业进入重整的基本表征，而多元融资是重整企业摆脱困境的必要方式。重整实践中，重整企业只有在综合考虑企业情况、效益成本、融资环境等因素的基础上，综合运用资产融资、债权融资、股权融资等融资方式，才能有效解决维持企业运营和推动企业重生所需的现金流问题。为充分发挥融资对企业重整的促进作用，本书采用的是广义的重整融资概念。

2. 重整融资的特点

相对于正常企业融资，重整融资主要呈现以下特点：

第一，营运价值是重整融资的前提条件。营运价值论是重整制度的理论基础，营运价值是设计重整制度的逻辑起点。所谓营运价值，就是企业作为营运实体的财产价值，或者说，企业在持续营业状态下的价值。在许多情况下，企业的营运价值高于它的清算价值，即高于它的净资产通过清算变价所能获得的价值回收。[1] 营运价值一般包括以下三个方面：（1）有形资产的价值，如机器设备、厂房土地、存货等；（2）无形资产的价值，如知识产权、商业经验等；（3）企业人员之间协作关系的价值。[2] 营运价值之所以高于清算价值，主要在于其反映了有形资产组合和无形资产的整体价值，而简单的清算会导致这些价值的损耗。重整融资作为企业重整的关键环节，其根本目的在于维持企业的正常经营并实现企业的重整更生。在供给侧结构性改革和发展新质生产力的背景下，对于不具有营运价值的企业，应当通过破产清算的方式果断出清。对于

---

[1] 参见王卫国：《论重整制度》，载《法学研究》1996 年第 1 期。
[2] See Douglas G. Baird, Robert K. Rasmussen, *The End of Bankruptcy*, 55 Stann. L. Rev, 2002, p. 763 – 768, 773 – 775.

没有重整价值的企业强行融资进行重整，不仅无法挽救企业，还有可能浪费社会资源，延误债权清偿，导致债权人利益因资产贬值而蒙受损失。因此，是否具有营运价值是判断重整企业是否有必要进行重整融资的核心指标。

第二，融资困难是重整融资的显著特征。即使是正常经营的企业，融资也是关键且困难的。对于已经进入破产重整程序的困境公司，募集资金更加迫切，同时更加困难。重整企业融资难的原因是多方面的，主观上，管理人对融资的重要性缺乏足够的认识，在招募投资人时缺乏有效的方法；客观上，企业因信用基础缺失、持续盈利能力下降而难以获取新的借款，因法律制度的障碍难以通过资本市场融资，因融资方式单一导致资金来源不足，等等。在司法实务中，重整成功的企业背后通常都有成功融资的因素；而公司重整的失败，往往并不是因为企业没有运营价值，也不是因为重整计划不尽科学，而往往是因为难以及时获得新的资金。可以说，融资困难是阻碍企业重整最直接、最主要的因素。例如，富贵鸟股份有限公司重整失败，直接原因在于未能有效利用重整规则并寻找到合适的投资人。

第三，利益平衡是重整融资的内在要求。破产重整的过程往往是多方利益冲突与平衡的过程，尤其是重整投资人加入后，利益关系更加复杂，利益冲突更加凸显，利益平衡面临更大的挑战。重整企业、原股东、重整投资人、担保债权人、普通债权人、职工，甚至是地方政府和社会，都在重整过程中代表并且表达着不同的利益诉求。例如，在借款融资时，融资方为确保资金安全可能会要求重整企业提供新的担保或者优先于现有担保债权受偿，从而造成现有债权人清偿顺位发生变化。又如，在股权融资时，通常会对原股权进行缩减，这就涉及新旧出资人之间的利益冲突和平衡问题。同时，重整企业的治理机制不同于正常经营企业，企业的控制权受到限制，重整融资的决策权向债权人会议转移，并接受债委会、管理人和法院的监督。重整企业融资具有决策复杂性的特征，同时又面临意思决定的高风险、决策程序的繁琐性和对融资决策便捷性的高要求。如果重整企业不能迅速作出正确的融资决策，更容易贻误商机、增加营运困难，不利于企业的拯救和复苏。重整企业利益主体的多元性和融资决策的复杂性，意味着作为现代企业法理论和实践重心的破产重整制度，必须树立协调利益冲突方采用尽可能低的成本协力实现重整目标的制度导向，成为"一个精巧的利益纠纷解决机制"和"众多利益相关者的利益平衡协调器"。[1]

二、重整融资的制度价值

重整融资制度对于推动企业重整再生，优化营商环境，推进经济高质量发展、完善社会主义市场经济制度具有十分重要的制度价值和现实意义。

（一）重整融资是企业成功重整的关键所在

企业能否及时筹集到足够的资金，对其经营发展至关重要，直接决定了企业重整的成败，决定了企业是走向新生还是走向清算。[2] 进入重整程序的公司为了维持经营，需要持续的现金流购买原材料、发放工资；为了转型升级，需要投入资金整合资源、改进技术，甚至对业务和资产进行重组；为了重整计划顺利通过表决，需要引入资金或资产提高债权人的清偿率。国际上也公认：债务人为维持其经营活动，必须能够获取资金，使其得以继续支付供应关键货物和服务的费用，其中包括劳动成本、保险、租金、合同支出、其他运营支出，以及维持资产价值方面的相关费用。如果债务人并无可动用的资金应付其当前的流动现金需要，它将需要设法从第三方获得融资。如果以继续运营作为程序的目的，至为必要的是早日确定获取新的融资需要，有时甚至在提出至启动程序前

---

[1] 张世君：《公司重整的立法构造》，人民法院出版社2006年版，第4页。
[2] 参见李荐、王国亮：《破产重整中的资产证券化》，载王欣新、郑志斌主编：《破产法论坛》第14辑，法律出版社2019年版，第369页。

这段时间即需要确定此种需求。获得新的融资对于程序启动后至批准计划前这段时间也是重要的。[1] 由此可见，对于已经陷入困境的重整企业，如果不能及时注入新的资金，维系企业正常运营都十分困难，更不必说实现企业的重生和重整的社会价值。

（二）重整融资是优化营商环境的重要举措

营商环境是企业等市场主体在市场经济活动中所涉及的体制机制性因素和条件，其优劣直接影响市场主体的兴衰、生产要素的聚散以及发展动力的强弱。经济社会发展的动力，源于市场主体的活力和社会创造力，很大程度上取决于营商环境的优势。近年来，我国高度重视优化营商环境，并采取了一系列举措。习近平总书记指出，"法治是最好的营商环境"。从党的十八届三中全会提出"建设法治化营商环境"到"十三五"规划明确提出要完善法治化、国际化、便利化的营商环境，到党的二十届三中全会提出"营造市场化、法治化、国际化一流营商环境"并作出了新的部署，优化营商环境已经成为我国中央和地方重要的施政策略。

世界银行发布的《营商环境报告》采用量化指数对全球 190 个经济体的营商环境进行分析排名。党的十八大以来，我国持续推进营商环境建设，在经济合作与发展组织发布的全球营商环境排名中，位次逐步提升。按照世界银行标准，"办理破产"指标，是指企业通过法院破产程序办理破产清算或实现重整所需的时间、费用、债权人收回的债权比例（企业不再继续经营时），以及破产相关法律规定与法院执行法律的情况。2022 年 2 月 4 日，世界银行官网发布了新的营商环境体系 BEE（Business Enabling Environment，简称宜商环境）项目说明。"办理破产"是 BEE 评估指标体系中的十个一级指标之一。办理破产指标衡量的是国内企业破产程序的时间、成本、结果和债权人回收率，以及适用于清算和重组

---

[1] 参见联合国国际贸易法委员会：《破产法立法指南》，2006 年，第 103－104 页。

程序的法律框架。BEE 的"办理破产"指标延续了原营商环境评估体系（Doing Business，DB）的内容并进行了扩充，新增了评估破产前程序、跨境破产、中小微企业的简化程序、破产管理人的专业知识、破产机制等内容。BEE 将在"办理破产"领域使用三套指标：破产程序的法规质量（监管框架维度）；破产程序机制和基础设施质量（公共服务维度）；实践中解决司法破产程序的效率（效率维度）。

完善重整融资制度对于优化营商环境具有重要作用。例如，2019 年《破产法司法解释三》确立了共益债务融资的优先性，明确了作为资产融资方式之一的资产处分要保障债权人的参与权，这一规定在当时对提升破产框架力度指数得分发挥了重要作用。

为进一步优化营商环境，国务院于 2019 年 10 月 22 日公布了《优化营商环境条例》，该条例第 26 条和第 27 条对解决融资难、融资贵问题作出了具体规定。[1] 2020 年和 2022 年，国务院办公厅又先后公布了《关于进一步优化营商环境更好服务市场主体的实施意见》《关于进一步优化营商环境降低市场主体制度性交易成本的意见》。各地也相继以地方立法的形式出台了营商环境条例。比如，2020 年年初，北京市和上海市分别出台了《北京市优化营商环境条例》和《上海市优化营商环境条例》，《北京市优化营商环境条例》第 74 条和第 78 条[2]、《上海市优化营商环

---

[1]《优化营商环境条例》第 26 条第 1 款规定："国家鼓励和支持金融机构加大对民营企业、中小企业的支持力度，降低民营企业、中小企业综合融资成本。"第 27 条规定："国家促进多层次资本市场规范健康发展，拓宽市场主体融资渠道，支持符合条件的民营企业、中小企业依法发行股票、债券以及其他融资工具，扩大直接融资规模。"

[2] 2020 年《北京市优化营商环境条例》第 74 条规定："市高级人民法院应当与市规划和自然资源、公安机关交通管理等有关政府部门建立破产案件财产处置联动机制，统一破产企业土地、房产、车辆等处置规则，提高破产财产处置效率。"第 78 条规定："人民法院应当健全破产案件债权人权益保障机制，保障债权人会议对破产企业财产分配、处置的决策权，保障债权人的知情权、参与权和监督权。"

境条例》第 70 条、第 71 条和第 72 条[1]均涉及重整融资中的资产处置问题。2023 年，北京市在总结多年来优化营商环境经验的基础上，形成了《关于北京市全面优化营商环境打造"北京服务"的意见》。

三、重整融资的制度变迁

（一）破产法律制度的理念嬗变

德国法学家拉德布鲁赫指出，法律是一种文化现象，是一种涉及价值的事物。它只有在涉及价值的立场框架中才可能被理解[2]。破产法的立法理念经历了从债权人本位，到债权人和债务人利益平衡本位，再到社会本位的嬗变过程，现代破产法也不再是只关注私人权利的民商法，而具有了公法和私法关联耦合的经济法属性[3]。

1. 单纯保护债权人利益时期

通常认为，破产法萌芽于罗马法。早期的破产法体现了惩戒主义的思维，完全从债权人的角度调整债权债务关系。从词源上看，英语中的 "Bankruptcy"（破产）一词来源于中世纪意大利语 "Banca Rotta"，意为 "被砸烂的店面"，指的是当债务人无力偿还债务时，债权人会冲进债务人的店面，砸烂债务人的摊位，以这种方式宣泄内心的愤恨并且宣告债务人经营失败。在罗马法中，最初对欠债不还的债务人采取的是财产和人身同时执行的方式，不仅债务人的财产要被分光，其人身也要被卖为

---

[1] 2020 年《上海市优化营商环境条例》第 70 条第 2 款规定："本市建立市人民政府和市高级人民法院共同牵头、相关部门参加的企业破产工作协调机制，统筹推进企业破产处置工作，依法支持市场化债务重组，及时沟通解决企业破产过程中的问题。"第 71 条第 1 款规定："本市建立破产案件财产处置联动机制。市高级人民法院会同市规划资源、公安等有关部门统一破产企业土地、房产、车辆等处置规则，提高破产财产处置效率。"第 72 条第 1 款规定："破产管理人处分破产企业重大财产的，应当经债权人会议逐项表决通过。"

[2] 参见［德］拉德布鲁赫：《法哲学》，王朴译，法律出版社 2005 年版，第 4 页。

[3] 参见王欣新：《论破产立法中的经济法理念》，载《北京市政法管理干部学院学报》2004 年第 2 期。

奴隶，甚至被处死分尸。当债权人为数人时，变卖为奴的价钱可以公平分享，甚至尸体也可以被肢解分配。这种分配方式在体现公平的同时，也充斥着惩戒主义的思想。后来，随着社会的进步和不能支付情形越来越多，法律开始禁止对人身的执行，转而仅对财产执行，同时，为了方便解决商人之间的纠纷，逐渐发展出以停止支付为破产原因的简易破产程序。随着概括拍卖制度、个别出卖制度、委付制度的建立，罗马法上的破产法律制度也开始逐步建立和完善。

2. 保护债权人利益为主兼顾债务人利益时期

坚持公平清偿和惩戒主义，虽然可以对债务人构成巨大威慑，也能体现债权清偿的公正性，但是并不能阻止债务人清偿能力的丧失，也不能解决清偿比例不高的问题。对于债务人而言，破产清算后，企业信誉丧失殆尽，企业资产分配完毕，经营资格亦将取消，已经没有资本也没有资格再经营原有的事业。对于债权人而言，由于企业资不抵债、资产处置贬值、破产成本高昂以及破产费用、职工债权、税收债权等优先权的存在等原因，债权人能获得的清偿往往远低于债权金额。在这种情形下，破产和解制度应运而生。和解制度，系指债务人于不能清偿债务时，以预防破产为目的，与债权人团体间订立清偿债务之强制契约，经法院许可发生效力之制度。[1] 据考证，和解制度最早萌芽于中世纪的西班牙法律，其《七章律》规定，一个值得同情的商人，有权同其大多数债权人达成一项延期偿还或减少债务的协议，债权人不同意者也得受其约束。和解制度通过对债务人债务的减免或者延期支付，可以让债务人企业的主体资格暂时得以延续，防止造成债务人走向灭亡和债权人损失惨重的"两败俱伤"的局面，体现了保护债权人利益的同时兼顾债务人利益的导向。但是，和解制度的缺陷也很明显，一方面，和解制度无法限制担保权人的权利，虽然和解协议得到了债权人会议的认可和通过，但是债务人仍然可能因为担保权人行使权利而重新陷入困境；另一方面，和解制

---

[1] 参见陈计男：《破产法论》，台北，三民书局2006年版，第6页。

度仅能就企业外部债权关系进行调整，虽可为企业振兴提供时间及机会，然企业陷入财务困难的主要原因可能源于内部组织结构、经营方针，甚至管理措施等问题，对此和解制度则显得无能为力。[1]

3. 债权人、债务人利益和社会利益统筹保护时期

源自英美法系的重整制度发端于20世纪初期，其产生远远晚于破产清算和破产和解制度，是在公司制度产生以后才出现的。美国首先创设破产重整制度，后为世界绝大多数国家所采用。从重整制度产生的背景和各国的立法背景来看，重整制度的建立，体现了对破产清算和破产和解制度缺陷的应对，同时在极大程度上，乃系国家面临经济危机之解决对策方法，亦为现代经济社会发展下所不可或缺之必然产物[2]。随着经济的发展，公司的破产，特别是一些大型公司的破产，往往会导致一系列的社会问题，这不仅影响债务人、债权人的利益，还会造成工人失业、社会资源浪费、社会生产力破坏等严重后果。在这种形势下，世界各国纷纷将防止公司破产，特别是大型公司破产作为经济政策的调整目标，将社会利益考量置于经济制度和法律制度首要位置。此时破产制度的设计已经不能再局限于"债务人和债权人关系"的传统思维框架，而必须充分考虑现代经济的整体化、社会化和规模化的本质特征，将其放在债务人利益、债权人利益和社会利益的多方利益关系中，寻求多方利益的平衡以及个别正义与社会正义的平衡。[3] 因此，重整制度系反映破产法制理念与功能之变迁，且就利益关系之思考方面更加立体多元化。[4] 此种立法趋势之转变并非立法者临时性法律政策，乃系破产法制发展之必

---

[1] 参见李国光主编：《新企业破产法教程》，人民法院出版社2006年版，第270-271页。
[2] 参见张世君：《公司重整的法律构造——基于利益平衡的解析》，人民法院出版社2006年版，第25-29页。
[3] 参见胡利玲：《困境企业拯救的法律机制研究》，中国政法大学出版社2009年版，第50页。
[4] 参见韩长印：《企业破产立法目标的争论及其评价》，载《中国法学》2004年第5期。

然结果,并成为现代破产法制中制定和解与重整制度之基础。[1]

(二) 立法价值变迁下重整融资制度的历史演变

1. 主要国家重整制度和重整融资制度的历史沿革

美国现行重整制度源于 1898 年的《破产法》,作为美国的第四部破产法,该法因创建了公司重整程序而具有里程碑意义。但 1898 年《破产法》规定的公司重整程序仅仅是对判例习惯的一种确认,还没有形成现代破产重整程序。随着世界经济危机的爆发,美国国会于 1938 年出台《钱德勒法》,对 1898 年《破产法》进行全面修订,正式确立了破产重整制度。1978 年,在前述破产重整制度的基础上,美国《破产改革法》正式出台,取代了《破产法》和《钱德勒法》,并以美国联邦破产法典的形式公布。此后,美国《破产法典》在实践中不断地改进,经过多次改革、修订,逐渐形成了现在的破产重整制度。[2] 在重整融资方面,1978年法案使美国重整融资的范围进一步扩大,融资方式也呈现出多样化的趋势。比如,美国《破产法典》第 363 条对破产财产的使用、出售或出租作出了规定。针对重整企业不符合证券发行条件的情况,美国《破产法典》专门规定了破产重整中企业发行证券的豁免制度。当然,美国《破产法典》中最有特色的融资方式无疑是第 364 条规定的 DIP 融资制度。该制度的核心就是通过给予重整融资请求权以优先地位来减轻或消除潜在融资人对重整未来以及其请求权回收的不确定性产生的顾虑。[3] DIP 融资起源于 19 世纪适用于大型铁路公司的权利接管制度。1978 年,美国《破产法典》将其适用范围扩大到所有困境公司,正式建立了 DIP 重整融资制度,从担保贷款、新资金的注入、公司治理结构等方面作出

---

[1] 参见付翠英:《从破产到破产预防:一个必然的逻辑演绎》,载《法学杂志》2003 年第 1 期。

[2] 参见 [美] 大卫·G·爱泼斯坦等:《美国破产法》,韩长印等译,中国政法大学出版社 2003 年版,第 729-731 页。

[3] 参见王佐发:《公司重整的契约分析》,中国政法大学 2008 年博士学位论文。

了详细的规定。到了 21 世纪，通用公司、克莱斯勒公司等重整案件表明，DIP 融资开始呈现出国家干预、政府大规模注资的特征。2020 年，美国先后出台了两部著名的救济法案，分别是 2020 年 3 月 27 日签署的《冠状病毒援助、救济和经济安全法案》（Coronavirus Aid, Relief, and Economic Security Act，简称 CARES Act）和 2020 年 12 月 27 日签署的《2021 年度综合拨款法案》（Consolidated Appropriations Act, 2021）。这两部法案对破产法进行了部分修订，其中与重整融资相关的主要内容有：（1）根据 CARES Act 第 4022 条，延续债务人不动产抵押赎回权，并且规定在一定期间内不产生罚款或超额利息。（2）企业债务人在破产法庭批准后，或许可以获得 CARES Act 基金贷款[1]。与此同时，在破产重整的司法实践中，美国的破产法院和破产法官也创造出了一些融资规则和裁判标准，不断丰富和完善美国重整融资制度。

英国的破产立法可以追溯到 16 世纪。英国的破产法相对于英国的其他法，较为特殊的是比较早地具备了成文法的基础。英国最初施行之条例，为 1542 年亨利八世时期颁布的法律，依此项法律规定，无论商人还是非商人，凡有诈害行为者均适用之[2]。此后，英国分别于 1869 年、1882 年颁布破产条例，并于 1915 年制定了统一的破产法。1986 年，英国议会正式颁布了极具代表性的 1986 年《破产法》（Insolvency Act 1986），将 1985 年《个人破产法》和《公司法》中的相关条文结合起来，正式建立了企业的拯救制度，形成了集个人破产法和企业破产法于一体的破产法。破产重整制度规定于 1986 年《破产法》的第二章"管理命令"部分。在重整融资方面，英国的公司重整程序赋予了管理人较大的资产处置权：第一，管理人为了融资的需要可以变卖设有浮动担保的财产，无需取得浮动担保权人的同意。第二，在重整过程中，管理人可

---

[1] 参见田季煌：《疫情下，各国如何用破产程序力挽狂澜？》，载微信公众号"破产法快讯"2021 年 1 月 29 日。

[2] 参见吴传颐编著：《比较破产法》，商务印书馆 2013 年版，第 26 页。

以通过变卖财产清偿职工在重整过程中的工资和社会保险费用。如果管理人认为作出该项支出有利于实现启动重整程序时设定的目标，便可实施该行为而无需向债权人会议或法院报告。第三，如果管理人认为优先清偿个别普通债权人有利于实现重整或债权人利益的最大化，在取得法院的许可后，可以进行此类财产的处分行为。第四，管理人在第一次债权人会议召开之前，有权决定将公司的全部财产（除设定固定担保的财产外）和营业事务转让给第三人，无需债权人会议通过和法院同意。[1] 2002 年，英国女王签署 2002 年《企业法》，该法在简化管理程序、降低程序成本、增强程序灵活性的同时，也在实体上加大了对债权人的保护力度，逐步取消了政府债权人的优先地位，突出了对担保债权人和普通债权人的保护。2020 年 6 月 26 日，被称为 20 年来英国破产法的最大规模变革的《2020 年企业破产与治理法案》（Corporate Insolvency and Governance Act 2020）正式生效。该法案对现有破产法的改革主要体现在确立新的中止规定、引入新的重组模式、保障货物和服务供应三个方面，其目的在于为企业的重整与和解创造更加有利的环境，提高债务人企业的存续机会，最大限度地提升债务人企业的营运价值。[2] 英国的公司重整制度对英联邦成员国产生了较大影响，加拿大、澳大利亚、爱尔兰等国都仿效英国，建立了类似的破产重整制度。

德国的破产立法历史悠久且影响深远。德国破产法形成于 1877 年，实施于 1879 年。1877 年破产法出台后，被日本、匈牙利、奥地利、荷兰、阿根廷等多个国家学习借鉴。此后，德国破产法经过多次修订，直至 1994 年德国议会通过了新的破产法（改称德国《支付不能法》），该法于 1999 年正式生效，取代了施行 120 多年的 1877 年破产法。新的破产法颁布之后也经过了数次修订。在重整融资方面，1994 年破产法首次规

---

[1] 参见张海征：《英国破产重整制度及其借鉴》，载《政治与法律》2010 年第 9 期。
[2] 参见徐阳光、武诗敏：《企业拯救文化与破产法律制度的发展——基于英国破产制度最新变革的分析》，载《山西大学学报（哲学社会科学版）》2021 年第 1 期。

定了转让型重整，明确了债务人可以在财产监督人的监督下管理和处分财产，设定了收益补偿机制，规定在一定时期内，公司的全部利润用于偿还债务，而不是缴纳税款或者分红。在拯救过程中，通常出现三类提供融资的主体：一是提供贷款的银行，通过发放新的贷款和放弃旧贷款的利息或缓期收付利息、削减债务、放弃或部分放弃抵押债权等措施提供稳定的现金流；二是供应商，通过继续保持供货或者延期收付货款为重整创造必要的条件；三是德国政府，如对重整中必要的裁员措施给予支持、对银行新贷款提供担保等。2012年德国通过了《破产重整促进法》，设立出资人组，将股东纳入重整计划调整范围，规定了股权调整的规则，对债转股等问题进行了明确和细化。

日本现行倒产[1]法律体系分为清算和重整两种类型，主要由《破产法》《民事再生法》《公司更生法》三部分组成，其中《破产法》是关于企业清算的法律制度，《民事再生法》《公司更生法》是关于企业重整的法律制度。1891年，日本旧《商法》中的"破产编"确立了日本最早的破产法律制度。1922年，日本以德国法、奥地利法为母法，制定了《破产法》和《和解法》。1938年，在修改《商法》时设立了公司整理制度，增加了公司特别清算制度。1952年，日本迫于美国的压力制定了《公司更生法》，同时对《破产法》进行了修订。1999年，日本又颁布《民事再生法》，废除了实施近80年的《和解法》，形成了由破产清算（日本法称为破产）、公司整理、公司更生和民事再生四部分组成的日本新倒产法体系。2005年，日本制定新《公司法》，公司整理程序被废止，日本的倒产法体系变更为现行的破产清算、公司更生和民事再生三部分。关于重整融资的内容，主要体现在《民事再生法》《公司更生法》中。例如，2014年修订的《民事再生法》第三章规定了管理人对财产的处分权限，第六章规定了再生债务人财产的调查和确保，第七章规定了再生计划的内容。《公司更生法》也在相应章节中对更生债权人、更生担保权人

---

[1] 在日本，破产仅指破产清算，广义上的破产称为倒产。

和股东,更生计划条款等与重整融资相关的事项作出了明确规定。

通过对各国重整制度改革变迁的观察可以发现:重整融资制度的建立和完善,既是挽救困境企业、推进市场经济和法制完善的内在要求,也是破产制度和重整制度改革的必然趋势。就重整融资的法律规范来说,它的出现既是各种社会因素和经济力量博弈的结果,又是进一步的博弈行为产生的原因。从这个意义上说,重整融资是一个复杂而且费用昂贵的过程。为此,必须有更为明确、具体和可操作的法律制度和游戏规则对重整中的融资问题做出规制,实现公平和效率。当前,法律制度成熟国家的重整融资制度呈现出规范化、多元化的特点,这些国家广泛运用股权融资、债权融资、资产融资等各种方式解决重整企业的融资困境。在融资的过程中,各国普遍重视融资市场的培育,各国政府也对重整企业融资提供了直接或者间接的支持;注重及时修订公司法、证券法等相关法律,为完善重整融资制度优化法律环境。这些国家的立法成果和实践经验可以为我国破产重整融资制度的完善提供有益的参考和借鉴。

2. 我国破产制度和重整融资制度的变迁

从破产法律制度来看,我国清朝末年以前数千年的历史,属于传统的农业社会,商品经济并不发达,"私债必偿""父债子还"亦成为法律制度和民间习惯公认的基本准则,因此始终没有建立起破产制度。直至1906年,清朝商部起草、沈家本和伍廷芳共同审定的《破产律》的颁布施行,标志着中国破产制度的开端。清末《破产律》在借鉴国外破产制度的基础上,注重对中国传统商事习惯的采纳,使该法具有明显的中国特色。但是由于受到各方的强烈反对,该法于1908年被废止。中华民国时期,1935年公布并施行了破产法,后历经修订后成为我国台湾地区的现行"破产法"。该法分为总则、和解、破产、罚则四部分,将和解程序与破产清算程序集于一法,对破产人实行非惩罚主义和免责主义。修订后的"破产法"没有涉及重整制度,我国台湾地区的重整制度以及重整融资的内容规定在"公司法"之中,但是"破产法"在第三编规定了破产财团等与融资相关的内容。我国国家层面真正意义上的重整制度开始于2006年《企业破产法》的实施，相应地，真正意义上的重整融资制度也由此产生。

(1) 政策性破产时期。

政策性破产时期指的是中华人民共和国成立以后至2006年《企业破产法》颁布之前的时期。中华人民共和国成立以后，在经济体制上，长期实行计划经济体制，因此也没有建立起专门的破产法律制度。但是，当时仍然存在一些城市私营经济，也发生了一定数量的私营企业破产案件，为解决破产案件审理的需要，最高人民法院和司法部也出台了一些规范性文件，如1955年最高人民法院和司法部共同出台了《关于私营企业破产还债程序中的两个问题的批复》，1956年、1957年最高人民法院分别下发了《关于私营企业破产还债中的问题的批复》和《关于破产清偿的几个问题的复函》。在这一阶段，对于经营困难的企业，国家采取的是完全不同于破产程序的"关停并转"措施。[1] 与此同时，我国实行了以集中统一、全包全统为基本特征的投资管理制度，以及以财政配置方式为主的融资体制，投资通过行政管理系统开展，企业融资则通过国家注资的方式进行。

1978年，党的十一届三中全会以后，随着计划经济体制向市场经济体制的转化，以及现代企业制度、金融体制的建立健全，我国开始逐渐建立起破产法律制度。1984年，党的十二届三中全会提出将企业的所有权和经营权适当分开，使企业真正成为相对独立的经济实体，成为自主经营、自负盈亏的社会主义商品生产者和经营者。企业的"相对独立"和"自负盈亏"，意味着企业的亏损和无法清偿到期债务将成为企业生产经营的常态，对于这些困境企业需要有一套法律制度来进行应对和处理。正是在这样的背景下，企业破产制度的改革试点工作和企业破产法的立法工作被提上了历史日程并且轰轰烈烈地展开。在企业融资方面，经济体制的分权化和市场化推进了我国资本制度从集权主导型到分权主导型，

---

[1] 参见范健、王建文：《破产法》，法律出版社2009年版，第28页。

再到全面扩散型，直至今天的需求驱动型和市场引导型转变。融资体制也开始从国家财政主导型投融资体制，到银行主导型投融资体制，再到今天的多元博弈型投融资体制转型。[1]

1985年年初，沈阳市政府发布了《沈阳市关于城市集体工业企业破产倒闭处理试行规定》，这是我国改革开放以后第一个地方性破产规章，标志着沈阳的企业破产试点工作正式拉开了帷幕。1986年8月3日，沈阳市政府发布《企业破产通告第一号》，宣布防爆器械厂在整顿一年之后未能扭转困境，根据企业申请和主管部门同意，决定沈阳市防爆器械厂破产倒闭。1986年9月25日，沈阳市防爆器械厂被整体拍卖，沈阳市煤气供应公司以20万元的价格拍得企业的全部资产，拍卖所得按比例用于偿还给债权人。沈阳市防爆器械厂是中华人民共和国成立后第一家正式宣告破产的国有企业，也为我国建立企业破产制度提供了实践样本。[2]

1986年12月2日，六届全国人大常委会第十八次会议通过了《企业破产法（试行）》（以下简称1986年《企业破产法》）。该法共有6章43条，适用对象为全民所有制企业。为了规范全民所有制企业以外企业的破产案件审理，1991年4月，七届全国人大四次会议通过并公布《民事诉讼法》，专门设立第19章"企业法人破产还债程序"。随后，最高人民法院又分别于1991年和1992年出台了两部司法解释，即《关于贯彻执行〈中华人民共和国企业破产法（试行）〉若干问题的意见》和《关于适用〈中华人民共和国民事诉讼法〉若干问题的意见》，对1986年《企业破产法》和1991年《民事诉讼法》的相关规定进行明确细化，以满足破产审判的实践需求。随着破产案件的进一步增加，2002年，最高人民法院又制定了更为详细的司法解释《关于审理企业破产案件若干问题的规定》。

在2006年《企业破产法》实施之前，我国没有建立正式的重整制

---

[1] 参见王龙刚：《救赎与博弈：公司重整融资的法律制度研究》，中国政法大学2011年博士学位论文。

[2] 参见王璐琰（整理）：《破产纪实：34年前沈阳"惊天第一破"》，载微信公众号"破产法快讯"2020年9月11日。

度，对企业的拯救主要通过破产整顿和企业重组的方式进行。党的十一届三中全会后，党中央提出了"调整、改革、整顿、提高"的新"八字方针"，要求用两至三年时间，分期、分批地对所有国有企业进行全面整顿。在此背景下，1986年《企业破产法》第四章规定了"和解和整顿"的内容，1992年《全民所有制工业企业转换经营机制条例》又对破产程序外保护性整顿作出了规定。破产整顿制度与破产重整制度存在明显区别，特别是整顿制度体现了计划经济体制下企业与政府之间的依赖和隶属关系，以及政府对整顿制度的行政性干预。根据1986年《企业破产法》第17条和第20条的规定[1]，整顿申请由上级主管部门提出，整顿方案也由上级主管部门制定并主持实施，这充分说明整顿制度在性质上是包办主义的行政整顿制度，而不是市场经济条件下的现代企业拯救制度。在政府主导甚至包办的破产整顿制度下，企业融资问题实质上也就是政府融资问题。主要表现在：企业和解整顿所需要的资金来源于财政拨款，原有的员工由接盘的企业全员接纳，拖欠的工资由接盘企业支付或者通过"折现入股"的股份制改革方式予以解决，政府履行企业主管部门的角色协调银行等金融机构，通过借新还旧、挂账停息、延期支付等手段，共同帮助国有企业渡过难关，企业破产整顿完全沿着行政化的方向而不是市场化的方向发展。

在政策性破产期间，较之破产整顿方式，我国对困境企业的拯救更多采用企业重组的方式，即在政府的主导下通过转变经营方式、完善资本结构、调整组织架构、进行合并分立等方式对企业进行重组。在20世纪80年代，企业重组过程中融资供给的强政府性体现得尤为明显，企业重组中涉及的交易主要是由政府采取"拉郎配"的方式进行，具体的方式主要是对企业进行整体出售或安排效益好的企业兼并效益差的企业。

---

[1] 我国1986年《企业破产法》第17条规定："企业由债权人申请破产的，在人民法院受理案件后三个月内，被申请破产的企业的上级主管部门可以申请对该企业进行整顿，整顿的期限不超过两年。"第20条第1款规定："企业的整顿由其上级主管部门负责主持。"

到了 20 世纪 90 年代，随着市场经济的进一步发展，政府和市场"两只手"开始共同作用于企业重组，大规模兼并、资源整合和国企战略性调整成为这一时期的主流。到 21 世纪初期，特别是我国加入世界贸易组织（WTO）后，国有企业改革基本完成，多元资本市场初步建立，企业之间的并购、风投、股票和证券交易成为重组的主流。但是，由于破产制度尤其是重整制度的滞后，企业重组融资仍然面临各种障碍和严峻挑战。

（2）市场化破产时期。

市场化破产时期始于 2006 年《企业破产法》的实施。虽然 1986 年《企业破产法》的诞生对市场经济改革和市场经济建设起到了重要的推动作用，但随着社会主义市场经济体制的逐步确立和国有企业改革的深化，我国企业破产出现了一些新情况。一方面，随着《公司法》《合伙企业法》《个人独资企业法》的颁布实施，1986 年《企业破产法》已不适应企业破产的实际需求；另一方面，其对破产程序的规定比较原则，难以操作，且未设立重整等企业挽救机制，同时在保护债务人财产、维护职工合法权益、保证程序正常进行等方面也存在制度缺失。随着改革开放向纵深领域推进，特别是 21 世纪初中国正式加入 WTO，制定一部新的适应市场经济发展要求的破产法，建立符合世界潮流和中国现代化建设需要的企业拯救制度，已势在必行。

从 1994 年开始，全国人大财经委员会根据八届全国人大常委会立法规划的要求，开始组织新的破产法起草工作。这部破产法不是在 1986 年《企业破产法》基础上的修修补补，而是在新的理念和使命指引下制定一部全新的法律。直至 2006 年 8 月 27 日，历经 12 年的风风雨雨，十届全国人大常委会第二十三次会议终于审议通过了新的《企业破产法》。2007 年 10 月 28 日，十届全国人大常委会第三十次会议又作出《关于修改〈中华人民共和国民事诉讼法〉的决定》，删除《民事诉讼法》第十九章"企业法人破产还债程序"，从此破产问题不再实行双轨制而统一由新破产法进行调整。2006 年《企业破产法》借鉴美国破产法，在第八章中规定了重整制度，解决了过去在 1986 年《企业破产法》中无法解决的突出问题，为企业挽救提供了制度性的机会。

随后，最高人民法院为了解决破产案件立案难的问题，于 2011 年 9 月公布了《最高人民法院关于适用〈中华人民共和国企业破产法〉若干问题的规定（一）》；为了加强上市公司破产重整案件审理，于 2012 年 10 月公布了《关于审理上市公司破产重整案件工作座谈会纪要》，后又于 2024 年 12 月 31 日与中国证券监督管理委员会共同印发了《关于切实审理好上市公司破产重整案件工作座谈会纪要》；为了解决债务人财产问题，于 2013 年公布了《最高人民法院关于适用〈中华人民共和国企业破产法〉若干问题的规定（二）》（以下简称《破产法司法解释二》）。随着经济社会的发展和世界格局的变化，特别是供给侧结构性改革和优化营商环境工作的持续推进，我国破产制度的顶层设计不断完善，破产法的市场化、法治化实施不断取得新的进展。2018 年 3 月，最高人民法院印发了《全国法院破产审判工作会议纪要》，从破产审判的总体要求、破产审判的专业化建设、管理人制度的完善、破产重整、破产清算、关联企业破产、执行程序与破产程序的衔接、破产信息化建设、跨境破产九个方面提出了指导性意见。2018 年 9 月公布的《十三届全国人大常委会立法规划》，将《企业破产法》正式纳入立法修改的计划之中。根据工作安排，2019 年 6 月以来，最高人民法院和人民银行、国资委、人社部等部门组织启动起草工作，对疑难、重点问题进行研究归类和梳理，准备在征求各方意见的基础上，形成正式草案稿。2019 年 3 月，为了保障债权人的各项权利，加强对债务人财产和继续营业的保护，最高人民法院公布了《破产法司法解释三》。2019 年 6 月，国家发展改革委、最高人民法院等 13 个中央部门联合发布《加快完善市场主体退出制度改革方案》，明确提出实现市场退出制度的主体全覆盖，完善破产程序启动制度，建立预重整和庭外重组制度，细化重整程序实施规则，建立个人破产制度，健全金融机构市场化退出机制，建立简易破产、关联企业破产和跨境破产程序，优化管理人制度和管理模式，建立常态化的司法与行政协调机制，改革管理人制度等，为新一轮破产法改革提供了目标指引和政策依据。随后，最高人民法院于2019年7月在哈尔滨召开了全国民商事审判工作会议，并于2019年11月8日公布了《全国法院民商事审判工作会议纪要》。纪要分为12个部分，其中关于破产纠纷案件审理部分主要涉及：破产案件的及时受理，破产申请的不予受理和撤回，债务人财产保全措施的处理，有关债务人诉讼的处理，债务人自行管理的条件，重整中担保物权的恢复行使，重整计划监督期间的管理人报酬及诉讼管辖，重整程序与破产清算程序的衔接，庭外重组协议效力在重整程序中的延伸，审计、评估等中介机构的确定及责任，公司解散清算与破产清算的衔接，无法清算案件的审理与责任承担。

在融资制度方面，2006年《企业破产法》和相关法律、司法解释、司法政策的规定主要有：第一，《企业破产法》第75条第2款规定的借款融资相关内容。该条属于倡导性条款，提示债务人或者管理人在重整期间为继续营业而借款的，可以为该借款设定担保。2019年出台的《破产法司法解释三》第2条进一步明确了新的借款的清偿顺位问题，规定破产案件受理后，管理人或者自行管理的债务人为债务人继续营业而进行的借款，享有参照共益债务并且劣后于担保债权的清偿顺位。[1] 第二，《企业破产法》第69条规定的资产融资相关内容。该条款主要明确管理人实施重大财产处分行为时应当报告债权人委员会或者人民法

---

[1] 2019年《破产法司法解释三》第2条规定："破产申请受理后，经债权人会议决议通过，或者第一次债权人会议召开前经人民法院许可，管理人或者自行管理的债务人可以为债务人继续营业而借款。提供借款的债权人主张参照企业破产法第四十二条第四项的规定优先于普通破产债权清偿的，人民法院应予支持，但其主张优先于此前已就债务人特定财产享有担保的债权清偿的，人民法院不予支持。管理人或者自行管理的债务人可以为前述借款设定抵押担保，抵押物在破产申请受理前已为其他债权人设定抵押的，债权人主张按照物权法第一百九十九条规定的顺序清偿，人民法院应予支持。"

院[1]。《破产法司法解释三》第 15 条进一步规定，管理人的处分权在性质上属于对债权人会议决策的执行行为，同时强化了债权人委员会和人民法院对管理人的监督权。根据该条规定，管理人实施重大财产处置行为的，应当先经过债权人会议表决，并且在处置前向债权人委员会或者人民法院书面报告[2]。2019 年《全国法院民商事审判工作会议纪要》第 116 条涉及资产评估的内容，规定"破产程序中确实需要聘请中介机构对债务人财产进行审计、评估的，根据《企业破产法》第 28 条的规定，经人民法院许可后，管理人可以自行公开聘请，但是应当对其聘请的中介机构的相关行为进行监督。"第三，联合出台规范性文件的相关规定。2021 年 2 月 25 日，国家发展改革委、最高人民法院、财政部、中国证券监督管理委员会等 13 个部门共同出台《关于推动和保障管理人在破产程序中依法履职进一步优化营商环境的意见》，提出要"加强重整企业融资支持。银行业金融机构应当按照市场化、法治化原则，对有重整价值和可能性、符合国家产业政策方向的重整企业提供信贷支持"。2024 年 12 月 31 日，最高人民法院、中国证券监督管理委员会联合下发《关于切实审理好上市公司破产重整案件工作座谈会纪要》，旨在通过股权结构、经营业务、治理模式等调整，实质性改善公

---

[1] 《企业破产法》第 69 条规定："管理人实施下列行为，应当及时报告债权人委员会：（一）涉及土地、房屋等不动产权益的转让；（二）探矿权、采矿权、知识产权等财产权的转让；（三）全部库存或者营业的转让……（十）对债权人利益有重大影响的其他财产处分行为。未设立债权人委员会的，管理人实施前款规定的行为应当及时报告人民法院。"

[2] 2019 年《破产法司法解释三》第 15 条规定："管理人处分企业破产法第六十九条规定的债务人重大财产的，应当事先制作财产管理或者变价方案并提交债权人会议进行表决，债权人会议表决未通过的，管理人不得处分。管理人实施处分前，应当根据企业破产法第六十九条的规定，提前十日书面报告债权人委员会或者人民法院。债权人委员会可以依照企业破产法第六十八条第二款的规定，要求管理人对处分行为作出相应说明或者提供有关文件依据。债权人委员会认为管理人实施的处分行为不符合债权人会议通过的财产管理或变价方案的，有权要求管理人纠正。管理人拒绝纠正的，债权人委员会可以请求人民法院作出决定。人民法院认为管理人实施的处分行为不符合债权人会议通过的财产管理或变价方案的，应当责令管理人停止处分行为。管理人应当予以纠正，或者提交债权人会议重新表决通过后实施。"

司经营能力，优化主营业务和资产结构，实现上市公司规范治理、高质量发展，特别在重整计划草案的制定和执行方面，强调草案制定过程中与债权人、投资者及时沟通、披露以及报告义务，确保相关主体知情权和参与权，强调担保债权人的清偿安排以及出资人权益调整等重要事项合法性和规范性，并对可转换公司债券的处理方式、重整投资人资格审查、探索引入财务顾问等内容均首次予以明确。第四，发行股票、债转股等与股权融资的相关规定，主要由《公司法》《证券法》《上市公司证券发行注册管理办法》《上市公司重大资产重组管理办法》等法律法规进行规范。

四、重整融资的相关理论

公司重整融资离不开融资理论的支持，与重整融资有关的理论主要有：

（一）资本结构理论

资本结构理论又称 MM 理论。1958 年 6 月，美国经济学家莫迪利亚尼（Modigliani）和米勒（Miller）在《美国经济评论》上发表了《资本成本、公司财务和投资理论》一文，正式提出了 MM 理论的基本思想。该理论认为，在不考虑公司所得税和破产风险，且资本市场充分发育并有效运行的情况下，公司的资本结构与公司资本总成本和公司价值无关。由于上述结论是在完全市场假设和无公司所得税的前提下的研究，而这种假设在现实市场环境中并不存在，所以得到的结论也不符合客观实际。随后，Modigliani 和 Miller 对 MM 理论进行了修正。修正后的 MM 理论认为，在考虑所得税后，公司使用的负债比例越高，其加权平均成本就越低，公司收益乃至价值就越高，这就是修正后的 MM 理论，又称资本结构与资本成本、公司价值相关论。[1] Modigliani 和 Miller 提出的资本结构理论,虽然存在一定的前提和假设,但是它为资本结构研究提供了新的思路和方向,对于推动资本结构理论和投资理论研究,深化资本结构与资本成本、公司价值之间关系以及股利政策与公司价值之间关系的研究,具有重要而深远的影响。基于此,西方经济学界将 MM 理论评价为"整个现代企业资本结构理论的奠基石"。

(二) 优序融资理论

优序融资理论,又称"啄食顺序理论",该理论由美国金融学家迈尔斯(Myers)与智利学者马杰鲁夫(Majluf)于 1984 年创立。优序融资理论在信息不对称理论和博弈论的基础上,提出了企业融资的排列顺序,即优先通过企业内部融资,其次选择外部债权融资,最后才考虑外部股权融资。优序融资理论的主要结论是:(1) 公司偏好于内部融资。(2) 股息具有"黏性",所以公司会避免股息的突然变化,一般不用减少股息来为资本支出融资。(3) 如果需要外部融资,公司将首先发行最安全的证券。如果公司内部产生的现金流超过其投资需求,多余现金将用于偿还债务而不是回购股票。随着外部融资需求的增加,公司的融资工具选择顺序将是:从安全的债务到有风险的债务,如从有抵押的高级债务到可转换债券或优先股,股权融资是最后的选择。(4) 每个公司的债务率反映了公司对外部融资的累计需求。[2]

(三) 控制权理论

资本结构控制权理论以融资契约的不完全性为研究起点,以公司控制权的最优配置为研究目标,分析资本结构如何通过影响公司控制权安

---

[1] See Modigliani F. and Miller M. H, *Corporate income taxes and the cost of capital: a correction*, American Economic Review, 1963, p. 443 – 453.
[2] 参见李琼:《MM 理论——优序融资理论》,载《新财经(理论版)》2011 年第 2 期。

排来影响公司价值。该理论自 20 世纪 80 年代末产生以来,取得了许多创造性的成果,其中哈特模型具有一定的典型性。哈特模型在契约不完全的条件下,引入"公司持续经营与公司被清算"之间的矛盾,研究了最优融资契约和相应的最优控制权结构,并得出了三个重要结论:一是如果融资方式是发行带有投票权的普通股,则股东掌握控制权;二是如果融资方式是发行不带有投票权的优先股,则经理人员掌握控制权;三是如果融资方式是发行债券或银行借款,则控制权仍由经理人员掌握,但前提是按期偿还债务本息,否则破产控制权就转移到债权人手中。此外,该模型还注意到了短期债务具有控制经理人员道德风险的作用,而长期债务或股权具有支持公司扩张的作用,因此认为最优资本结构要在这两者之间加以权衡。[1]

(四) 市场失灵和公共利益管制理论

市场失灵理论认为,完全竞争的市场结构是资源配置的最佳方式。但在现实经济中,完全竞争市场结构只是一种理论上的假设,由于垄断、外部性、信息不完全以及公共物品领域的存在,市场作为配置资源的一种手段,不能实现资源配置效率的最大化,从而导致市场失灵。关于市场失灵的表现,有观点认为,包括效率、平等和稳定的缺失三方面内容[2];也有观点认为,包括经济的不稳定、竞争的缺乏、外部性、公共物品的欠缺、市场欠缺、信息与知识的缺乏六个方面。[3] 当市场"无形之手"失灵时,为了实现资源配置效率的最大化,就必须借助于政府"有形之手"的干预。

---

[1] See Hart. O. Firm, *Contracts and Financial Structure*, Oxford University Press, 1995, p. 322 – 370.
[2] 参见 [美] 保罗·萨缪尔森、威廉·诺德豪斯:《经济学》(第 17 版),萧琛等译,人民邮电出版社 2004 年版,第 57 – 69 页。
[3] 参见 [美] 斯蒂格利茨:《经济学》(第 2 版),梁小民等译,中国人民大学出版社 2000 年版,第 137 – 143 页。

公共利益管制理论在市场失灵理论和福利经济学的基础上进一步提出，政府是公共利益的代表，为实现社会福利最大化，应当通过政府管理的方式对市场失灵进行矫正。波斯纳认为，公共利益管制理论有两个假设前提：一个是由于市场自身存在缺陷，另一个是政府的管制行为几乎没有成本。由于"无形之手"的固有缺陷，决定了政府"有形之手"适度介入的必要，运用两者的均衡，可以构建良好的市场秩序，从而实现社会总效用函数的最大化。[1]

---

[1] 参见周及真：《从企业破产重组看政府与市场的关系》，载《上海经济研究》2014年第12期。

第二章　资产融资的法律规制

资产融资是重整企业获得现金流的常用方法，主要适用于保有一定非流动性资产的企业。资产融资的方式主要包括资产的出售、出租、营业转让和资产证券化，其中，资产出租可以参照资产出售的规则，而营业转让（出售式重整）可以视为资产的整体出售。因此，本章将重点讨论资产出售和资产证券化两种融资方式的法律规制问题。

一、资产出售

我国《企业破产法》仅规定了管理人经过一定程序可以处置债务人企业的财产，但是对于管理人具体如何处置财产、法院如何进行司法审查、如何实现资产价值最大化等具体问题未作规定。司法实务中，资产出售的审查标准，尤其是重整计划外出售式重整的审查标准存在制度漏洞。同时，资产出售保障机制的欠缺也成为资产价值最大化的阻碍因素。资产出售的司法审查以及如何实现资产价值最大化，关系到各方利益的保护和平衡，是资产出售法律制度规则应当关注的重点问题。

（一）资产出售的目的和分类

1. 资产出售的目的

资产出售是重整企业将企业资产部分或者全部出售给相关方的行为，这是重整企业快速获取流动性资金的一种方式。重整企业可用于出售的资产即为债务人财产。我国《企业破产法》第30条规定，债务人财产包括破产申请受理时属于债务人的全部财产以及破产申请受理后至破产程序终结前债务人取得的财产。这里的财产泛指债务人的一切财产，不仅包括有形的财产，还包括无形的财产，具体包括房产土地、厂房设备、对外投资、应收账款、知识产权、合同权利等一切属于债务人企业的财产。

重整企业出售资产的主要目的，或是获得一定的流动性以维持企业运营，实现企业的转型升级；或是清偿债权以执行重整计划。特别是对于那些计划在破产重整程序结束后改变经营方向或者进行行业调整的企业，出售资产不仅可以获得资金，还可以有效处置剩余资产，便于新的优良资产注入和重组方案的执行。[1] 出售企业的全部资产，也可以称为出售式重整或营业转让，此时原有主体走向清算，但是其作用在于保持经营业务的持续运营。

资产出售是重整企业融资的常见方式。重整企业，特别是上市公司通常都会将引进重整投资人与清理重整企业资产结合起来，在保留企业核心资产的同时剥离企业的低效劣质资产。比如，在泸天化、抚顺特钢、莲花健康等上市公司破产重整案件中，管理人均通过处置剥离企业的无效低效资产作为融资方式，既增加了重整企业清偿债务的资金来源，也为重整企业持续运营和转型升级奠定了基础。在舜天船舶、川化股份、云维股份等上市公司重整案件中，由于公司的主营业务已经不具备持续经营和盈利的能力，故重整计划采用了资产全部剥离模式，对重整企业的全部资产进行了处置。

2. 资产出售的分类

根据不同的标准，可以对资产出售进行不同的分类。

（1）常规出售和非常规出售。根据资产出售的范围，可以将其分为常规出售和非常规出售。常规出售指的是对企业非核心财产的处分，如在正常经营范围内的资产出售或者非重大资产的出售。对于仍保有大量

---

[1] 参见丁燕：《上市公司破产重整计划法律问题研究：理念、规则与实证》，法律出版社2014年版，第99页。

非流动资产的企业，出售部分资产以换取流动资金是常见的，也是有效的方案。但是，对于重整企业，在进入重整程序之前，出于自救或营业的考虑，往往在多数财产上设置了抵押、质押等担保措施。对于这些财产，在清偿完优先债权后，通常所剩无几。因此，从获取流动性的角度考虑，常规出售往往适用于未设定担保的财产。非常规出售指的是对企业的全部资产或者重大财产的处分。我国法律允许对重整企业的重大资产或者全部资产进行出售。根据《企业破产法》第69条第1款和《破产法司法解释三》的规定，管理人在履行法定程序后，可以实施对企业的重大资产进行处分，也可以对营业进行转让。全部资产出售（营业转让）或几乎全部资产出售，在重整程序中对应的是"出售式重整"，这一内容将在后文中详细论述。

（2）重整计划内的出售和重整计划外的出售。根据资产出售的时间，可以将其分为重整计划内的出售和重整计划外的出售。重整计划内的出售指的是将资产出售方案作为重整计划的一部分，经债权人会议对重整计划表决通过后进行的资产处分。在美国，重整计划内的出售主要依据美国《破产法典》第11章的规定。我国重整计划内的出售系依据《企业破产法》第8章的规定，通过对包含资产出售内容的重整计划的表决进行资产处分。重整计划外的出售指的是在进入重整程序后至重整计划表决前进行的资产处分。在美国，重整计划外的出售主要规定在美国《破产法典》第363条。我国《企业破产法》第26条也规定，管理人经人民法院许可，可以在第一次债权人会议召开前处分企业财产。

（3）自有财产的出售和共有财产的出售。根据资产出售的权属，可以将其分为自有财产的出售和共有财产的出售。自有财产的出售指的是重整企业出售拥有完全所有权的财产。共有财产的出售指的是重整企业对与他人共有的财产进行的处分。因共有物涉及共有人的财产权益，因此需要设置特殊的法律规则。我国《企业破产法》和司法解释对共有财产的处置未作明确规定。美国《破产法典》对出售共有财产的条件作出了较为细致的规定，值得我国借鉴。该法第363条（h）款明确规定，当满足下列四个条件时，共有物的出售行为就可以实施：①在共有人之间就破产财团所属的共有财产分割是不可行的；②破产财团在共有财产上的不可分利益的出售价值，远远小于不受共有人利益约束而出售该财产后破产财团的所得；③因不受共有人利益的约束去出售共有财产而破产财团带来的利益超出为共有人带来的损害（如果有的话）；④共有财产不是用于生产、传输、分配或销售电能以及天然气和合成气。[1]

（二）资产出售的司法审查

1. 重整计划内资产出售的审查

对于重整计划内的资产出售，无论是常规出售、重大出售还是全部出售，均经过了重整制度中重整计划草案的表决程序，经过了充分的信息披露并体现了债权人的意思自治，因此对于各表决组均通过重整计划草案的，法院经过一般的合法性审查后，即可以裁定批准重整计划；对于部分表决组未通过的，可以根据法定的条件和程序决定是否进行强裁。比如，美国《破产法典》对于重整计划内的全部资产出售或几乎全部资产出售，规定于第11章第1123条中，该条款明确在重整计划中可以"将破产财产的财产权全部或者部分转交给一个或者数个实体，不论该实体是否在重整计划被确认之前成立"，并"规定出售破产财产的全部或者大部分，以及在债权或权益持有人之间分配该出售所得的程序"。对于第11章项下的出售式重整，由于资产出售体现在重整计划之中，因此资产出售必须符合重整程序对分组表决、信息披露、债权人保护、实体合并等方面的程序和实体要求。

2. 重整计划外资产出售的审查

对于重整计划外的资产出售，情况较为复杂。由于重整计划外的出售发生于进入重整程序后至重整计划表决前，没有经过债权人会议的表

---

[1] 参见［美］大卫·G·爱泼斯坦等：《美国破产法》，韩长印等译，中国政法大学出版社2003年版，第199页。

决程序，存在损害债权人和其他主体利益的风险。因此，对于重整计划外的资产出售，如何保障重整程序中的相关利益主体权利不受侵害，应当是制度设计关注的重点。

为了解决这个问题，美国《破产法典》第363条将重整计划外的资产出售又分为正常经营范围内的出售和正常经营范围外的出售。对于什么是正常经营范围，什么是非正常经营范围的判断，美国法院在审理Waterfront Companies, Inc. v. Johnston案中提供了"横向标准"和"纵向标准"两个判断标准。"横向标准"针对的是企业的常规行为，如汽车制造商不可能从事杂货零售，否则就违反了"横向标准"。"纵向标准"指的是本来属于债务人正常经营的"横向"范围内的交易，但是该"横向"交易的外延过大，以致超过了应有的界限。如果该外延过大，则违反了"纵向标准"。例如，鞋店销售一双鞋无疑是正常业务，但是如果将库存的80%都出售给一个买主，则可能构成非正常业务范围内的交易。[1]

同时，美国法律对正常经营范围内的出售和正常经营范围外的出售设计了不同的规制标准。根据美国《破产法典》第363条（c）款规定，对于正常经营范围内的资产交易，经管债务人可以自由实施，而无须经过法院的批准；根据第363条（b）款规定，如果经管债务人在正常经营范围之外对财产进行使用、出售或出租，则需要经过通知和听证等程序，并且得到法院的批准。正常经营范围外的资产出售，又可以分为部分资产出售和全部资产或几乎全部资产的出售。

对于正常经营范围外的部分资产出售，根据《联邦破产程序规则》第2002（a）条规定，破产法院会向破产案件和破产财产的利益相关者发出通知，通知的期限不得少于20日，通知的内容包括出售的时间和地点、私下出售的条款和条件以及提出异议的期限等。通常情况下，任何

---

[1] 参见[美]大卫·G·爱泼斯坦等：《美国破产法》，韩长印等译，中国政法大学出版社2003年版，第177页。

与破产案件和破产财产有利害关系的主体都可以对经管债务人的动议提出异议。无论是否有人提出异议，破产法院都会对经管债务人提出的动议进行评估，而审查的标准往往都是"商业判断原则"。更确切地说，破产法院往往会声明，只有在经管债务人的预定交易系基于合理商业判断的行使时，才会批准该动议。而且，除非是对全部或几乎全部债务人财产的出售（即"363 出售"），否则只要法院基于优势证据认定管理人或经管债务人对预定的交易实施了合理商业判断，就应当批准常规营业之外对债务人财产的使用、出售或出租。这种方法通常被称为"加强型"或"中等"审查标准。[1]

我国《企业破产法》第 26 条规定，管理人经过法院批准可以在第一次债权人会议召开之前出售企业资产，但是未对出售资产进行分类。对于进入重整程序的企业来说，财产处置的司法审查应当进一步细化，区分正常经营范围内的资产处置和正常经营范围外的资产处置，区分部分资产处置和全部或几乎全部资产处置，并对不同的资产处置行为设置不同程度的审查标准。

（三）出售式重整

1. 出售式重整的概念和优势

出售式重整，又称事业让与型重整，是将债务人具有活力的营业事业之全部或主要部分出售让与他人，使之在新的企业中得以继续经营存续，并以转让所得对价以及企业未转让遗留财产（如有）的清算所得清偿债权人。出售式重整区别于传统存续型重整的标志性特点在于不保留原债务人企业的存续，在事业转让之后将债务人企业清算注销，事业的重整以在原企业之外继续经营的方式进行。[2] 出售式重整不仅涉及企业

---

[1] 参见《美国破产法协会美国破产重整制度改革调研报告》，何欢、韩长印译，中国政法大学出版社 2016 年版，第 157 - 158 页。

[2] 参见王欣新：《重整制度理论与实务新论》，载《法律适用》2012 年第 11 期。

全部资产或关键资产的交易,而且可能影响债权人的权利安排,因此各国往往设置了更为严谨和复杂的程序。

在德国,出售式重整也称为"转让型重整"或"重整式清算",德国《支付不能法》第160条规定,重整企业资产全部或部分出售给与债务人关系密切的人(特别利益人)时,不仅要经过债权人委员会许可,还要经过债权人大会通过;第163条规定了企业转让定价的保障措施,如破产法院经过债务人或适格多数债权人的申请,可以颁布命令要求企业出售行为须经债权人大会同意方可进行;第128条规定,重整企业转让时,原则上并不影响德国《民法典》第613a条所规定的劳动关系保护现状,受让人将依法加入应归入企业或企业部分的劳动关系中。此外,德国《税捐法》第75条第2款规定,如果企业受让人从破产财团中获得企业,就无须按照德国《税捐法》第75条第1款承担企业税负。[1]

法国《商法典》第六卷"企业困境"第三编"司法重整程序"第十六目第R631-39条至第R631-42条规定了"企业部分或全部转让",将企业的转让分为部分转让和全部转让两部分,并且明确对于重整程序中的企业转让,可以参照第四编第二章"资产变现"第一节"企业的转让"第R642-1条至第R642-21条的相关规定(第R642-10条第1款除外)。[2]

日本的出售式重整制度主要规定在《民事再生法》第42条、第43条以及《公司更生法》第46条。如根据《民事再生法》第42条规定,再生债务人在转让其营业或事业全部或重要部分时,必须得到法院的许可。许可的要件是债务人事业的重建具有必要性,包括再生债务人为自身经济重建有必要转让该事业的情况,以及再生债务人变卖事业后,能够预见受让人成功重建该事业的可能性。对于未取得许可的转让属于无

---

[1] 参见[德]波克:《德国破产法导论》,王艳柯译,北京大学出版社2014年版,第193页。

[2] 参见《法国商法典》(下册),罗结珍译,北京大学出版社2015年版,第1432-1433、1442-1446页。

效转让，但是不能对抗善意第三人。股份公司再生债务人的事业转让程序适用《民事再生法》第 43 条的规定。根据公司法的原则，股份公司将事业的全部或部分转让时，需要取得股东大会的承认。但是在民事再生程序中，为了维持事业的价值，法院可以替代股东大会决议裁定许可。对于法院的代替许可，股东有权提出即时抗告。[1] 同时，鉴于转让与债权人、股东利益以及从业人员密切相关，法院在作出是否许可的决定时必须充分考虑受让人选定过程的公正性、转让价格和转让条件的相当性。而且由于营业转让对雇员利益影响极大，法院在作出许可或者不许可决定前，必须听取债权人及劳动者的意见。

相比较企业存续型重整和对全部资产进行出售的破产清算程序，出售式重整的优势主要有：一是可以消除存续型重整中债权人对模拟清算分配的不满。在存续型重整程序中，通常不会对企业主要财产进行真实变价，而是通过资产评估模拟计算出企业的财产价值，进而确定债权人可以获得的清偿金额和清偿比例。实践中，这种模拟清算的计算结论由于标准问题、技术问题、程序问题甚至人为因素，容易引发债权人的不满，甚至影响重整的成败。出售式重整是对企业全部或者主要财产的真实出售，出售价格经过一定的市场检验，在充分保障债权人知情权、参与权的基础上，能有效减少乃至消除债权人的疑虑和不满。二是可以解决投资人对企业或有债务的担心。在存续型重整中，我国《企业破产法》第 92 条规定，对于未申报债权的债权人，在重整计划执行完毕后，可以按照重整计划规定的同类债权的清偿条件行使权利。该条对未申报债权人提供了特殊的救济，但是对于投资人而言，会产生企业债务无法完全确定的担心，进而影响投资人投资的积极性。在出售式重整中，重整投资人获得的是新成立公司的股权，原有债务人企业将会注销，新企业不具有被追诉的主体资格，从而切断与原有企业的债务联系。三是可以快

---

[1] 参见［日］谷口安平主编：《日本倒产法概述》，佐藤孝弘等译，中国政法大学出版社 2017 年版，第 269－270 页。

速高效地实现重整目标。时间成本是重整程序的重要因素，甚至是影响重整成败的关键因素。在传统的存续型重整中，重整的执行期限往往需要较长时间，在执行期限内往往又存在诸多的不确定因素，从而影响重整计划的执行，甚至导致重整程序再次转入清算程序。出售式重整是将企业全部资产或优良资产打包出售，相对来说，资产变价程序可控、时间较短，可以避免漫长的执行期限。

2. 重整计划外出售式重整的司法审查

对于重整计划内的出售式重整，如果债权人会议表决通过的，法院需要进行合法性审查；如果债权人会议表决未通过的，法院根据法定的条件和程序决定是否进行强裁。而对于重整计划外的出售式重整，由于未经债权人会议表决，涉及债权人利益的平衡与保护问题，相对于重整计划内的资产出售和重整计划内的部分资产出售，法院应当进行更加严格的审查。

（1）美国对于重整计划外出售式重整的司法审查。

美国《破产法典》对重整计划外的出售式重整规定在第363条，因此在美国重整计划外的出售式重整又可以简称为"363出售"。"363出售"允许企业进入重整程序后，在保护利益相关方的前提下，尽快完成资产出售，防止资产贬值和成本增加，提高重整的效率，实现资产价值的最大化。相对于重整计划内的出售式重整，"363出售"最大的优势在于效率，能够快速实现企业的再生。除此之外，"363出售"还具有以下制度优势：一是资产出售具有终局性。美国《破产法典》第363条（m）款规定，准予出售资产的批准令不能通过上诉来撤销或修改，也就是说，法院批准的资产出售交易具有终局性，其他方不可通过上诉来撤销或修改该交易。二是购买方具有合同选择权。在"363出售"程序中，收购方可以选择接受对自己有利的合同，而将不利的合同责任留给重整企业。三是有权出售共有财产。在满足一定交易条件的前提下，允许债务人或管理人出售债务人与他人共有的财产，而无需征得其他共有权人的同意。

近年来，美国司法实践中适用"363出售"的情形越来越多。在重整过程中，经管债务人或管理人利用"363出售"，寻求法院对公司全部资产或主要资产出售的批准，将出售价款分配给各债权人，从而实现加速重整的目的。法院在审查涉及重整内容的"363出售"时，着重考虑的是在重整计划之前处置重整企业全部财产或主要财产的必要性，以及是否违背了美国《破产法典》第11章重整程序对债权人利益的保护。在审查标准上，美国案例法经历了从严格审查到有所放宽的变化过程。比如，在Lionel公司案中，第二巡回法院确立了"363出售"必须符合商业合理性的要求；在Continental航空公司案中，上诉法院在商业合理性标准的基础上，又增加了"363出售"下债权人利益较第11章重整程序是否得到更优保护的审查要求；但是到了克莱斯勒和通用公司案，美国法院的审查标准趋于宽松。

Lionel公司案[1]：商业合理性标准

在Lionel公司案（Committee of Equityholders v. Lionel Corp）中，法院确立了在审查正常经营范围外的第363条资产出售时应适用的标准。这一标准是要看该363条出售是否具有"商业合理性"。在该案件中，债务人Lionel公司提出动议，拟出售它的大部分重要资产——其子公司的82%普通股，该子公司是一家经营良好、具有清偿能力且盈利的上市公司。在提出该363条出售计划4天后，债务人提出重整计划，该计划以确认该363条出售为条件，并将收入在债权人之间进行分配。破产法院批准了重整计划之前的363条交易，其理由为：第一，债权人委员会坚持这个交易；第二，如果不批准交易，重整程序将至少延误一年。后债权人委员会提出上诉。在上诉中，第二巡回法院指出："法院作出批准的原因应当是存在某些资产使用、出售或出租的商业合理性，而不是债权人的坚持。债权人委员会的坚持并不构成足够的商业合理性。因为，作为事实问题，没有证据表明这一出售不能在重整计划中以同样的价格完

---

[1] 参见贺丹：《通用公司重整模式的破产法分析》，载李曙光、郑志斌主编：《公司重整法律评论》第2卷，法律出版社2012年版，第12-13页。

成。"作为法律问题，批准交易仅考虑了债权人的利益，却忽视了股权持有人的利益，而第11章要求保护股权持有人的权益。第二巡回法院列出了下列判断商业合理性的因素：资产价值在整体破产财产中所占的份额；从第11章申请时至提出资产出售时的时间，是否有可能在较短的时间内提出并通过重整计划；交易对未来重整计划的影响；通过交易可能获得的收入与任何对财产估值的比较，最重要的是，该资产是否正在增值或贬值。

Continental 航空公司案[1]：重整对债权人的利益安排

除商业合理性标准外，第363条出售影响第11章对债权人的权利安排也是法院考量的重要因素。在Continental 航空公司案件中，Continental 航空公司计划出租两台DC-10型飞机，租期10年，租金价值超过7000万美元，并要求使用出租的飞机为太平洋航线服务，Continental 航空公司主张其太平洋航线具有很重要的价值，只要有合适的飞机执飞，这种价值就能实现。上诉法院虽然认为破产法院裁决没有违反商业正当性的标准，但是仍然推翻了破产法院和联邦地区法院的裁决，将案件发回重审。上诉法院指出，地方法院应当听取异议者的权利主张，如果这些异议足以证明"一个包含租约的重整计划最终将导致失败"，法院就应该否决该租约。上诉法院承认，第363条下的出租将会剥夺债权人的某些权利（如第1125条规定的披露，第1126条规定的表决，第1128条规定的最大利益，第1129条规定的绝对优先权等），因此债务人首先应该表明财产的出租具有商业目的；另外，任何想要提出异议的债权人必须详细说明因为上述财产租赁而被否定的具体利益，并且证明如果不进行出租而进行重整，债权人将会获得更好的待遇。

克莱斯勒和通用公司案：审查标准趋于放宽

克莱斯勒公司和通用公司分别于2009年4月30日和2009年6月1

---

[1] 参见[美]大卫·G·爱泼斯坦等：《美国破产法》，韩长印等译，中国政法大学出版社2003年版，第184页。

日向纽约南区联邦破产法院申请破产重整，寻求破产保护。根据克莱斯勒的重整计划，先将克莱斯勒的大多数资产以拍卖的方式出售给新克莱斯勒公司，拍卖出售所得20亿美元将根据绝对优先规则用于清偿优先债权。通用公司的破产重整借鉴了克莱斯勒公司的模式，先是将债务人有价值的资产拍卖出售给新通用公司。新通用公司还同意支付通用公司对自愿雇员福利协会（Voluntary Employee Beneficiary Association）的200亿美元的破产债务，同时向自愿雇员福利协会发行25亿美元的票据、65亿美元的公司优先股、17.5%的公司普通股以及根据企业经营情况追加2.5%股份的担保。[1] 美国法院受理两案后，对两公司的资产出售行为均予以认可。克莱斯勒和通用公司通过"363出售"实现了债务剥离、股权结构重构以及企业的良好运营，特别是新通用公司在成立不到18个月就成功上市，在实现企业可持续发展的同时，也拯救了美国的汽车行业。但是，通用和克莱斯勒案件改变了美国法院对通过第363条出售的方式实现重整目标一直采取的比较严格的审查态度，引发了破产法学界和实务界的激烈讨论。

美国《破产法典》第11章的首要程序价值是为所有重整参与人提供了一个协商谈判的平台，在充分的信息披露和协商谈判的基础上制定了一个符合绝大多数人利益和要求的重整计划。查尔斯·泰步教授将此描述为：如果债务人在重整程序启动伊始便援用美国《破产法典》第363条，在重整计划批准前出售公司所有资产或者重大资产，在破产程序中抓住商机实现资产价值最大化，固然是值得追求的目标，但联邦第二巡回法院在1983年Lionel公司案中判定债务人可以基于"良好之商业理由"而援用第363条出售其资产之后，各地破产法院对债务人绕过重整计划批准程序处置资产的操作手法，有放任之嫌。[2]

---

[1] 参见方俊：《上市公司破产重整的利益平衡论》，华东政法大学2011年博士学位论文。
[2] 参见王之洲、陈仪宁：《泰步教授来搞事：美国破产重整制度已经走入歧途》，载微信公众号"破记录"2019年9月11日。

绕过重整计划进行的"363出售"引发的另一个担忧是会规避美国《破产法典》第11章设置的严密的债权人利益保护机制。例如，在通用公司重整案件中，根据《主出售与购买协议》，新通用收购老通用全部运营资产的对价包括以下几个方面：第一，新通用所持有的对老通用的破产申请前的债权以及破产申请后的DIP贷款债权。美国财政部将其对通用的破产申请前债权转让给汽车收购控股有限责任公司（Vehicle Acquisition Holdings LLC），由其通过债权投标的方式购买老通用的资产。第二，老通用向美国财政部发行的权证。第三，新通用的普通股和权证。老通用获得新通用10%的普通股，用于根据确认后的重整计划向老通用的债权人分配，若老通用的一般无担保债权超过350亿美元，老通用将额外得到2%的普通股，同时拥有购买额外15%普通股的权证。第四，承担通用的债务。包括67亿美元的DIP贷款，通用正常经营中的债权债务以及通用的产品责任。由于部分政府的担保债权为第二顺位担保权，为顺利地进行债权投标，新通用承担了老通用所有非政府的担保债权。[1]查尔斯·泰步教授认为，这种过于宽松的审查标准，导致立法者们通过重整计划批准程序与信息披露要求来确保债权人获得充分信息的期待在现实中落空。在DIP融资提供者与潜在买受人的压力下，迅速处置和变现资产的短期效益追求，几乎消灭了依据充分信息进行决策而取得长效收益的可能。更糟糕的是，在通用公司与克莱斯勒公司破产案中，破产法官们对资产买受人违背法定受偿秩序分配重整债务人价值的做法，都采取了默许甚至支持态度。这将使绕过传统重整计划批准程序的"363出售"，更容易成为重整程序主导人篡改法定受偿顺位、攫取不当得利的帮凶。为此，查尔斯·泰步教授建议国会采用"紧急性"（emergency）或"易变质性"（perishability）为标准，重新规范法院对重整程序中债务人主要资产出售的审查标准；建议法院严格审查DIP融资条款，并撤销

---

〔1〕参见贺丹：《通用公司重整模式的破产法分析》，载李曙光、郑志斌主编：《公司重整法律评论》第2卷，法律出版社2012年版，第12-13页。

担保债权人对 DIP 融资提出的过分要求；建议法院坚持以"绝对顺位"为原则来审查重整计划提出的清偿方案，并在司法层面杜绝一切违背法定受偿秩序的分配安排。[1]

美国破产重整制度改革调研委员会的许多委员认为，全部资产或几乎全部资产出售已经成为重组范畴的一部分。委员会因此认为，对这一问题最富建设性的处理方式就是对出售流程进行严格分析，并承认此种出售有可能实现特定的政策目标，包括最大化可供债权人分配的价值、留存工作岗位（至少保留债务人所聘员工的一部分）。美国多数法院对于出售全部或几乎全部债务人财产在程序上和实体上的审查都更加严格，要求出售行为应具有"充分的理由"，并且经管债务人应当对适当的通知、合适的价格以及具有"善意"等法院批准所需的必要因素承担严格的举证责任。委员会认定，在"363 出售"进行中，债权人所应获得的保护至少应与第 11 章计划批准达到同等水平。最终，关于"363 出售"的程序性改革原则也吸收了上述建议。[2]

(2) 我国重整计划外出售式重整的制度漏洞及完善。

①我国重整计划外出售式重整的制度漏洞和制度空间

我国《企业破产法》对出售全部资产或主要资产的出售式重整未作明确规定，既没有提倡性规定，也没有禁止性规定。司法实践中，一些企业采用了出售式重整的方式，比较典型的包括江苏莱顿宝富塑化有限公司破产重整案、浙江振越建设集团有限公司破产重整案。但是我国实践中采用的出售式重整基本上都是经过债权人会议表决后实施的重整计划内的出售式重整，截至目前尚未出现适用重整计划外出售式重整的案例。虽然重整计划外出售式重整在实践中存在争议，但是相对于重整计划内的出售式重整，重整计划外的出售式重整的优势在于可以快速地实

---

[1] 参见王之洲、陈仪宁：《泰步教授来搞事：美国破产重整制度已经走入歧途》，载微信公众号"破记录"2019 年 9 月 11 日。
[2] 参见《美国破产法协会美国破产重整制度改革调研报告》，何欢、韩长印译，中国政法大学出版社 2016 年版，第 157－158 页。

现企业的再生，而且还可以通过制度设计赋予合同选择权、共有财产出售权。此种方式在一些大型企业重整案件中展现了较高的制度优势和实践价值，值得我国借鉴。

虽然重整计划外的出售式重整在法律上存在漏洞，在司法实践中也没有先例，但是在现行法律框架内仍存在制度空间。我国《企业破产法》有3个条文与出售式重整存在一定关联，可以成为构建我国出售式重整的制度基础：一是《企业破产法》第25条，该条规定管理人有权管理和处分债务人的财产。从文义解释来看，这里的财产包括债务人的全部财产。二是《企业破产法》第69条，该条规定管理人对全部库存或者营业进行转让的，应当及时向人民法院或债权人委员会报告。三是《企业破产法》第26条，该条规定在第一次债权人会议召开之前，管理人实施全部库存或者营业转让行为的，应当经人民法院许可。上述规定既适用于破产清算程序，也适用于破产重整程序，这种立法体例与美国《破产法典》较为相似，只是我国更加强调管理人中心主义，一般由管理人负责实施资产出售行为。[1]

虽然《破产法司法解释三》第15条规定，管理人处分债务人重大财产的，应当经过债权人会议表决通过。最高人民法院民二庭负责人在就《破产法司法解释三》答记者问环节上对此解释：该条主要针对的是第一次债权人会议召开后，管理人实施的处分行为，第一次债权人会议召开前管理人实施处分的，应当按照《企业破产法》第26条的规定处理。[2] 由此可见，我国《企业破产法》第26条与美国重整计划外出售资产的第363条款类似。可以理解为，在第一次债权人会议召开前，由于债权申报和审核工作尚未完成，管理人可以不经过债权人会议，直接请求人民法院许可其转让全部资产或重大资产。

---

[1] 参见丁燕：《论"出售式重整"的经济法品格》，载《法学杂志》2016年第6期。
[2] 参见最高人民法院民事审判第二庭编著：《最高人民法院关于企业破产法司法解释（三）理解与适用》，人民法院出版社2019年版，第12页。

②我国重整计划外出售式重整司法审查标准的漏洞填补

对于重整计划外出售式重整的司法审查标准，我国《企业破产法》和司法解释未作规定，存在法律和制度漏洞，这一问题可以通过借鉴国外的司法实践和我国《破产法司法解释三》的相关规则予以填补。

对以通用公司和克莱斯勒公司为典型的"363出售"模式，美国破产法学者多数表示了异议。反对者主要认为，在第363条出售重整模式中，债权人未能依照美国《破产法典》第11章规定的重整程序对重整计划进行表决，这将对相关利益主体（尤其是债权人）的实体权利和程序权利造成损害。反对者的理由主要有三点：一是资产出售前缺少科学有效的评估；二是在出售前缺乏高级别债权人的足够支持；三是资产的出售未鼓励第三方投标人参与，导致未能经过真正的市场测试。为此，反对者建议从两方面入手对法律进行修改：一是确保在第363条重整的过程中，建立评估或者市场测试标准，以确保购买方的出价与破产企业的资产相当，从而防止部分债权人通过资产收购损害其他债权人的利益。二是禁止在"363出售"的过程中，以承担破产企业债权作为购买资产的对价，从而防止因购买方的偏好而造成的对破产债权优先顺位的扭曲。[1]

美国"363出售"模式的应用、变迁和应对，集中反映了重整计划外出售式重整既有现实的制度价值，也可能被滥用从而损害相关方利益，甚至成为企业逃废债的新方式，这为我国推行重整计划外出售式重整模式提供了经验和借鉴。我国在构建出售式重整制度时，至少应当关注以下几个方面的问题：第一，资产出售的过程要进行详尽的信息披露。对于重整计划外的资产出售，即使债权人会议没有召开，债权也没有经过债权人会议核查，仍然应当保障潜在债权人的合法权益，给予潜在债权人合理的异议期，完善潜在债权人异议的救济方式。第二，建立合理的

---

[1] 参见贺丹：《通用公司重整模式的破产法分析》，载李曙光、郑志斌主编：《公司重整法律评论》第2卷，法律出版社2012年版，第12-13页。

评估和市场检测标准，确保整体出售的价格与资产的市场价格基本相当，防止出售价格与市场价格出现不当偏离。第三，综合运用资产推介、假马竞拍等多种方式提高资产出售的价格，最大限度地保障债权人利益。第四，完善司法审查标准，将"紧急性""必要性"等作为规范法院批准条件的审查标准。[1]

（四）程序保障机制

科学合理的程序规范不仅是程序公正的应有之义，也是实现资产出售的公平与效率、最大化债务人财产价值以及切实保障重整程序中各方主体利益的重要保障。在重整程序中，科学合理的评估和公平合理的程序设计，既可以增强投资人的信心，吸引更多的潜在投资人参与重整程序，也可以使出售价格真实反映资产的价值，从而获得债权人、债务人、债务人股东、投资人等多方主体的支持。

1. 资产评估

无论是部分资产出售还是全部资产出售，无论是重整计划内的资产出售还是重整计划外的资产出售，都会涉及资产评估问题。在重整程序中，资产评估对模拟清算非真实出售的影响较大，而对真实出售的影响相对较小。这是因为，在真实出售中，资产的估值通常仅是参考价格，最终的成交价格要经过市场的检验。而在模拟清算下，由于未进行真实的出售，资产评估价格的高低与利益相关方，特别是债权人的清偿密切相关。比如，在"*ST霞客重整案"中，由于上市公司资产评估采用的是清算标准，引发了债权人的强烈不满。但是这并不意味着资产评估对真实出售没有价值，实践中，因资产评估不规范、缺乏程序公正，导致资产成交价格偏低，进而损害债权人、债务人及股东利益的情形并不少

---

[1] 早在1949年，美国第三巡回法院在审理Solar Manufacturing Corp.案中认为，只有在"紧急情况实际发生时"，法院才可批准没有重整方案的案件中的债务人出售几乎所有财产。参见[美]大卫·G·爱泼斯坦等：《美国破产法》，韩长印等译，中国政法大学出版社2003年版，第180页。

见。美国克莱斯勒公司和通用公司重整案之所以引发争议，原因之一就在于两家公司资产的出售虽经法院批准，但对出售资产的招标是在很短的时间内进行的，没有经过充分的市场测试。[1] 从保护和平衡各方债权人利益的角度来看，在重整程序中，资产转让的对价不低于清算方式之所得，是防止损害相关主体利益，进而获得相关主体支持的前提条件。司法实践中，评估机构的产生和评估方法的选取是影响资产评估的两个关键因素。

（1）评估机构的产生。

目前，我国《企业破产法》对评估主体的产生没有规定。司法实践中产生评估机构的方式通常有两种：一种方式是由人民法院通过随机抽取的方式产生中介机构，这是目前普遍采用的方式。另一种方式是授权管理人通过一定程序选取中介机构。最高人民法院于2019年印发的《全国法院民商事审判工作会议纪要》第116条是关于"审计、评估等中介机构的确定及责任"的规定，该条明确"要合理区分人民法院和管理人在委托审计、评估等财产管理工作中的职责。破产程序中确实需要聘请中介机构对债务人财产进行审计、评估的，根据《企业破产法》第28条的规定，经人民法院许可后，管理人可以自行公开聘请，但是应当对其聘请的中介机构的相关行为进行监督。上述中介机构因不当履行职责给债务人、债权人或者第三人造成损害的，应当承担赔偿责任。管理人在聘用过程中存在过错的，应当在其过错范围内承担相应的补充赔偿责任。"由此可见，管理人公开聘请评估机构应当是原则，而法院组织选取评估机构应当是例外，但是管理人组织产生评估机构应当在法院的监督下依法开展。

无论是人民法院组织产生评估机构，还是由管理人组织产生评估机构，都应当保证选定程序公开公正，同时以专业的方法对资产价值进行

---

[1] 参见徐阳光、何文慧：《出售式重整模式的司法适用问题研究——基于中美典型案例的比较分析》，载《法律适用（司法案例）》2017年第4期。

评估。由于资产评估具有独立性，为保证评估结果的客观、公正，必须保持评估机构的独立性和公正性。对于人民法院组织产生评估机构的模式，特别是通过随机抽取的方式产生评估机构的模式，程序上相对客观公正，但是要做好评估机构的监督管理工作。对于管理人自行组织产生中介机构的模式，《全国法院民商事审判工作会议纪要》规定了管理人的过错赔偿责任，除此之外，在制度设计上还要进一步突出管理人的监督管理职责，例如，要求通过公开招标的方式产生评估机构，或规定由债权人、债务人、股东代表等组成的评审小组行使确定评估机构的决策权等。

（2）评估方法的选取。

资产评估采取何种方法是资产评估中的重要问题，也是司法实践中各方争议较大的问题。资产评估本身具有不确定性，其结果会受到评估时间、评估主体、市场行情的变化、假设条件等多种因素的影响。目前，资产评估方法主要包括成本法、市场法和收益法。

第一，成本法。成本法又称账面价值调整法，是根据企业提供的资产负债表，对企业账面价值进行调整得到企业价值，其基本思路是重建或重置评估对象。成本法的具体操作方法是先将账面上的资产和负债调整为市场价值，在此基础上再用调整后的资产市场价值减去负债的市场价值，计算出企业净资产的评估价值。成本法的优势在于操作简便、客观性强。成本法的问题主要集中在两个方面：一是简单地将企业价值看作资产负债表反映的净资产价值，而没有考虑企业的资质、营销网络、团队价值等财务报表以外的因素；二是成本法反映的是企业过去和现在的资产价值，而未能反映企业未来的价值。对于重整企业而言，单独采用成本法价值不大，因为成本法本质上是以企业的清算价值为依据，而企业重整的目的在于实现企业的运营价值。例如，在江西赛维破产重整案件中，由于评估采用的是固定资产重置成本法，导致金融机构所在小组第一次表决未通过重整计划草案。

第二，市场法。市场法又称比较法或相对估价法，指的是通过寻找市场上与被评估企业情况类似的企业或企业资产作为参照，在分析比较的基础上确定被评估企业的市场价值。运用市场法需要满足两个基本条件：一是存在一个发达活跃的公开市场，能够对企业的真实价值给予完全有效的反映；二是公开市场上存在大量可比企业。这种评估方法的难点主要在于寻找类似的企业或资产较为困难，而且评估结果受评估机构主观影响较大。对于重整企业而言，寻找到在破产原因、行业领域、重整价值、重整可行性等方面相似的企业难度更大。因此，单独适用市场法对重整企业进行资产评估往往也缺乏可行性。

第三，收益法。收益法适用于持续经营的企业，其理论基础是资产价值体现于未来所能获得收益的现值。具体而言，收益法是通过预测目标企业未来所能产生的收益，并根据获取这些收益所面临的风险及要求的回报率，对这些收益进行折现，从而确定目标企业的价值。企业的收益主要包括利润和现金流量两种形式，因此，收益法也可以分为以利润为基础的收益法和以现金流量为基础的收益法。收益法能够揭示企业的真实价值，是三种评估方法中的核心方法。对于重整企业而言，企业重整的目的在于恢复和维持企业的运营，实现企业的运营价值，但是在重整计划执行期间，企业能否重整成功、能否实现持续运营具有一定的不确定性，至少重整企业并非像正常企业那样处于稳定的经营状态。因此，对重整企业收益的估算及折现存在一定难度，单独运用收益法评估重整企业有时也不尽科学。

企业评估中常见的三种评估方法各有利弊，并且主要适用于正常经营的企业。对于重整企业而言，单独适用其中的任何一种方法都难以真正体现企业的市场价值。为此，重整企业资产评估应当构建起一个有别于正常运营企业的评估体系，综合考虑企业的市场估值、账面估值、收益估值以及其他与债务人企业或重整相关的因素。这些相关因素不仅包括企业的资质、信用、商誉，管理层的领导力、团队的技术能力，股东的意愿、员工的态度和政府的支持，还包括企业陷入困境的原因、重整投资人的实力，以及企业重整的必要性和可行性等。评估机构在对企业整体资产或者部分资产进行评估时，应综合考虑企业和资产的各种因素，并在综合运用评估体系的基础上，得出一个合理的价格区间。管理人在评估机构提供的价格区间的基础上，通过征询意见和专业判断，最终确定出合理的资产出售价格。

值得注意的是，无论是整体资产的评估还是部分资产的评估，也无论是清算价值的评估还是运营价值的评估，资产评估一直是重整程序中争议不断的领域。例如，在重整企业资产大于负债的情况下，股东对公司的评估价值通常偏高，目的是在重整企业中保留相应股东权益，而债权人对公司的评估价值通常较低，这样就可以把股东从未来的利益分配中排除出去。资产评估难导致对企业价值的认定都有估算的成分，背后又是高昂的估算成本、对估值可靠性的怀疑以及来自反对方的压力。如何在现行的法律制度框架下设计出既合理又具有可操作性的方案，仍然是未来研究的热点。[1] 除了特定情形应采用何种估值标准的问题外，亟待深思的问题至少还包括：在同一个破产案件中，对不同情形是否必须适用相同的估值标准，如模拟清算分析与担保债权分配数额的确定能否适用不同标准，最佳利益标准与绝对优先规则的适用能否采用不同标准。[2]

2. "假马竞拍"规则

（1）定义及性质。

"假马竞拍"（Stalking‐horse Bidding）规则起源于美国的破产法实践，广泛运用于重整程序，特别是出售式重整程序。为实现重整企业资产出售的公平效率，保障债务人财产价值的最大化，美国法院不断完善资产出售程序设计，探索出了"假马竞拍"规则。此后，其他国家的破产立法和实践逐渐借鉴吸纳了这一规则，如2017年成立的韩国首尔重整

---

[1] 参见陈英：《破产重整中的利益分析与制度构造——以利益主体为视角》，武汉大学2010年博士学位论文。

[2] 参见《美国破产法协会美国破产重整制度改革调研报告》，何欢、韩长印译，中国政法大学出版社2016年版，第8页。

法院，成立后两年内即已通过这种方式完成了几十笔破产企业的资产交易。[1]

"假马"（Stalking Horse）源自一项捕猎技术：为了有效猎杀，猎人会隐藏在一匹真马或似马道具背后进行潜伏并悄悄接近猎物。用作掩护猎人的这匹马（无论是真马还是道具），就被称为"stalking horse"。[2]"假马竞拍"指的是在资产处置过程中，债务人提前与一家潜在购买者（"假马"竞标人）协商参与竞标，潜在购买者经过尽职调查后，与债务人签订购买协议，并在协议中明确竞买的最低价格。除非在实际拍卖中出现更高的价格，否则"假马"竞标人将根据先前与债务人签订的协议购得该项资产。债务人与"假马"竞标人提前签订的购买协议，在性质上可以视为一份附条件的合同。在资产实际处置的过程中，如果有其他购买人出价高于这个价格，则该购买协议不生效；如果没有人出价高于这个价格，则购买协议生效。

（2）目的及意义。

设置"假马竞拍"的主要目的是解决重整程序中投资人的信息不对称问题，以及由于这种信息不对称而造成的资产低价处置问题。投资人购买资产的前提是对债务人的资产状况和基本情况有充分的了解。在重整程序，特别是出售式重整程序中，投资人不仅需要了解债务人的资产情况、债权情况、债务情况、职工情况、税务情况，还需要对企业的生产经营情况、销售渠道情况、商业商誉情况、信用资质情况等进行全面的调查。这种尽职调查既需要投入必要的成本，也需要债务人和管理人的密切配合，这对投资人来说是较高的风险和较大的挑战。如果没有合理的机制来解决信息不对称问题，各潜在购买者很可能会出于规避风险的考虑，不愿意购买或尽可能压低购买价格。

---

[1] 参见杨春平：《韩国破产法律制度的现状及特点》，载微信公众号"中国破产法论坛" 2019年10月24日。

[2] 参见王之洲：《美国破产程序中的"假马竞价"》，载微信公众号"破记录" 2018年3月12日。

正是为了防止上述问题发生,美国法院在充分考虑破产财产处置中存在的资产调查难、信息不对称、收购风险高等特点的基础上,创造性地设置了"假马竞拍"规则,让债务人和管理人去寻找"假马"竞标人试水,由"假马"竞标人承担信息填补的尽调工作和公开竞价产生的风险。对于其他竞买人而言,"假马竞拍"规则可以节约前期调查费用和竞价风险,使其在不承担风险成本的前提下作出投资决策;对于债务人和管理人而言,该规则可以吸引更多的投资人参与资产竞买,从而提高资产的价格;对于债权人而言,这一规则通过公平的方式设置公允的拍卖价格,让债权人有理由相信资产的价格可以符合市场价值,客观上也利于提高债权人的清偿率。

(3)激励与保障。

"假马"和"真马"均为投资人。承担"假马"角色的潜在投资人承担了时间、费用的成本和竞价失败的风险,而"真马"可以在没有任何支出和损失的情况下坐享其成。特别是"假马竞拍"规则要求"假马"在竞买开始后报价必须固定,既不能修改也不能加价。因此,在有其他竞标者的情况下,其报价不仅可能因他人更高的报价而失效,其尽职调查的工作成果也可能被免费利用,为潜在竞标者提供"搭便车"的机会。[1] 那么,"假马"为什么要"甘作嫁衣",把"搭便车"的机会提供给他人呢?这就需要通过制度设计提供必要的激励和保障,否则任何一个理性人都不会选择去做"假马"。

从国外的司法实践来看,"假马竞拍"规则主要提供了以下激励和保障措施:一是参与制定出售流程。"假马"竞标人可以与债务人协商确定财产出售的流程,从而提高自己中标的可能性。美国法院通过判例的方式确认,债权人委员会或相关主体不得通过另行制定出售流程的方式剥夺这种权利。Brad 教授认为,"假马"在拍卖过程中最重要的筹码就是

---

[1] 参见冯术杰:《"搭便车"的竞争法规制》,载《清华法学》2019年第1期。

对有利自己的投标程序进行谈判。[1] 二是同等条件下享有优先购买权。"假马竞拍"规则要求其他竞买人的出价必须高于"假马"竞标人才能中标,即使其他竞买人的报价与"假马"竞标人的出价相同,同等条件下仍由"假马"竞标人购得所售资产。三是享有签订排他性协议的权利。为进一步提高"假马"竞标人中标的可能性,在一些资产出售协议中,"假马"竞标人甚至可以与债务人约定在一定期限内获得排他的购买权。由于排他性协议意味着对竞争的排斥,因此签订这类协议需要得到债权人会议的同意和法院的许可。四是费用报销。费用报销是对"假马"竞标人最常见的保障措施。"假马"竞标人可以与债务人约定,在其竞价失败时,由债务人财产补偿其支出的合理成本。成本的范围包括尽职调查的费用、磋商谈判的成本,法院有时还会在一定程度上考虑"假马"竞标人多承担的风险因素及其获利的可能性。五是支付"分手费"。"分手费"指的是在"假马"竞标人竞标失败后,债务人向"假马"竞标人支付的一定数额的补偿金。"分手费"与"假马"竞标人的损失无关,但在程序上需要得到法院的事先批准。其激励作用在于鼓励"假马"竞标人设置更高的"底价",但是过高的"分手费"也会增加债务人的负担,对其他竞标人来说也不利于公平竞争。而且在不同案件中"分手费"的数额有所区别,在法院没有设定上限的情况下,通常为中标价格的2%~5%。

(4) 流程及监督。

美国"假马竞拍"流程主要包括以下几个环节:一是程序启动。美国《破产法典》规定,进行"363出售"时须经过法院批准。如果采取"假马竞拍"方式进行"363出售",需要另行向法院请示。经法院批准后,债务人可以公开招募"假马"竞标人,如果有多家投资人竞标"假马",债务人可以根据招投标的要求选择其中一家。二是签订协议。"假马"确定后,开始入场对债务人资产进行全面的尽职调查,作为判断资

---

[1] See Brad B. Erens, *Bankruptcy Sales: The Stalking Horse*, Jones Day Publications, 2015.

产价值的依据。在资产调查的基础上,"假马"与债务人就竞拍底价、竞拍流程以及竞拍失败后的"费用报销"和"分手费"进行磋商,并与债务人签订协议,协议包括"假马"提出的不可撤销的报价。三是选定"假马"。债务人根据与"假马"签订的协议,向法院提交"竞价程序申请"。法院对"假马"与债务人签订的协议进行审查,为防止"假马"利用优势地位损害债务人利益,法院通常会重点审查出售协议所安排的出售流程设计是否足够透明和公平、是否会不合理地吓阻其他潜在竞买者,以及"假马"有权获得的分手费或其他补偿是否畸高。[1] 在这个过程中,如果有利害关系人提出听证申请,法院还应当组织相关人员进行听证,听取各方对收购协议的意见。如果协议得到法院认可,法院会发出"程序指令",批准该收购协议。四是公开竞标。法院在批准收购协议的同时,会公告竞标程序。公告的内容包括出售协议的具体内容、"假马"的报价、拍卖的时间。适格的投资人可以根据公告的程序要求和实体要求参与竞拍,但是其出价不得低于"假马"的报价。"假马"在拍卖时,不得修改报价也不得加价。五是确认中标。如果其他竞标人的价格比"假马"的报价高,则债务人与"假马"签订的收购协议失效,但协议中的"费用报销"和"分手费"等激励补偿条款仍然生效。如果没有竞标人的出价高于"假马"的报价,则债务人与"假马"签订的收购协议生效,"假马"购得债务人出售的资产。六是生效审批。为防止投标人串标、围标或利用"假马"进行压价,法院会对最终成交情况进行审查,如果其他竞标人中标的,法院还会审查其他中标人提交的收购方案。审查通过后,法院会发出"批准出售令",批准债务人向选定的买家出售资产,并监督双方进行资产移交和所有权转移。

  从上述流程可以看出,为了防止出现道德风险,真正实现"假马竞拍"规则的制度价值,美国"假马竞拍"的拍卖方式一直处于法院的严

---

[1] 参见王之洲:《美国破产程序中的"假马竞价"》,载微信公众号"破记录"2018年3月12日。

格监督之下。无论是在程序的启动阶段、实施阶段，还是在成交以后，法院都进行了全方位的监督。首先，这种竞拍方式的运用必须经法院批准后才能实施。其次，在实施过程中，法院会对债务人提交的"竞价程序申请"进行审查，并应利益相关方的请求，听取利害关系人的意见，对收购协议是否公平合理进行严格审查。最后，在拍卖完成后，债务人必须向法院陈述竞价机制的合理性以及中标者的履约实力，法院也必须听取破产程序利益相关各方对竞价结果的支持或反对意见，在此基础上，决定是否发出"批准出售令"，最终完成资产出售行为。

（5）借鉴与运用。

我国的立法和司法解释尚未引入"假马竞拍"规则，也未建构起类似的破产财产处置机制。但是，在司法实践中，基于实际需求，法院在如何提高资产价值方面进行了一些有益的探索。例如，笔者于2018年审理的一起破产案件中，债务人企业的主要财产系某高新区内的土地使用权和在建工程。在财产处置过程中，管理人与潜在购买人充分协商，由于该潜在购买人对财产情况较为熟悉，并且看好财产所在地的发展前景，最终其承诺托底，并以高于评估价30%的价格溢价成交。此外，有的法院在出售式重整程序中，借鉴"假马竞拍"相关规则选定出价更高的投资人，取得了较好的效果。

案例：江苏宝通镍业有限公司破产重整案[1]

2020年3月24日，连云港市连云区人民法院（以下简称连云法院）依法裁定受理江苏宝通镍业有限公司（以下简称宝通公司）破产清算案，170余家债权人申报债权近50亿元。经专业机构评估，宝通公司资产总值约7.2亿元，该公司名下2650亩土地使用权及车间厂房、机器设备若长期闲置，将造成资源浪费，亦不利于区域经济稳定协调发展。由于宝通公司破产债权总额较大，在假定破产清算状态下的普通债权清偿比例

---

[1] 参见《2023年江苏法院破产审判典型案例》，载微信公众号"江苏高院"2024年4月11日。

极低。为尽快盘活宝通公司名下不动产资源，提高债权清偿比例，连云法院指导管理人发布重整投资人招募公告，在全国范围内招募重整投资人。后宝通公司股东申请对宝通公司进行重整。2022年9月9日，连云法院裁定宝通公司由破产清算程序转入重整程序。同年9月29日，连云法院组织召开第二次债权人会议，宝通公司重整计划草案经分组表决通过。11月7日，连云法院裁定批准重整计划，目前重整计划已执行完毕。

　　本案是人民法院贯彻绿色发展理念，将破产重整融入经济社会高质量发展的典型案例。宝通公司紧靠石化产业基地，区位优势明显。在案件处理过程中，连云法院全面贯彻绿色发展理念，结合地方产业政策制定重整计划草案，由投资人通过将该地块产业导向低能耗、低污染的产业，实现由第二产业向第三产业的转型。该案创新适用"出售式重整+假马竞标"的组合模式，以遴选确定的意向投资人作为"假马"，通过公开竞价程序引入出价更高的潜在投资人，投资取得宝通公司新设立的子公司股权，确保投资人选定程序公平、公正、公开，助力新企业轻装上阵。重整投资人在接收宝通公司资产后，以完善连云港石化产业基地全方位服务体系为发展宗旨，通过改造升级宝通公司厂区，打造优质物流港多式联运中心，为石化产业中下游产品提供配套服务，助力建设成为世界一流石化产业基地。

　　与国外的"假马竞拍"规则相比，我国目前的探索还是非制度化和非体系化的，是在缺乏具体的法律规则指引下，依据相关法律原则解决现实问题的权宜策略。随着信息化手段在破产财产处置中的广泛运用，越来越多的潜在投资人开始关注并参与破产财产拍卖。特别是在出售式重整程序中，我国的司法实践广泛采取公开招募和非公开谈判等方式，不断扩大投资人的招募范围。但与此同时，我国也面临着投资人信息不对称的问题，抑制了投资人信心，阻碍了投资人的决策，进而影响了资产的成交价格。借鉴吸纳"假马竞拍"规则，在公开公平的程序设计下，让意向投资人在管理人和债务人的协助下全面调查了解企业情况，并且设立不可撤销的竞标底价,这在一定程度上实现了公开招募投资人与非公开谈判选任投资人两种方式的有效结合,同时也是资产询价和破产拍卖两种估值方式的有效整合,可以弥补各方主体对资产评估的质疑,让资产的成交价格更加真实地反映资产的实际价值。因此,为了公平高效地处置破产财产,防止投资人之间的不公平竞争,实现财产价值的最大化和债权人利益的最大化,有必要在总结审判实践经验的基础上,借鉴吸纳国外成熟的法律规则,通过对费用报销、"分手费"、优先购买权、参与流程制定等规则的借鉴和完善,逐步建立起符合我国立法和司法实际的"假马竞拍"机制。

比如,关于"费用报销"和"分手费"的清偿顺位问题,美国的司法判例存在一定的分歧,但多数判例将其归类为"行政管理费用"(Administrative expense),并优先于无担保债权进行全额清偿。我国在无担保债权之前的清偿顺序中,存在破产费用和共益债务的区分,且破产费用的清偿顺位优先于共益债务。我国《企业破产法》第41条规定了破产费用的三种情形[1],考虑到"假马竞拍"规则对债务人、债权人和资产价值提升的重要性,我国在引入该项规则时,可以将费用报销和"分手费"纳入第41条第2项规定的"管理、变价和分配债务人财产的费用",从而赋予其破产费用的优先清偿地位。

我国《企业破产法》强调法院对财产处置的监督。对于重整程序中的重大资产出售行为,《企业破产法》明确规定,无论是在第一次债权人会议召开之前,还是在第一次债权人会议以后,都要经过人民法院的许

---

[1] 我国《企业破产法》第41条规定:"人民法院受理破产申请后发生的下列费用,为破产费用:(一)破产案件的诉讼费用;(二)管理、变价和分配债务人财产的费用;(三)管理人执行职务的费用、报酬和聘用工作人员的费用。"

可或批准。根据《企业破产法》第 26 条和第 69 条[1]的规定,第一次债权人会议召开之前的重大资产出售,应当向人民法院报告并且经过人民法院许可;对于债权人会议召开以后的重大资产出售,应当列入重整计划草案由债权人会议表决,根据《企业破产法》第 86 条和第 87 条的规定,无论债权人会议是否表决通过重整计划草案,人民法院对重整计划都有批准权。总体来说,重整程序中包括全部资产出售在内的重大资产处置行为均需要经过法院批准。但是鉴于"假马竞拍"规则对各方利益影响重大,在法院监督方面还需要进一步加强。例如,当管理人向法院提出采用"假马竞拍"规则进行资产出售时,应当要求管理人进行公示,尤其注重保障利害关系人的知情权,并且应当根据利害关系人的申请,由法院决定是否组织听证程序。再如,在包含适用"假马竞拍"规则在内的资产处置行为实施后,人民法院是否应当出具"成交确认书"以加强对资产处置行为的监管也是一个值得探讨的问题。特别是在破产网拍制度改革的背景下,人民法院不再通过司法网拍程序进行资产拍卖,而是由管理人通过最高人民法院指定的七家网拍平台自行组织拍卖。在原有的拍卖方式下,资产成交后人民法院通常出具成交确认书,而对于管理人自行组织的拍卖,人民法院是否还有必要向买受人出具成交确认书?对此司法实践中存在争议。有的法院和法官认为:要区分人民法院和管理人的权力边界,财产处置是管理人的职权,人民法院不应再出具成交确认书和协助执行通知书等文书。持此观点者不在少数。但是在实践中,一些财产因存在权利负担等原因,如不出具司法成交确认书和协助执行通知书,买受人将无法办理产权过户手续。这就导致一些买受人因权利

---

[1]《企业破产法》第 26 条规定:"在第一次债权人会议召开之前,管理人决定继续或者停止债务人的营业或者有本法第六十九条规定行为之一的,应当经人民法院许可。"第 69 条规定:"管理人实施下列行为,应当及时报告债权人委员会:(一)涉及土地、房屋等不动产权益的转让;(二)探矿权、采矿权、知识产权等财产权的转让;(三)全部库存或者营业的转让……(十)对债权人利益有重大影响的其他财产处分行为。未设立债权人委员会的,管理人实施前款规定的行为应当及时报告人民法院。"

无法实现而要求管理人退款甚至赔偿损失。从长远来看，这可能会在市场上形成破产财产存在巨大风险并进而造成财产贬值，既不利于资产价值的最大化，也不利于整个破产程序的推进。国外"假马竞拍"机制明确了法院在资产出售后，经过审查应当出具"批准出售令"。笔者认为，这里的"批准出售令"类似于我国的"成交确认书"和"协助执行通知书"的集合，管理人和买受人持"批准出售令"就可以办理产权交接手续。为此，建议我国在制定相关规则时明确：在资产出售程序中，无论管理人是通过司法平台还是自行组织网拍，财产成交后，法院都应当出具"成交确认书"，并且进一步明确管理人或买受人持人民法院出具的"成交确认书"，相应职能部门应当配合办理产权变更手续。在规则出台之前，作为权宜之计，人民法院对于产权变更登记存在困难的，应当出具成交确认书和协助执行通知书，方便管理人和买受人办理产权变更手续。

需要说明的是，在规则明确且具有充分可预期性的前提下，通过大量重整案件实现的"多次博弈"对"假马竞拍"策略产生效用具有重大意义。特别是只有当"假马"确信基于协议的保护与补偿能够真正落实，且潜在竞买人看到"假马"的出价与尽职调查都是真实可靠的，破产财产处置的效益才有可能真正提升。说到底，在理论上符合经济效益追求的策略，总要依赖"法律基础设施"的完善（如高效而稳定的破产司法机制与可预期性较高的裁判技术）和法律实践市场的繁荣，才能真正在现实中发挥作用。[1]

二、资产证券化

资产证券化是以资产为导向的结构性融资方式。资产证券化与重整

---

[1] 参见王之洲：《美国破产程序中的"假马竞价"》，载微信公众号"破记录"2018年3月12日。

企业融资具有一定的契合性，且我国司法实践中已经出现资产证券化运用于重整融资的萌芽。在制度上解决好信用增级、资产池选择、破产隔离等重点问题后，资产证券化有望成为大型重整企业融资的有效方式。

（一）基本概念及操作流程

资产证券化是20世纪70年代发源于美国的一种融资创新方式。由于其在提高资产流动性、转移信用风险、降低融资成本、优化企业资本结构、推动资本市场完善、激发社会投资热情等方面的显著成效，现在已经成为世界金融领域的潮流。从操作过程来看，资产证券化可以理解为这样一个过程：原始权益人（发起人）将其持有的不能短期变现但可以产生稳定的可预期收益的金钱债权，作为拟证券化的基础资产，并转移给专为实现证券化目的而设立的特定目的机构（SPV），特定目的机构将取得的单项或多笔基础资产进行重组和信用升级后，再以此为担保发行资产支持证券，并以该基础资产的收益作为保证支付证券的本息。[1] 资产证券化表面上以资产作为支持，实际上是以资产所产生的现金流为支撑，其实质是将可预期的现金流转化为证券的一种融资方式。美国经济学家莫迪格利亚尼指出：资产证券化真正的意义并不在于发行证券本身，而在于这种新的金融工具彻底改变了传统的金融中介方式，在借款人与贷款人之间疏通了更有效的融资渠道。

将资产证券化的理论运用于重整企业，可以对重整企业的资产证券化作如下定义：进入破产重整程序的大型企业，将短期内难以处置但是能够在将来产生稳定现金流的资产，转让出售给特定目的机构，由该特定目的机构通过信用增级等结构性安排，将资产转换成可在金融市场上出售的证券，用发行证券筹集的资金支付重整企业转移资产的对价，然后用受让资产产生的收入向投资者支付证券本息的融资过程。重整企业资产证券化涉及的主要参与者有：发起人、发行人、原始债务人、信

---

[1] 参见李公科：《论资产证券化的法学定义》，载《天府新论》2005年第S2期。

用提高机构、信用评级机构、投资者等。资产证券化的基本操作步骤如下：

第一，组建资产池。重整企业的管理人在分析、清理、估算自身资产的基础上，将应收账款、长期股权投资等难以处置但在将来能够产生稳定现金流的资产进行组合，根据证券化目标将相关资产汇成一个资产池。

第二，真实出售资产。重整企业的管理人在债权人会议表决通过的基础上，将资产池中的资产真实出售给特定目的机构，确保即使在重整企业因重整失败而进入破产清算程序时，资产池中的资产也不作为法定财产参与清算，从而达到"破产隔离"的目的。

第三，进行信用增级。为了吸引更多的投资者，特定目的机构必须综合运用内部增级和外部增级等方式，提高资产支持证券的信用等级，减少证券发行的整体风险。

第四，开展信用评级。在信用增级后，特定目的机构选定信用评级机构对资产支持证券进行评级。

第五，安排证券销售。特定目的机构对资产支持证券进行销售，在获取发行收入后，根据合同约定的价格将发行收入的大部分支付给重整企业。

第六，实施资产管理。特定目的机构与重整企业共同确定受托管理人，受托管理人负责对资产池产生的现金流进行管理，将本金和利息存入收款专户，向投资者支付本息，并向各类中介机构支付服务费。上述款项支付后，如果仍有剩余，则按协议规定在重整企业和特定目的机构之间进行分配。

对于重整企业而言，用于证券化的资产范围非常广泛，既可以是实物资产，如难以处置的房产土地；也可以是债权类资产，如应收账款；还可以是股权类资产，如有价值的长投股权；甚至是预期收益，如高速公路的收费权、在建工程续建后的收益等。对于重整企业而言，资产证券化是通过物权、债权、股权、收益权等方式进行融资，而对于投资者而言,其是依据持有的证券向特定目的机构要求支付本息。

(二) 资产证券化与重整融资的契合性

1. 资产处置难是重整企业资产证券化的直接动因

盘活企业资产、解决流动性不足是重整企业融资的重要方式。但是,在资产处置过程中,有些资产可以快速变现,如位置优越、体量适当、权属清晰的房产土地,具有一定使用价值的机器设备,品质较好的车辆等;有些资产处置起来历时较长,效果不佳,造成企业不能及时获得现金流,阻碍了企业运营和重整更生,也导致了整个破产程序耗时久、周期长。据统计,2018年南京法院审理的周期超过一年的破产案件中,因资产处置难导致的占比接近50%。

相对于正常企业,重整企业的融资需求更为迫切,只有及时获得融资,才能维系企业的运营和发展。虽然重整企业通过传统融资方式融资困难,但是对于一些大型企业,可能会存在流动性不强但能够在未来产生稳定现金流的优质资产,如前文所提到的处置困难的应收账款、股权投资等。由于资产证券化是以资产为导向的结构性融资方式,能够与企业自身的不良信用相剥离。相较于传统融资方式,资产证券化具有资产信用融资、结构性融资和表外融资的特点,囊括了风险转移型创新、提高流动型创新、信用增强型创新三项金融创新功能。[1] 因此,对于这些传统方式处置困难但相对优质的资产,如果利用其资产信用发行证券,则可以有效破解资产处置难的问题,也为企业融资开拓一条全新的路径。

2. 重整企业通过资产证券化方式融资具有可行性

对于破产重整企业是否适合采用资产证券化的融资方式,实践中存在一定争议。有人质疑:资产证券化的资产应当是能预期产生稳定现金流的优质资产,破产重整企业是否符合资产证券化的要求?笔者认为,

---

[1] 参见杨欣欣:《资产证券化中资产转移主要法律问题研究》,复旦大学2008年硕士学位论文。

重整企业普遍面临不能清偿债务和资不抵债的风险，企业资产的总体质量可能下降，这些情况会导致企业资信能力下降，难以通过传统方式进行融资。但是，重整企业资产总体质量不高，并不代表企业完全没有优质资产。资产证券化的优势之一就在于，这种融资方式不依赖于企业自身的信用状况，也不依赖于企业全部资产质量的高低。只要重整企业拥有部分优质资产，在资产证券化的过程中，通过一系列的结构性安排，就可以突破传统融资方式的限制，进入证券市场进行融资，而不受企业整体资产不良或者自身信用不佳的限制。

另有质疑认为：证券投资者追求风险最小化和风险与收益的匹配，重整企业的资产证券化能否满足投资者的投资需求？这个问题实际上是对第一个问题更进一步的质疑，也与资产证券化的安全价值密切相关。证券化实质上是对现实的流动资产与可产生未来收益的债权现值相交换的交易。证券收益是基于对未来收益的一种预期，而未来的收益具有不确定性，因此证券化又是不确定性资产与确定性资产的交换。[1] 这就使资产证券化产品的风险与投资者的投资期望之间存在差距。对于重整企业而言亦是如此，重整企业拥有的股权投资、应收账款或者收益权等资产，客观上存在回收周期长、回收金额和回收时间不确定的问题，而且在处置过程中还可能出现相对于预期回收值的阶段性盈亏。但是这些都不能成为阻碍重整企业通过资产证券化的方式进行有效融资的理由，一方面，资产证券化本身即具备了"让愿意承担风险的人承担其愿意承担的风险"且"仅承担其应该承担的风险"的风险管理原则；另一方面，在资产证券化的过程中，通过对资产进行分解、重组和配置，并结合内部和外部的信用增级措施，完全可以满足投资者的投资需求，并且达到激发投资者积极性和降低证券发行成本的双重目的。

此外，还有人认为：资产证券化通常对资产池的规模有一定的要求，

---

[1] 参见庄新田、黄小原：《关于资产证券化与风险管理的思考》，载《预测》2002 年第 5 期。

破产重整企业能否达到证券发行的标准？在资产证券化的过程中，基础资产的选择通常要考虑满足一定的现金流要求，以降低证券交易成本。比如，2007年东方资产管理公司发起的东元2006-1优先级重整资产支持证券，发行金额为7亿元。这个问题的实质是资产证券化适用于哪些企业的问题，而不是重整企业是否适合资产证券化的问题。笔者认为，资产证券化主要适合于大型企业，这些企业拥有金额较大的股权类、债权类或收益权类资产，这些资产在将来可以带来稳定的收益，但是当前资产处置存在困难。当然，如果某一家大型企业的资产池达不到证券发行的规模需求，也可以由数家符合条件的重整企业集合成一个资产池。

在司法实践中，已经出现了破产企业运用资产证券化的理念进行融资的萌芽。2015年，在浙江省舟山市定海区人民法院审理的中恒置业有限公司破产清算案中，以中恒置业有限公司开发的"倚山艺墅"项目房产收益权为基础资产，在浙江金融资产交易中心发行了舟山"中恒共益"共益债权投资收益权产品，助力中恒置业有限公司完成项目建设并兑付融资本息。在具体操作上，先由浙江金融资产交易中心确定了浙江恩仑有限合伙投资管理公司作为投资主体，向中恒置业有限公司注资5000万元，再由浙江恩仑有限合伙投资管理公司以房产项目收益权为基础，向浙江金融资产交易中心发行收益权投资产品。该模式中，浙江金融资产交易中心寻找发行主体先行出资后，发行主体再以收益权为基础发行收益权投资产品。虽然这种模式在制度设计上相对简单，但是体现了以资产信用为基础募集资金的精神，并采用了与资产证券化融资相类似的流程，在实践中也达到了助力破产企业融资的目的，开创了破产企业运用资产证券化思维融资的先河，为建立健全我国重整企业资产证券化融资制度奠定了实践基础。

综上，重整企业进行资产证券化的前提是实现重整企业、投资者、债权人等多方利益的平衡。只要经过精心的资产选择、缜密的价值分析、严格的结构安排和有效的信用增级，重整企业完全可以运用资产证券化这一金融创新工具进行融资。

（三）重整企业进行资产证券化融资的几个关键问题

前面所提到的对推行重整企业资产证券化的不同声音，可视作"一枚硬币的两面"。从一个角度说，这些声音反映了对重整企业资产证券化可行性的质疑；从另一个角度说，这些质疑恰恰指出了推行重整企业资产证券化过程中的重点和难点，是需要重点关注和解决的问题，如资产池的构建问题、信用增级问题、融资风险问题等。这是因为重整企业的资产证券化相对于一般的资产证券化具有特殊性，只有充分认识这些特殊性并采取相应的措施，才能使其成为重整企业融资的一种有效方式。

1. 信用增级

信用是资产证券化的核心，而信用增级与资产证券化的安全价值密切相关，是发行资产证券化产品的必要条件，也是资产证券化与传统证券发行和传统借款融资的重要区别。所谓信用增级，指的是发行人为了保证如期足额支付投资者本息，综合运用各种手段和方法，提升证券信用级别的行为。对于重整企业所拥有的优质资产，信用增级使这些资产质量更加清晰，投资者可以根据信用增级后的信用等级作出投资决策，而无需过度关注重整企业自身的信用状况。

信用增级可以分为内部信用增级和外部信用增级。内部信用增级的方式主要有资产打折、超额抵押、设立现金储备账户、划分优先级和次级证券等。外部信用增级的方式主要有政府担保、银行担保和参与保险等。内部信用增级主要体现在技术层面，国内外的资产证券化实践中已经普遍采用，在重整企业资产证券化的过程中可以直接借鉴。外部增级的方式，特别是政府担保的增级方式，涉及观念的转变和制度的创新，对于重整企业资产证券化成功与否至关重要，值得进行深入的探讨。

政府担保在重整企业资产证券化中具有重要作用，是政府部门落实中央精神和公共政策，通过法治化和市场化的方式参与破产重整的重要手段。2015年的中央经济工作会议就已经提出了"尽可能多兼并重组、少破产清算"的总体要求。因此，推进破产重整工作，实现重整的价值，不仅是人民法院的职责所在，而且是政府部门的重要职能。针对企业重整最直接、最主要的障碍融资难，如何通过法治化、市场化的方式予以解决，应当成为政府部门关注的重点，并且成为破产审判中"府院联动"的重要内容。实践中，政府部门也认识到了重整融资对于重整工作的重要性，在一些大型重点企业尤其是具有国资背景的企业重整工作中，通过各种方式想方设法帮助企业解决融资困境。比如，在某纺织公司重整案中，经相关部门的多次协调，最终由某国资背景的公司以其持有的上市公司股份作价5亿余元进行注资，从而实现了企业的重整更生。在资产证券化的过程中，通过政府担保的形式帮助企业引入社会投资者参与企业融资，无疑更加符合法治化和市场化的要求。在国际上，政府对资产证券化产品进行担保也是通行的做法。在美国，资产证券化市场最为成熟，该国先后设立了政府国民抵押贷款协会 GNMA、联邦国民抵押贷款协会 FNMA、联邦住宅贷款抵押公司 FHLMC 三大政府信用机构，共同构成了美国住房抵押担保证券的政府担保体系，为住房抵押担保证券市场的发展提供了可靠的保证。[1]

由政府提供担保将大大提升重整企业待证券化资产的信用评级。我国目前信用体系尚不完善、投资者对资产证券化还很陌生，由政府部门主导推进重整企业资产证券化工作，不仅可以免除证券化过程中昂贵的信用增级费用，降低证券化的运作成本，还可以增强证券产品的市场认可度，从而推动重整企业资产证券化市场的迅速发展。在具体的操作方式上，可以探索由相关政府职能部门设立专门的担保公司，通过政府的信用来弥补破产企业和待证券化产品的信用不足。当然，担保的范围和程度应有一定的限制，以免滥用政府担保而造成政府信用危机。

2. 资产池的选择

资产证券化可以看作以缺乏流动性但具有稳定预期收益的资产为基础发行证券的过程。虽然从理论上说，只要预期未来能产生稳定、持续

---

[1] 参见陈晶：《资产证券化项目融资模式的法律诠释》，载《政法论坛》2005年第2期。

的收益，任何资产都可以实现证券化[1]。但也并不是所有的资产都适合通过资产证券化的方式进行融资，北京大学的曹凤岐教授认为，可证券化的资产通常具备以下七个特征：能在未来产生可预测的稳定的现金流；有持续一定时期的较低比例的拖欠、低违约率、低损失率的历史记录；本息的偿还分摊于整个资产的生命周期；资产的债务人在地理分布和人口结构上具有多样性；资产能够继续保持正常的存续期，原所有者已持有该资产一段时间，有良好的信用记录；有相关担保品并且该担保品具有较高的变现价值或者对于债权人具有较大的效用；资产具有标准化、高质量的担保和托收条款。[2] 从各国资产证券化的实践来看，被成功证券化的资产主要有住房抵押贷款、不良资产、应收账款和预期收益、公用设施和基础设施收费等。

如前文所述，重整企业开展资产证券化的直接动因是解决资产处置难的问题。对于容易变现的资产，可以通过拍卖、变卖等方式快速实现融资；而对于处置周期长、资金成本高的资产，则可以通过资产证券化的方式进行融资。以南京法院审理的案件为例，某债务人企业为某行业的领军民营企业，其主要财产为五家子公司的股权，虽然价值不菲，但是这些股权情况复杂，资产处置需要审计、评估、拍卖甚至清算等繁琐的程序，短期内难以变现。又如某债务人企业的房产土地评估价格过亿，但由于部分财产权属不清，经多次拍卖仍未成交。再如，某债务人企业在南京主城区有在建工程，经评估续建后的价值将增加40%左右，但是从债权人会议研究决定到施工续建再到资产处置，预计需要2至3年时间。还如，某债务人企业有大量的优质应收账款，但是管理人需要通过旷日持久的诉讼才能追回这些财产。以上几种情形均是当前重整企业面临的难题，也是可以通过资产证券化予以解决的问题。结合破产重整企

---

[1] 参见井辉：《债转股的目的质疑与解读》，载《管理现代化》2000年第4期。
[2] 参见叶勤：《资产证券化在中国的突破口——不良资产证券化》，载《金融管理与研究》2005年第5期。

业的特点和可证券化资产的特征，笔者认为，适合重整企业资产证券化的资产主要包括股权投资、应收账款和预期收入等类型。这些资产是重整企业较为常见、难以处置且可以融资的资产，也常被用于其他领域资产证券化的实践。比如，2000 年深圳中集集团与荷兰银行合作开展了应收账款证券化业务，其证券化的基础资产即是此后 3 年内的应收账款。[1]

3. 破产隔离

破产隔离是资产证券化的内在要求，其本质是维护投资者的权益和保障资产证券化交易的安全。破产隔离可以理解为，在资产证券化过程中，将资产池的资产与发起人和特定目的机构的破产风险相隔离，以确保资产产生的现金流能够按证券化的结构设计向投资者偿付证券权益，从而实现资产信用的过程。

对于重整企业资产证券化而言，破产隔离不仅具有必要性，而且具有现实性。因为重整企业是已经进入破产程序的企业，如果不能在破产重整程序内"起死回生"，将会转向破产清算程序而最终注销灭亡。重整企业的破产隔离主要分为两种情况：一种是将资产池的资产与重整企业的破产风险相隔离，另一种是将资产池的资产与特定目的机构自身的破产风险相隔离。第一种风险隔离主要通过"真实出售"来解决，第二种风险隔离主要通过为特定目的机构选择适当组织形式来解决。

针对第一种风险的"真实出售"，是指在证券化资产出售后，原始权益人不再对该资产承担法律上的义务。[2] 它的意义在于能够使发起人实现资产负债表外融资，同时确保投资者不能向发起人追索。美国法院一般认为，同时具备以下条件的，就可以认定为真实出售：资产转移的形式和当事人内心的真实意思为真实出售；证券化资产的风险完全移转于

---

[1] 参见程虎：《关于我国资产证券化若干问题的探讨》，载《国际贸易问题》2002 年第 8 期。
[2] 参见陈肇强：《试论我国资产证券化运作的法律问题》，载《上海交通大学学报（哲学社会科学版）》2003 年第 2 期。

SPV；证券化资产的受益权完全移转于 SPV；资产的移转是不可撤销的；资产转让的价格必须合理；另外，还要综合考虑其他条件，包括发起人的债权人和其他关系人是否收到资产出让的通知，发起人是否保留了与资产有关的法律文件，SPV 是否有权审查这些文件，以及如果将资产出售定性为抵押融资是否会违背相关的实体法律等。[1] 结合我国现行《民法典》《企业破产法》等相关法律规定，真实出售应满足下列条件：（1）履行决策手续，资产转让应当经过债权人会议表决通过，涉及抵押财产的，还应当取得抵押权人的同意，确保资产转让的意思表示真实。（2）转让价格合理，防止因显失公平导致转让合同被变更或撤销。（3）资产没有瑕疵，防止因债务人抗辩权的存在而增加风险。（4）办理登记手续，法律规定需要办理登记手续的，应当依法办理登记，防止资产不能实质性转移。（5）履行通知手续，防止因未履行形式要件导致债权转让未生效。当然，考虑到资产证券化涉及的债务人人数众多且分布广泛，如果要求每一笔债权转让都通知债务人，将会大大增加资产证券化的成本。为此，建议最高人民法院出台司法解释，参照不良资产转让的程序，明确进行公告即视为履行了通知义务。

针对第二种风险隔离的"选择适当组织形式"，主要有两种方式。一种方式是，在设立重整企业特定目的机构时，采取由第三方设立，而不是由发起人自行设立的形式，防止特定目的机构被认为是重整企业的关联公司，并且因重整企业进入破产清算程序而导致特定目的机构也进入破产程序。另一种方式是，将特定目的机构的经营范围严格限定在从事资产证券化业务方面，最大限度地减少特定目的机构产生其他债务，并设定投资者对证券化资产享有第一顺位的清偿权。

资产证券化作为新兴的融资手段，在缓解重整企业资产处置难、提高重整企业资产流动性等方面具有独特的优势。因此，重整企业资产证券化融资可以看作运用金融创新工具助力企业重整的积极探索，也是法

---

[1] 参见陈晶：《资产证券化项目融资模式的法律诠释》，载《政法论坛》2005 年第 2 期。

院和政府优化营商环境、推进供给侧结构性改革的重要体现。同时也要看到，将资产证券化成功运用于重整企业实践，目前还面临着观念障碍、法律障碍、税收障碍等一系列困难；在操作环节上，除了本书提到的信用增级、资产池选择、破产隔离等重点环节外，信息披露、资产评估、SPV 的构建等问题也需要进一步探讨。可以预见的是，随着资产证券化适用范围的不断拓展和司法实践的持续探索，资产证券化在重整企业融资方面必将发挥应有的功能和作用。

第三章 债权融资的法律规制

债权融资是通过改变负债结构而获取资金的融资方式，其优势在于不仅能发挥财务杠杆效应，而且不会对企业的控制权产生影响。典型的债权融资方式主要包括借款和发行债券，其核心内容是优先权问题。可转债作为一种特殊的债权资本，属于公司债券的范畴，是兼具债权、股权和期权性质的融资工具。

一、借款融资

借款融资属于传统的融资方式，借款对象主要包括公司的股东、高管、原债权人、战略投资者、上下游供应商等。优先权问题是借款融资的核心问题。2021年2月25日，国家发改委、最高人民法院、财政部等13个部门共同出台了《关于推动和保障管理人在破产程序中依法履职进一步优化营商环境的意见》（发改财金规〔2021〕274号），提出要"加强重整企业融资支持。银行业金融机构应当按照市场化、法治化原则，对有重整价值和可能性、符合国家产业政策方向的重整企业提供信贷支持"。

（一）借款融资优先受偿的必要性

企业进入重整程序后，获得新的现金流是维持公司运营成本和费用的现实需求，对于企业能否成功重整至关重要。但是，企业进入重整程序意味着已经不能清偿到期债务，同时往往面临借款信用丧失且缺乏可供担保财产的窘境。为提升融资方提供新资金的意愿，重整企业必须提供具有吸引力的还款条件，才有可能获得新的借款。这显然已经超出债务人的能力范围，必须依赖制度层面的支持，赋予新借款债权以优先受偿地位。

首先，借款融资优先受偿是企业成功重整的需要。进入重整程序后，重整企业主要面临两个任务：维持企业运营和采取措施使企业重生。无论是完成哪个任务，都需要一定的现金流，以支付企业运营成本和寻求新的利润增长点。企业重整的表象就是现金流断裂，所以需要通过借款等方式维持经营。对于信用融资而言，重整企业面临着两个难题：一是企业的现有资产往往已经全部或大部分被设定了担保；二是新贷款人和老贷款人存在利益竞争。如果没有特别的法律规则，通过借款融资很难得以实现。[1] 在新借款债权法律性质和清偿顺序不明确的情况下，贷款人利益存在不确定性，会阻碍其向重整企业提供新的资金，这就要求有专门的法律规则明确规定新贷款人的优先权。因此，赋予借款融资优先受偿地位，可以激励贷款人向企业提供新的资金支持，有助于实现重整企业的持续运营和重生。

其次，借款融资优先受偿是统一裁判尺度的需要。我国《企业破产法》对新借款的法律性质和法律地位没有明确规定。在《破产法司法解释三》出台前，法院和管理人从推动重整成功和公平的角度出发，通常会引用《企业破产法》第42条第4项的规定，赋予新借款以共益债务的优先受偿地位。但是，第42条列举的共益债务的范围中，并没有明确包括进入破产程序后的新借款。《企业破产法》第42条第4项规定的共益债务包括"为债务人继续营业而应支付的劳动报酬和社会保险费用以及由此产生的其他债务"。这里的"劳动报酬和社会保险费用"与新借款在属性上差距较大，容易造成司法实践中理解和适用上的不统一。因此，明确借款融资的优先受偿地位对统一司法裁判尺度具有重要的作用。为

---

[1] 参见贺丹：《破产重整控制权的法律配置》，中国检察出版社2010年版，第125–126页。

此，《破产法司法解释三》第 2 条确定了为债务人继续营业而借款的清偿顺位问题，即享有参照共益债务的优先受偿地位。[1] 司法解释的出台解决了司法裁判尺度不统一的问题，"但融资债务被解释为与劳动报酬、社会保险费用并存的同类债务，十分牵强，应当在修法中明确管理人或经管债务人为继续营业进行的融资作为共益债务"[2]。

最后，借款融资优先受偿是优化营商环境的需要。在世界银行营商环境评估的框架力度指数中，如果提供新借款的债权人对普通无担保债权人享有优先权，则得 1 分；享有优于在先有担保债权的"超级优先权"，则得 0.5 分；没有优先权的则不得分。在 2019 年以前的营商环境评价中，由于我国法律没有明确新借款债权人的优先地位，导致相关得分较低。《破产法司法解释三》明确了借款融资债权的优先性，从而提高了世界银行营商环境评估的框架力度指数中办理破产指标的得分。世界银行对此评价认为：通过规定破产程序启动后的债权优先规则和提升债权人在破产程序中的参与程度，可以提高办理破产的便利度。

（二）我国借款融资的制度沿革及现实问题

我国《企业破产法》对进入重整程序后借款债权的法律性质和清偿顺位没有明确规定。重整程序中新借款的规定主要体现在《企业破产法》第 75 条，该条第 2 款规定，"在重整期间，债务人或者管理人为继续营业而借款的，可以为该借款设定担保"。该条款仅是一个指引性或提示性的规定，虽然该条款是为了保障贷款人的权益，但其仅提示贷款人可以通过担保的方式保障自己的权益，并没有实质性的价值。因为该条款并

---

[1] 《破产法司法解释三》第 2 条第 1 款规定：破产申请受理后，经债权人会议决议通过，或者第一次债权人会议召开前经人民法院许可，管理人或者自行管理的债务人可以为债务人继续营业而借款。提供借款的债权人主张参照企业破产法第 42 条第 4 项的规定优先于普通破产债权清偿的，人民法院应予支持，但其主张优先于此前已就债务人特定财产享有担保的债权清偿的，人民法院不予支持。
[2] 李曙光：《我国破产重整制度的多维解构及其改进》，载《法学评论》2022 年第 3 期。

未明确新借款的法律性质、是否具有优先性,以及其与担保债权、普通债权等其他债权的受偿顺位。

如前文所述,为了解决新借款的优先性问题,平衡重整程序中各方当事人的利益,在《破产法司法解释三》出台之前,司法实践中主要通过《企业破产法》第42条第4项赋予新借款以共益债务的地位。但是第42条第4项中的"其他债务"是否包括重整后的借款,在理论和实践中存在争议。[1]《破产法司法解释三》第2条对破产申请受理后借款的性质以及优先性作出了规定。[2] 根据文义解释,该条规定的借款包含以下几层意思:

第一,从时间上来看,该条规定的借款应发生在破产申请受理后至破产程序终结或终止前。[3] 司法解释突破了《企业破产法》第75条"重整期间"的范围,将新借款参照共益债务的清偿地位从破产重整程序拓展到了破产清算程序以及破产和解程序。

第二,从程序上来看,重整企业进行借款融资应当经过债权人会议表决通过。如果是在第一次债权人会议召开之前进行借款,需要经过管理人或自行管理的债务人申请,并经人民法院许可。

第三,从实体条件来看,借款用途应为债务人的继续营业。如果借

---

[1] 《企业破产法》第42条规定共益债务的范围主要有以下几项:(1) 因管理人或者债务人请求对方当事人履行双方均未履行完毕的合同所产生的债务;(2) 债务人财产受无因管理所产生的债务;(3) 因债务人不当得利所产生的债务;(4) 为债务人继续营业而应支付的劳动报酬和社会保险费用以及由此产生的其他债务;(5) 管理人或者相关人员执行职务致人损害所产生的债务;(6) 债务人财产致人损害所产生的债务。

[2] 《破产法司法解释三》第2条规定:破产申请受理后,经债权人会议决议通过,或者第一次债权人会议召开前经人民法院许可,管理人或者自行管理的债务人可以为债务人继续营业而借款。提供借款的债权人主张参照企业破产法第42条第4项的规定优先于普通破产债权清偿的,人民法院应予支持,但其主张优先于此前已就债务人特定财产享有担保的债权清偿的,人民法院不予支持。管理人或者自行管理的债务人可以为前述借款设定抵押担保,抵押物在破产申请受理前已为其他债权人设定抵押的,债权人主张按照民法典第414条规定的顺序清偿,人民法院应予支持。

[3] 参见刘贵祥、林文学、郁琳:《〈关于适用《中华人民共和国企业破产法》若干问题的规定(三)〉的理解与适用》,载《人民司法》2019年第31期。

款是以清偿优先债务、取回担保物等为目的，即使这种借款享有一定程度的优先权，一般而言也不会对后位债权人产生损害；如果借款是以继续经营为目的，即使贷款人只被作为普通债权人处理，也可能稀释其他普通债权人的受偿。是否需要批准新的借款，也许要与其可能发生的损害或得到的利益联系起来。[1]

第四，从法律性质上来看，新借款债权"参照"共益债务处理。所谓共益债务，指的是在破产程序中为全体债权人利益而由债务人财产负担的债务的总称。[2] 共益债务主要有以下几个特征：（1）是人民法院受理破产申请之后产生的债务；（2）是为了全体债权人的共同利益而负担的债务；（3）由债务人财产随时清偿。[3]

第五，从优先性来看，新借款债权优先于普通债权，但劣后于担保债权；如果在已经设定抵押的财产上为新的借款设定抵押，新的抵押劣后于已有的抵押。同时，由于新借款债权的性质是"参照"共益债务清偿，因此《破产法司法解释三》强调其优先于普通破产债权清偿，并不意味着仅优先于普通破产债权，还应当按照《企业破产法》第113条规定优先于职工债权、社会保险费用和税款债权。《破产法司法解释三》第2条明确了破产申请受理后，为债务人继续营业而借款的清偿顺序，旨在对破产案件受理以后为债务人继续经营而发生的借款在破产程序中的权利性质、清偿顺位，以及为借款而设定担保的债权与此前已经设定担保的债权的清偿顺位作出具体解释[4]，为重整程序中以借款作为融资方式提供了明确的法律依据，对于统一司法裁判标准、降低贷款人出借风险、提高贷款人投资意愿以及维持企业持续运营具有重要作用。

---

[1] 参见联合国国际贸易法委员会：《破产法立法指南》，2006年，第106页。
[2] 参见王欣新：《破产法》，中国人民大学出版社2011年版，第290页。
[3] 《企业破产法》第43条第1款规定："破产费用和共益债务由债务人财产随时清偿。"
[4] 参见刘贵祥、林文学、郁琳：《〈关于适用《中华人民共和国企业破产法》若干问题的规定（三）〉的理解与适用》，载《人民司法》2019年第31期。

案例：沈阳机床股份有限公司适用《破产法司法解释三》获得共益债务融资

沈阳机床股份有限公司（以下简称沈机股份）是国内第57家、2019年度第3家进入重整程序的上市公司。2019年8月16日，沈阳市中级人民法院裁定受理沈机股份破产重整案，同月，中国通用技术（集团）控股有限责任公司报名作为战略投资者参与重整。为缓解公司资金压力，支持公司在重整期间进行正常的生产经营活动，根据《企业破产法》和《破产法司法解释三》的规定，经过辽宁省沈阳市中级人民法院许可，2019年9月，中国通用技术（集团）控股有限责任公司向沈机股份提供共益债务借款2.8亿元。中国通用技术（集团）控股有限责任公司、沈阳机床（集团）有限责任公司、沈阳机床（集团）有限责任公司管理人、沈机股份、沈机股份管理人五方签署的《借款协议》约定：中国通用技术集团分别向沈阳机床（集团）有限责任公司及沈机股份提供共益债务借款2.2亿元和2.8亿元。借款采用固定利率形式，不随国家利率变化，年化利率为4.35%（中国人民银行公布的一年期贷款基准利率），按实际使用天数计算利息（一年按360天计算，即每日利息率为4.35%/360），借款到期后5个工作日内一次性支付利息。[1]

《破产法司法解释三》的出台，解决了司法实践中亟须应对的一些问题，但与此同时也引发了一些值得研究的新问题。这些问题主要体现在以下两个方面：第一，在清偿顺位上，新借款债权是否必然劣后于破产费用和担保债权？或者说，如何界定新借款优先性的边界，才更符合重整融资的现实需求？第二，如果企业未能重整成功，新借款债权的优先性是否受到影响。

---

[1] 参见《*ST 沈机：关于在重整期间与中国通用技术（集团）控股有限责任公司签署共益债借款协议的公告》，载新浪网2019年9月3日，https：//vip.stock.finance.sina.com.cn/corp/view/vCB_AllBulletinDetail.php? stockid = 000410&i d = 5628757。

(三) 国外借款融资优先权的相关规定

破产重整优先规则是破产重整程序中各利益相关者博弈与谈判的基础。由于这一规则对实现破产重整程序各利益相关者权益平衡至关重要，因而被认为是重整制度的基础，赋予了重整制度"生命力"。[1] 借款融资的优先权问题作为破产重整优先规则的重要组成部分，各国立法对此均十分重视。

1. 美国的新融资优先权体系

美国《破产法典》第364条和美国法院的判例根据不同的情况和条件，分层分类设计了重整融资人的优先权体系，既平衡了重整企业各方主体的利益，也契合了各类困境企业不同的融资需求。第364条和判例对进入破产程序后的新贷款，根据贷款的获取难度建立了贷款层级体系。通常情况下，获得贷款的难度越大，融资人的优先权就越高，具体来说，新贷款从低层级到高层级可以分为以下六个层次：

（1）最低层级的贷款。在该种贷款形式下，申请后的贷款与申请前的普通债权处于同等的受偿顺位。通常情况下，贷款人不会接受这样的贷款形式。此类贷款人往往与债务人企业有特殊的关系，或者出于认识错误才会接受与普通债权人处于同等地位的现实。

（2）正常业务贷款。该种贷款规定于第364条（a）款，并被第503条（b）款（1）项规定可以作为行政管理费用[2]而赋予其优先权。第364条（a）款规定，除非有法院的明令限制，对于日常经营范围内的借款，贷款人不必经过法院授权而可以在日常营业范围内向债务人直接提供无担保贷款，对该贷款可以视为行政管理费用。

---

[1] [美] 道格拉斯·G. 贝尔德：《美国破产法精要》（第6版），徐阳光、武诗敏译，法律出版社2020年版，第58页。

[2] 美国《破产法典》第501条（b）款（1）项规定，行政管理费用包含财团管理、税金与罚款等；同时根据第1129条（a）款（9）项（A）之规定，该行政管理费用通常在重整完成前以现金全额支付。

（3）获得授权的非正常业务贷款。该种贷款规定于第 364 条（b）款，亦被第 503 条（b）款（1）项规定可以作为行政管理费用而赋予其优先权。第 364 条（b）款规定，经过通知和听证程序后，对日常营业范围外的贷款，法院也可以授权其享有行政管理费用的优先权待遇。

（4）优先于其他行政管理费用地位和有担保的贷款。第 364 条（c）款规定，经过公告和听证，法院可以授权托管人或债务人设置超级优先权的行政管理费用地位和在无担保财产上设置担保权或有担保财产上设置劣后的担保权。其中，第 364 条（c）款（1）项规定的是比其他任何一种管理费用更为优先的权利，第 364 条（c）款（2）项规定可以在无担保财产上设置担保权，第 364 条（c）款（3）项规定可以在有担保财产上设置劣后的担保权。美国法院在 Crouse Group Inc. 案[1]中认为要取得第 364 条（c）款下的贷款，应当符合以下三个条件：一是经管债务人必须表明无法获得不具有该优先权地位的贷款。二是经管债务人必须表明该贷款对于保持财团财产是必需的。三是经管债务人必须证明该贷款是"公平、合理且适当的"。

（5）较现存担保权相同或优先的担保贷款。根据第 364 条（d）款规定，如果经管债务人无法依据第 364 条（a）（b）（c）款获得贷款，且其他债权人利益已获充分保护，法院可以在公告或听证后批准在有担保的财产上设置优先或平等的担保权的贷款。这是较现存的担保权相同或优先的融资方式，是真正意义上的"超级优先权"，当然也是一种非常困难的融资方式。对于托管人或经管债务人而言，需要证明没有人愿意提供第 364 条（a）（b）（c）款下的无担保及优先担保贷款，还需要证明其他债权人利益得到了充分保护。法院在衡量"充分保护"时，会综合考虑担保物的现有价值、债务人的营运价值以及营运价值对破产财团的影响等因素。为充分保障担保权人的利益，只有在担保物现有价值较

---

[1] 参见［美］大卫·G·爱泼斯坦等：《美国破产法》，韩长印等译，中国政法大学出版社 2003 年版，第 199 页。

大且具有较好发展前景的情况下，法院才可能批准此类贷款，否则法院通常会拒绝此类申请。

（6）混合担保制度。美国破产法在超级优先权之外，还设置了混合担保制度。所谓混合担保贷款，指的是贷款人要求其申请前的无担保贷款与重整申请后提供的新贷款对于新担保物享有同样的担保权益，这也可以理解为提高了原来无担保债权的受偿地位。尽管混合担保制度对原债权人提供借款具有很强的激励作用，但是美国法院对此类担保的态度更加审慎和严格。Vanguard Diversified Inc. 案在认可混合担保时提出了最周全的意见。审理该案的法院采用了由 Weintraub 教授和 Resnick 先生提出的四个标准。法院认为只要以下四个条件全部满足，混合担保就应该被准许：第一，债务人如果没有此项贷款就无法避免清算的命运；第二，债务人无法以合意的条件通过其他方式取得贷款；第三，如果没有混合担保，提议以混合担保作为贷款条件的贷款人将不提供担保；第四，该贷款符合债权人的最大利益。然而，有的法官认为，根据美国《破产法典》的规定，混合担保是不被允许的。如弗莱彻（Fletcher）法官在审理 Adams Apple Inc. 案中认为，第 364 条（e）款排除了对混合担保条款的适用。[1]

2. 德国的新融资优先权

根据德国《支付不能法》第 55 条规定，进入重整程序后的新借款债务构成财团债务[2]。但是，即使有临时破产管理人或破产管理人吸收的贷款成立财团债务的规定，在一些案件中，这一规定仍然不足以激励贷款人提供新的贷款，因为财团债务的偿还只有在财团充足的情况下才有保证。为此德国《支付不能法》第 264 条确立了"贷款额度"制度。依此规定，如果破产计划中规定了程序终结后对债务人的监督，就允许贷

---

[1] 参见［美］大卫·G·爱泼斯坦等：《美国破产法》，韩长印等译，中国政法大学出版社 2003 年版，第 215 页。
[2] 德国的财团债务相当于我国的共益债务，共益债务的范围主要规定于德国《支付不能法》第 54 条、第 55 条、第 100 条、第 103 条、第 123 条、第 169 条，受偿顺序在普通债权人之前。

款人享有较高的优先权。[1] 德国《支付不能法》第 264 条规定,债务人或承受合伙或公司在(方案执行)监督期间接受借贷及其他信贷的,或一个财团债权人将借贷及其他信贷置于监督期间的,在支付不能方案的形成部分中可以规定,支付不能债权人在顺序上后于其债权系由此种借贷及其他信贷产生的债权人。同时,应当为此种类的信贷规定一个总额(信贷额度)。该信贷额度不得超出方案财产一览表中所列举的财产的价值。[2] 因此,在德国借款融资的实务中,为新融资提供一定保障的常见做法是:在重整计划中规定对实现重整计划的监督,同时按照德国《支付不能法》第 264 条确定一个信贷额度。债权人通过重整计划即意味着许可这种信贷额度,也就表明如果在监督期间内必须启动第二个破产程序(德国《支付不能法》第 266 条),即同意在一定额度内(不得超过债务人财产价值)退让。这一序位退让是为了保护在监督期间提供借款或其他信贷给债务人的利益。但是,必须与贷款人明确一点,他的债权应在信贷额度范围内。如果是这样,该债权人在第二个破产程序中不仅享有先于第一个破产程序的破产债权人的优先权,而且还优先于其他所有请求权成立于监督期间内的合同债权人。[3]

3. 日本的新融资优先权

日本有两部法律规范破产重整程序,即《民事再生法》和《公司更生法》。这两部法律关于借款融资的规定基本相似,都将新借款界定为共益债务,并赋予其优先性。就《公司更生法》而言,关于新借款的性质和优先性主要规定在第 127 条、第 128 条和第 132 条。第 127 条第 5 项明确了新借款的性质为"共益债务",规定更生公司的管理人或董事,根据权限实施的专门借款行为或其他行为所产生的请求权为共益债务。第 128

---

[1] 参见[德]莱因哈德·波克:《德国破产法导论》,王艳柯译,北京大学出版社 2014 年版,第 191 页。

[2] 参见《德国支付不能法》,杜景林、卢谌译,法律出版社 2002 年版,第 132—133 页。

[3] 参见[德]莱因哈德·波克:《德国破产法导论》,王艳柯译,北京大学出版社 2014 年版,第 184 页。

条对共益债务的时间节点作出了规定，对于申请重整后至重整程序开始之前的借款，如果对公司的重整确有必要，经过法院许可和监督人同意后，也可以列入共益债务。也就是说，不仅是重整后的融资，对于当事人申请重整后，进入重整程序之前的融资，在符合规定的程序条件和实体条件后，也可以列入共益债务的范畴。第132条对共益债务的清偿时间作出了规定，即共益债务可以不依更生程序而随时清偿，也就是说，共益债务可以先于更生债权及更生担保债权获得清偿。

（四）我国台湾地区的新融资优先权

为顺利推进重整工作，我国台湾地区的立法亦赋予新借款一定的优先地位。我国台湾地区"公司法"第312条规定，维持公司业务继续营运所发生的债务及进行重整程序所发生的费用为重整债务，优先于重整债权受偿。这里的"重整债务"指的是受理重整程序之后发生的债权，重整债权指的是受理重整程序之前发生的债权。从概念上来讲，我国台湾地区"公司法"中的"重整债务"与"破产法"第96条所称的"财团债务"用语相当[1]。我国台湾地区"公司法"虽然没有专门规定新融资债权的优先受偿地位，但是采用了概括规定的方式，赋予了维持公司业务继续营运所产生债权的优先权。从文义解释来看，裁定重整后的新借款、职工工资、履行合同的对价等，都属于维持公司业务继续营运所发生的债务。因此，新融资债权也具有相应的优先受偿权，且此优先受偿权之效力不因裁定终止重整而受影响。[2]

在新融资债权与担保债权的优先性方面，我国台湾地区2007年制定的"债务清理法草案"借鉴了美国法律，设立了担保权除去制度及特别（超级）优先权制度，以保障重整企业获得新的融资，增加债务人企业的运营价值。我国台湾地区"债务清理法草案"第209条规定："为法人事

---

[1] 参见柯芳枝：《公司法论》，台北，三民书局2007年版，第498页。
[2] 参见丁燕：《论破产重整融资中债权的优先性》，载《法学论坛》2019年第3期。

业之更生，有除去其财产上抵押权、质权、留置权或其他担保物权、优先权之必要者，管理人得声请法院裁定除去之。"担保权除去制度和超级优先权制度对原担保权人权益影响甚大，草案在实体上要求符合两个条件，即企业没有其他财产设定担保和担保权人拒绝以同一条件给予新借款；同时，草案还提出了程序上的要求，即法院在裁定前应保障担保权人陈述意见的机会。即便如此，该项制度仍然是对传统的大陆法系民法理论的重大突破，引发了我国台湾地区法学界的广泛关注和激烈讨论。

综上所述，鉴于重整程序中的借款融资对于维持企业运营、提升资产价值、推进重整程序等方面的价值和作用，法治成熟国家和地区的破产立法通过不同的形式和方法，为重整中的借款债权确立了优先受偿地位。在利益平衡的过程中，新借款的优先受偿权至少可参照共益债权的顺位优先于普通债权，在一定条件下甚至优先于担保债权，或者将这种优先权扩展到法院裁定重整之前形成的债权，以增加贷款人提供资金的意愿，提高重整成功的可能性。

（五）我国借款融资优先权体系的完善

我国法律和司法解释对于破产程序中的借款行为，确立了债权人自治、债委会监督、管理人履职、法院裁处补充这样一个总体的权责结构。[1] 在这样的法律架构下，为促进重整企业获得新借款，有必要借鉴吸收成功经验，构建我国的借款融资优先权体系。这样的优先权保护体系，需要从法律上明确新融资债权的法律性质，在此基础上通过设置不同层级的优先权以及合理界定优先权的行使期间，赋予新借款债权以优先受偿地位，同时协调与相关利益主体，特别是担保债权人的利益冲突。我国可以构建以下三个层面的优先权体系：

---

[1] 参见樊星：《共益债务与破产法司法解释三的法律适用——基于北京京西峪鑫物资有限公司申请北京京西国利信机电设备有限公司破产清算案的分析》，载《法律适用》2019年第12期。

1. 基础优先权

基础优先权是指优先于职工债权、社保费用、税收债权、普通破产债权的优先权。基础优先权是基于新借款债权界定为"共益债务"性质而当然衍生出的优先权。我国《企业破产法》第113条规定了共益债务优先于普通债权的清偿顺位。[1]《破产法司法解释三》第2条将新融资债权的法律性质界定为"参照"共益债务。在司法解释出台前，征求意见稿曾表述为"按照""作为"共益债务优先清偿。至于为何从"按照""作为"改为"参照"，最高人民法院未作说明，有观点认为，这可能是将启动后的融资这一市场化行为后果留给破产参与人谈判协商，由债权人会议和贷款人自行决定。如果债权人会议能够给予潜在贷款者以更优先的地位，自然更有希望获得融资，也有利于降低融资成本[2]。另有观点认为，该条之所以用"参照"共益债务，而非"按照"共益债务，是因为《企业破产法》中对借款的法律地位无明文规定，无法"按照"执行。[3] 虽然不少司法判例已对共益债务的范围作了扩大解释，即明确了新借款属于《企业破产法》第42条第4项"为债务人继续营业而应支付的劳动报酬和社会保险费用以及由此产生的其他债务"中的"其他债务"。但是最高人民法院仍然采取了比较谨慎的态度，将是否借鉴各国和地区的通行做法，把新借款作为共益债务的性质界定交给了立法。为此，建议在修订《企业破产法》时，将第42条第4项修改为："为债务人继续营业而应产生的新的借款、劳动报酬、社会保险费用等其他债务"。

---

[1] 我国《企业破产法》第113条第1款规定："破产财产在优先清偿破产费用和共益债务后，依照下列顺序清偿：（一）破产人所欠职工的工资和医疗、伤残补助、抚恤费用，所欠的应当划入职工个人账户的基本养老保险、基本医疗保险费用，以及法律、行政法规规定应当支付给职工的补偿金；（二）破产人欠缴的除前项规定以外的社会保险费用和破产人所欠税款；（三）普通破产债权。"

[2] 参见樊星：《共益债务与破产法司法解释三的法律适用——基于北京京西峪鑫物资有限公司申请北京京西国利信机电设备有限公司破产清算案的分析》，载《法律适用》2019年第12期。

[3] 参见王欣新：《谈破产程序中为债务人继续营业借款的清偿问题》，载《人民法院报》2020年5月21日，第7版。

关于基础优先权行使的程序要件，《破产法司法解释三》第2条第1款明确规定，管理人或者自行管理的债务人为债务人继续营业而借款的，应当经过债权人会议决议通过，第一次债权人会议召开前的借款应当经过人民法院许可。司法解释的规定体现了我国破产法在重整事项上一贯坚持的债权人意思自治与人民法院依法监督相结合的原则，符合《企业破产法》的立法目的和相关法条精神。

关于基础优先权的行使期间，《破产法司法解释三》将其明确限定为"破产申请受理后"。司法实务中，越来越多的案件，特别是一些重大破产案件在正式进入重整程序前，开始探索适用预重整程序，如入选"2017年度人民法院十大民事行政案件"的福昌电子破产重整案和南京破产法庭审理的中电电气破产重整案。关于预重整程序，我国法律和司法解释均没有作出专门规定。而预重整程序对企业继续经营的维持和新资金需求的迫切程度，并不亚于正式的重整程序。对此，可以借鉴日本法的制度设计，将其向前延伸至重整程序申请后、法院裁定受理前的阶段。[1] 同时，鉴于预重整的案件没有进入正式的重整程序，预重整能否顺利转入重整程序具有不确定性，为防止对其他利益主体的权利造成损害，不建议赋予预重整期间新的借款更高级别的优先权。综上，建议在修订《企业破产法》时，在第42条第4项后增加一句："经人民法院许可，申请人申请重整至破产申请受理前的借款可以作为共益债务。"

2. 特殊优先权

特殊优先权是指"优先"于"破产费用和共益债务"的优先权。破产费用和共益债务是破产程序中处理债务人事务所新发生的费用支出和债权债务关系的总称。国外也有类似的概念，如美国称为"行政管理费用"、德国称为"财团债务"等。虽然名称和范围有所区别，但这些新的支出和新的债务是破产程序得以推进的基本保障。我国《企业破产法》

---

[1] 参见丁燕:《论破产重整融资中债权的优先性》，载《法学论坛》2019年第3期。

规定的破产费用和共益债务在发生的时间、原因以及清偿的方式等方面类似，但是二者有着不同的法律依据、清偿顺位和法律地位。破产费用是破产程序运行的前提条件，而共益债务则非必需发生。[1] 共益债务在清偿顺序上劣后于破产费用。[2] 联合国国际贸易法委员会《破产法立法指南》在建议64中指出："破产法应确定可为启动后融资提供的优先权，至少应确保对启动后融资提供者的偿付优先于普通无担保债权人，包括那些拥有破产管理费优先权的无担保债权人。"[3] 综合考虑重整企业融资的必要性和迫切程度，在赋予借款融资以基础优先权，即优先于职工债权、社保费用、税收债权、普通债权的情况下，仍然不能获得融资的，在满足一定条件时，可以借鉴美国和联合国国际贸易法委员会的立法设计给予"优先于其他行政管理费用地位"的优先权。

为此，建议在修订《企业破产法》时，增加一条："在重整期间，经债权人会议决议通过，或者第一次债权人会议召开前经人民法院许可，管理人或自行管理的债务人可以设立优先于破产费用和共益债务的借款，但管理人或自行管理的债务人应当证明符合以下条件：（一）新的借款对于企业的运营是必要的和适当的；（二）以破产费用和共益债务的优先地位无法获得新的借款。"

3. 超级优先权

超级优先权是指与现有担保债权或建设工程价款优先权具有平等或优先地位的优先权。担保债权在清偿顺位上优先于破产费用、共益债务和普通债权。建设工程价款优先权是我国法律特别规定的优先权，在清偿顺位上比担保债权更加优先，该优先权来源于我国原《合同法》第

---

[1] 参见韩长印主编：《破产法学》，中国政法大学出版社2016年版，第184页。
[2] 我国《企业破产法》第43条中规定：破产费用和共益债务由债务人财产随时清偿。债务人财产不足以清偿所有破产费用和共益债务的，先行清偿破产费用。债务人财产不足以清偿所有破产费用或者共益债务的，按照比例清偿。
[3] 联合国国际贸易法委员会：《破产法立法指南》，2006年，第108页。

286 条和最高人民法院的司法解释。[1] 我国《民法典》第 807 条吸收了原《合同法》的相关规定。

根据我国《企业破产法》第 75 条第 2 款规定，如果重整企业进入重整程序时仍有未设定担保的财产，或者已经设定担保的财产仍然有额度，可以设定担保以取得借款。[2]《破产法司法解释三》第 2 条确定了新的借款优先于普通债权但劣后于担保债权的清偿顺位，同时明确为新的借款设定抵押担保的，应当按照《民法典》第 414 条规定的顺序清偿。由此可见，我国法律和司法解释允许在重整程序中对债务人企业的财产设定担保，但是应严格遵循《民法典》物权编关于优先顺位的规定。

但司法实务中的情形往往是，债务人企业能设定担保的财产已经全部设定担保甚至超额担保。在这种情况下，如果重整企业获得新借款确有必要，甚至新借款有利于提升特定担保物的价值和企业的整体价值，重整企业如何获得必需的新的借款，对此我国《企业破产法》未作明确规定。这里涉及新旧担保权的冲突和平衡，如果新的担保与旧的担保地位平等甚至更加优先，意味着对大陆法系担保规则的重大突破，势必引起原担保权人的抵触；如果一味地强调旧担保优先于新担保，又会削弱贷款人的贷款意愿，无法解决实践中的问题，也无法实现《企业破产法》第 75 条的立法目的。联合国国际贸易法委员会《破产法立法指南》在建议 67 中指出："破产法应规定，如果现有担保债权人不同意，法院仍可

---

[1] 我国原《合同法》第 286 条是关于工程价款支付的规定："发包人未按照约定支付价款的，承包人可以催告发包人在合理期限内支付价款。发包人逾期不支付的，除按照建设工程的性质不宜折价、拍卖的以外，承包人可以与发包人协议将该工程折价，也可以申请人民法院将该工程依法拍卖。建设工程的价款就该工程折价或者拍卖的价款优先受偿。" 2002 年《最高人民法院关于建设工程价款优先受偿权问题的批复》第 1 条规定："人民法院在审理房地产纠纷案件和办理执行案件中，应当依照《中华人民共和国合同法》第二百八十六条的规定，认定建筑工程的承包人的优先受偿权优于抵押权和其他债权。"

[2] 我国《企业破产法》第 75 条第 2 款规定："在重整期间，债务人或者管理人为继续营业而借款的，可以为该借款设定担保。"

批准设定优先于先前存在的担保权的担保权益,但要满足特定条件,其中包括:(a)给予现有担保债权人向法院申述的机会;(b)债务人可以证明其无法以任何其他方式获得融资;以及(c)现有担保债权人的利益将得到保护。"[1]

在法律没有明确规定,但借款融资又确有必要的情况下,我国的司法实践探索了抵押权收购的变通方式。例如,在房地产重整案件中,一些房地产企业由于资金链断裂进行重整程序,如果有新的资金进入就可以复建销售、回笼资金进而拯救企业。但是房地产企业的特点在于土地和在建工程往往都设置了抵押。此时,投资者为获得优先受偿地位并尽快退出,就会采取在提供借款时先行收购抵押权的做法,通过签订协议的方式收购抵押权,明确先行退出的条件,降低投资风险。贷款人愿意收购抵押权,是因为其相信担保财产的价值高于原担保债权的价值,或者相信重整企业将来的运营价值大于担保财产的现有价值。原抵押权人不同意或者不愿意贷款人增设担保,要求或同意进行抵押权收购,也是基于防范风险的商业考虑。因此,抵押权收购完全是一种商业行为,而不是法律行为。这种行为建立在原抵押权人同意的基础上,既保障了原有的担保债权,也平衡了贷款人的利益。抵押权收购行为,从法律性质层面来看,类似于债权让与,从效果层面来看,是现有法律框架下的权宜做法,从制度层面来看,也说明了在一定情况下新借款债权优先于原担保债权存在一定的制度价值。[2]

司法实践中,一些法院在房地产企业重整案件中,还根据融资需求创设了新的借款优先于抵押权和建设工程价款优先权的判例。比如,浙江省衢州市衢江区人民法院在审理Y房地产开发有限公司破产重整案中,指导管理人与建筑施工方协商,采用以建筑施工方为借款主体的方式对

---

[1] 联合国国际贸易法委员会:《破产法立法指南》,2006年,第108页。
[2] 参见杨昊:《房地产企业破产以建设施工方为主体重整融资确保款项安全退出——浙江Y房地产开发有限公司破产重整案》,载程品方主编:《人民法院企业破产审判实务疑难问题解析》,法律出版社2016年版,第262页。

外融资,赋予新的借款以工程垫资款性质的债权;同时,建筑施工方向贷款人承诺该借款优先于建设工程款债权,从而实现新的借款优先于抵押权和建设工程价款的清偿顺位。

案例:浙江 Y 房地产开发有限公司破产重整案[1]

浙江 Y 房地产开发有限公司成立于 2007 年 12 月 17 日,以开发房地产为主业。2014 年 10 月,Y 公司因资金链断裂导致其开发的"ML 东城"项目停工,引发购房户极大恐慌,多次发生群体上访、闹访事件。2015 年 1 月 28 日,浙江省衢州市衢江区人民法院裁定受理债务人 Y 公司破产重整申请。进入重整程序后,债权人会议表决通过了"同意 Y 公司继续营业,在不超过月利率1%的前提下对外融资,融资额度不超过 1 亿元"的决议。为成功实现对外融资,打消贷款人对资金安全退出的顾虑,法院指导管理人与建筑施工方协商,采用以建筑施工方作为借款主体的方式,向银行和个人融资,并将所借款项认定为工程垫资款性质的共益债务,在清偿顺位上优先于抵押权。

本案发生于《破产法司法解释三》出台之前,审理法院为了确保重整期间新的借款能够安全退出,实现债务人财产价值和债权人利益的最大化,不仅赋予了新的借款以共益债务的地位,而且扩大了法律对共益债务理论的规定,创设了建设工程款性质的共益债务,突破现行法律关于共益债务劣后于抵押权的规定,认定新的借款优先于抵押权优先受偿。同时,为了保证贷款人融资的最优先受偿,由建设施工方向贷款人承诺,该借款优先于建设工程款债权。本案虽然取得了较好的效果,但这是法院在法律和司法解释没有规定的情况下,为了解决现实融资问题而采取的权宜做法。从立法角度来看,对于因维护、提升担保财产价值而发生的债权,应当赋予其优先于担保债权清偿的顺位。

---

[1] 参见杨昊:《房地产企业破产以建设施工方为主体重整融资确保款项安全退出——浙江 Y 房地产开发有限公司破产重整案》,载程品方主编:《人民法院企业破产审判实务疑难问题解析》,法律出版社 2016 年版,第 262-266 页。

无论是抵押权收购还是工程垫资款的探索，都是在法律没有规定，但企业重整又有实际需求的情况下而采取的变通做法。为解决重整实践中的融资难题，有待于立法上的突破。为此，建议在修订《企业破产法》时，增加一条："在重整期间，经债权人会议决议通过，或者第一次债权人会议召开前经人民法院许可，管理人或自行管理的债务人可以设定平等或优先于现有担保权或建设工程价款优先权的借款，但管理人或自行管理的债务人应当证明符合以下条件：（一）新的借款对于企业的运营是必要的和适当的；（二）无法以其他方式获得新的借款；（三）该借款有利于维持或提升担保财产价值或破产财产整体价值；（四）现有担保权人和建设工程价款优先权人申述权利和实际利益得到充分保障。"

此外，新借款优先受偿的期间也是制度设计中的重要内容。根据我国《企业破产法》第86条、第88条、第90条、第93条等相关条款规定，人民法院裁定批准重整计划后，将终止重整程序，进入重整计划的执行期间。在此期间，如果重整企业不能执行或者不执行重整计划，破产重整程序将转入破产清算程序。对于重整转清算程序后新借款是否还具有优先权的问题，我国法律尚未作出明确规定。

联合国国际贸易法委员会《破产法立法指南》认为，有些破产法规定，为新贷款提供的任何担保或优先权均可在随后的清算中予以撤销，并可能由此产生因延误清算的启动从而潜在地损害债权人的利益而负有的赔偿责任。这种办法有可能成为不利于启动重整的因素。对此，《破产法立法指南》在建议68中明确：破产法应规定，在重整程序转换为清算的情况下，在重整中给予启动后融资的任何优先权均应在清算中继续得到确认。[1] 美国《破产法典》第364条（e）款也有类似规定：对于提供贷款的善意实体而言，上诉审中关于本条下获得贷款或引发债务的授权、优先权或担保权的推翻或修改，不影响因此发生的任何债务或被赋

---

[1] 参见联合国国际贸易法委员会：《破产法立法指南》，2006年，第107、109页。

予的任何优先权或担保权的效力。[1] 建议我国修订《企业破产法》时，将第 93 条第 4 款修改为：有本条第一款规定情形的，新借款的优先受偿权和为重整计划的执行提供的担保继续有效。[2]

二、发行债券

除了借款以外，发行债券也是债权融资的重要方式之一。发行债券筹集的资金在性质上是负债资金，代表投资者对企业的债权。发行债券涉及《企业破产法》《公司法》《证券法》等法律的衔接，该制度的完善需要多层次的法律体系的构建。

（一）发行债券的方式

根据发行对象的不同，发行债券可以分为公开发行和非公开发行两种方式。公开发行又称公募发行，指的是发行人通过中介机构向不特定的社会公众发行债券的证券发行方式。非公开发行又称私募发行，指的是发行人向特定的投资者销售债券的证券发行方式。由于公开发行债券涉及众多投资者的利益，各国和地区立法通常对其设置了严格的限制条件。非公开发行有着特定的投资者，发行条件也相对简单。因此，对于重整企业而言，公开发行债券往往不具可行性，通过非公开发行向特定重整投资人募集资金是重整企业可行的融资方式。

（二）发行债券的条件

无论是公开发行还是非公开发行公司债券，各国和地区立法都会要求发行公司具备一定的条件，而对进入重整程序的困境公司来说，往往

---

[1] 参见［美］大卫·G·爱泼斯坦等：《美国破产法》，韩长印等译，中国政法大学出版社 2003 年版，第 219 - 220 页。
[2] 参见丁燕：《破产重整企业债权融资的异化及其解决》，载《华东政法大学学报》2019 年第 4 期。

很难符合这些法定条件。为挽救困境企业，各国和地区破产法或公司法通常会对重整企业发行债券给予公司法、证券法等相关法律的适用豁免。

美国《破产法典》第1145条规定了重整企业发行新股或公司债券的豁免制度：对于美国《证券法》第5条关于登记和样品邮递的要求规定了限定性的免除，类似于对发行证券时私自直接销售的免除，因此基于破产保护所产生的债务人不需要就重整方案中证券的发行向SEC准备并提交有价证券申请上市登记表。该条还明确"与债务人联合制定重整方案的联营公司"或者"根据重整方案继承债务人的公司"发行证券也适用上述豁免程序，重整中的公司的一些非证券性质请求权也可以通过非证券市场进行交易。

日本《公司更生法》第177条第1款规定，更生公司发行公司债券应作为重整计划中需载明的一般事项。日本《公司更生法》第254条至第257条对日本《商法典》的证券发行条件进行了修正，为重整企业发行股票或债券提供了法律依据。

韩国《统一倒产法》第257条规定了发行股票或债券不适用于公司法的情形。该法第266条第2款规定，为重整公司的再建，可通过股份、公司债发行迅速筹集资金，并在新股发行时的适用特例，排除《商法》及《证券交易法》的相关规定；第277条进一步明确，按照重整计划的规定，向重整债权人、重整担保权人或股东发行公司或新公司的股份或者公司债的情形下，可以不适用《证券交易法》第8条的规定。该《证券交易法》第8条的规定就是募集或出售有价证券时，由证券管理委员会受理其申报。

我国台湾地区"公司法"第309条对重整企业发行新股或公司债券作出了特殊规定，赋予法院依申请作出适当裁定的权力。在发行公司债券方面，该条明确"第248条公司债募集之审核事项、第249条无担保公司债发行禁止资格及第250条公司债发行禁止资格的规定，如与事实确有捍格时，经重整人声请法院，得裁定另作适当之处理法院得于重整中依据事实而为适当裁定"。针对我国台湾地区"公司法"第309条确立的逐项授权法院裁定机制，我国台湾地区"债务清理法草案"第228条作出修订："法人重整中，法律关于下列事项之规定，与实际情形确有捍格时，管理人得声请法院裁定另作适当之处理。一　关于法人变更章程之规定。二　关于法人减资、增资之规定。三　关于出资种类之规定。四　法人为公开发行新股或公司债之公司者，关于其发行新股或公司债之规定。五　关于法人设立之规定。"[1]

我国《公司法》和《证券法》对公司发行债券也作出了限制。2004年《公司法》第161条规定了发行公司债券应具备的系列条件[2]。2023年修订《公司法》时，未直接规定公司债券的发行条件，而是通过第194条第3款这一准用性规则，明确公司发行公司债券应当符合《证券法》规定的发行条件。应当说，现行《证券法》第15条规定的发行条件较2004年《公司法》有所放宽[3]。2023年10月20日，中国证券监督管理委员会发布了新修订的《公司债券发行与交易管理办法》，该办法第14条和第15条分别从正反两方面对企业公开发行公司债券设置了条

---

[1] 林仟雯：《资产价值最大化目标体现于两岸重整程序的法律研究》，武汉大学2013年博士学位论文。

[2] 2004年《公司法》第161条第1款规定："发行公司债券，必须符合下列条件：（一）股份有限公司的净资产额不低于人民币三千万元，有限责任公司的净资产额不低于人民币六千万元；（二）累计债券总额不超过公司净资产额的百分之四十；（三）最近三年平均可分配利润足以支付公司债券一年的利息；（四）筹集的资金投向符合国家产业政策；（五）债券的利率不得超过国务院限定的利率水平；（六）国务院规定的其他条件。"

[3] 我国《证券法》第15条第1款规定："公开发行公司债券，应当符合下列条件：（一）具备健全且运行良好的组织机构；（二）最近三年平均可分配利润足以支付公司债券一年的利息；（三）国务院规定的其他条件。"该条第2款同时要求："公开发行公司债券筹集的资金，必须按照公司债券募集办法所列资金用途使用……"

件。[1] 在正向条件上，《公司债券发行与交易管理办法》除沿用《证券法》第 15 条要求的"具备健全且运行良好的组织机构"和"最近三年平均可分配利润足以支付公司债券一年的利息"两个标准外，新增加了一个标准即"具有合理的资产负债结构和正常的现金流量"。应当说，对于正常企业而言，上述条件的设置有利于维护投资者的利益和金融市场的稳定。

但是，对于重整企业来说，其在盈利情况、资金用途等方面往往达不到《公司法》《证券法》《公司债券发行与交易管理办法》规定的标准。我国《企业破产法》并未规定豁免适用《证券法》《公司法》的情形，导致实践中重整企业难以通过发行债券进行融资。同时，重整企业发行债券的对象主要是特定的战略投资者，而不是资本市场上的普通投资人，因此设置变通规则或者豁免适用条款具有一定的正当性基础。为此，我国《企业破产法》《公司法》《证券法》等相关法律应当对重整企业发行证券作出变通规定或者豁免规定，为推动重整企业多元化融资提供法律保障。

(三) 发行债券应载明的事项

当管理人或自行管理的债务人拟发行债券募集资金时，还应在重整计划草案中明确相关事项。各国立法对此也有相关规定。如日本《公司更生法》第 222 条规定，当重整人拟采取发行公司债的方式筹措资金时，计划中应规定下列事项：(1) 公司债总额；(2) 各公司债的金额、公司债的利率、公司债的偿还和利息的支付方式及期限和其他内容；(3) 公

---

[1]《公司债券发行与交易管理办法》第 14 条规定："公开发行公司债券，应当符合下列条件：(一) 具备健全且运行良好的组织机构；(二) 最近三年平均可分配利润足以支付公司债券一年的利息；(三) 具有合理的资产负债结构和正常的现金流量；(四) 国务院规定的其他条件。公开发行公司债券，由证券交易所负责受理、审核，并报中国证监会注册。"第 15 条规定："存在下列情形之一的，不得再次公开发行公司债券：(一) 对已公开发行的公司债券或者其他债务有违约或者延迟支付本息的事实，仍处于继续状态；(二) 违反《证券法》规定，改变公开发行公司债券所募资金用途。"

司债的发行方法以及令或不令债权人或股东重新纳资及其分配方法；（4）附担保的公司债时，其担保权的内容。韩国《统一倒产法》第 206 条对采取发行公司债的方式筹集资金时，重整计划中应载明的事项也有类似的规定。

将发行债券事项详细列入重整计划，既是对债权人知情权的保障，也体现了债权人意思自治原则的要求。我国修订《企业破产法》时，也应要求管理人或自行管理的债务人拟通过发行债券的方式融资时，在重整计划中载明相关具体事项。关于应当列入重整计划的事项，可以在《公司债券发行与交易管理办法》第 10 条[1]规定内容的基础上，结合重整案件的特点，并借鉴韩国和日本的做法，增加"是否要求债权人或股东重新纳资以及有关分配方法"等内容。

（四）公司债券的优先受偿权问题

发行债券作为债权融资的一种方式，也涉及一个核心问题，即其是否可以按照新的借款债权享有优先受偿权。从法律性质上来看，公司发行的债券虽然属于有价证券，在这一点上不同于借款债权，但是其性质上也属于债权融资，其目的也是维持重整企业运营并保障企业重整成功。因此在法律效果上也应当按照新借款债权享有优先权。关于公司债券的清偿顺位，建议在修订《企业破产法》时予以明确。

三、可转债

可转债是一种兼具债权、股权和期权性质的融资工具。我国《企业

---

[1]《公司债券发行与交易管理办法》第 10 条规定："发行公司债券，发行人应当依照《公司法》或者公司章程相关规定对以下事项作出决议：（一）发行债券的金额；（二）发行方式；（三）债券期限；（四）募集资金的用途；（五）其他按照法律法规及公司章程规定需要明确的事项。发行公司债券，如果对增信机制、偿债保障措施作出安排的，也应当在决议事项中载明。"

破产法》和司法解释未涉及可转债的相关内容，但是可转债对重整企业融资具有特殊的功能和价值，有必要在立法和司法层面将其确立为重整企业融资的重要方式之一。

（一）可转债的概念和特征

可转债是可转换为股权的债权资本，属于公司债券的范畴。可转债又称可转换公司债券，狭义的可转债是指债券持有人可以根据约定将持有的公司债券转换为公司股份的公司债券。广义的可转债是指债券持有人有权根据约定将持有的公司债券转换为他种证券权利的公司债券。广义可转债的转换对象不仅包括公司股份，还包括其他证券形式。实践中，我国的可转债主要指的是狭义的可转债。根据2020年中国证券监督管理委员会公布的《可转换公司债券管理办法》，可转债是指"公司依法发行、在一定期间内依据约定的条件可以转换成本公司股票的公司债券，属于《证券法》规定的具有股权性质的证券"。

可转债具有以下几个特征：（1）债权性。可转债有规定的面值、票面利率和到期期限，投资者有权在约定期限届满时，要求发行者偿还全部的本息。（2）股权性。可转债在未转换成股票时是债券，但在转换成股票之后，投资者就成为公司股东，有权行使股东权利。（3）期权性。可转债附带有三个期权：转换权、回售权和赎回权。其中，转换权是可转债的本质特征，其赋予债券持有人在一定期限内，自主选择将债券转换为公司股份或持有债券以获得本息的权利。

（二）可转债的发展历史

可转债发端于美国，1843年，美国New York Erie铁道公司发行了第一张可转债，随后欧美国家纷纷采用这种新型融资方式，现在可转债成为各国上市公司主要的融资方式之一。20世纪60年代，可转债在英国盛行。1961年至1965年，英国大约发行了2亿英镑的可转债，占总发行公司债券的15%。20世纪20年代，德国开始尝试发行可转债，1965年西德《股份法》进一步确认了可转债制度。日本在昭和25年（1950年）修正《商法》，学习借鉴美国的授权资本制，为可转债制度奠定了基础，1938年，日本《商法》正式确立了可转债制度。[1]

我国从20世纪90年代开始探索运用可转债缓解企业融资难题。1992年11月，深圳宝安集团股份有限公司公开发行了可转债，虽然最终因为业绩不佳导致转股失败，但是为后续探索积累了有益经验。1997年至2006年，规范可转债发行的文件从无到有，可转债发行逐渐步入正轨。2002年4月，江苏阳光股份有限公司作为我国第一家获准发行可转债的上市公司，公开发行了8.3亿元可转债。随后，电力、煤炭、纺织、钢铁、造纸、公用事业等行业，逐渐开始广泛运用可转债进行融资。

（三）重整企业发行可转债的积极作用

对于重整企业而言，可转债有利于拓宽企业融资渠道，降低企业融资成本，缓解重整企业融资难、融资贵的现实问题。作为一种融资工具，可转债顾全了委托、代理双方的利益，能够克服债权融资和股权融资的不足，因为在信息不对称的条件下，债务契约是十分糟糕的激励契约，而股权契约又存在较高的代理成本。[2] 具体来说，可转债作为融资工具具有以下优势：（1）融资成本低。由于可转债赋予投资者在企业经营良好时转股的权利，所以票面利率通常较低，这有利于降低重整企业的融资成本。比如，2020年1月发行的常熟转债，期限为6年，采用累进利率，其中第1年0.30%、第2年0.50%、第3年0.80%、第4年1.00%、第5年1.30%、第6年1.80%。（2）稀释股权渐进式。可转债在转股前不直接增加股本和摊薄股东权益，也不对ROE等财务指标造成压力。股本的摊薄效应随着转股效应缓释。（3）投资者分布广。可转债既可以公

---

[1] 参见曹旭晶：《可转换公司债券法律问题探析》，烟台大学2009年硕士学位论文。
[2] 参见王龙刚：《救赎与博弈：公司重整融资的法律制度研究》，中国政法大学2011年博士学位论文。

开发行，也可以非公开发行，能够同时吸引股票和债券投资者，覆盖广泛的投资者群体。

（四）重整企业运用可转债融资的实践基础

虽然我国《企业破产法》和司法解释未涉及可转债的相关内容，司法实践中也缺乏重整企业在重整阶段运用可转债进行融资的典型案例。但是可转债已广泛运用于企业的债务重组，且已有一些上市公司携未到期可转债进入预重整或重整程序的案例，这些都为重整程序中探索运用可转债融资奠定了基础。

在企业债务重组中运用可转债的典型案例是2016年中国中钢集团公司债务重组案。在该案中，中钢集团对约600亿元的债务采取了"留债＋可转债＋有条件债转股"的操作模式。债务重组分两个阶段进行，第一阶段，对本息总额600多亿元的债权进行整体重组，将其分为留债和可转债两部分；第二阶段，在满足相关条件的情况下，可转债持有人逐步行使转股权。在中钢集团的所有债务中，金融机构的债务大约有600亿元，其中270亿元的原有债务将转化为可转债，期限6年，前3年锁定，从第4年开始逐年按3∶3∶4的比例转股。可转债的持有人可以根据企业的经营状况，自主决定在一定期限内通过转换为公司股份在二级市场上退出，还是持有债券至到期后获得相应的本金和利益。

从2022年5月开始，一些上市公司携带未到期可转债进入预重整或重整程序的案例逐渐出现，其中比较典型的如上海全筑控股集团股份有限公司（以下简称全筑股份）破产重整案。全筑股份成立于1998年，系注册地位于上海市的民营企业，于2015年在上交所上市。受新冠疫情和房地产业整体环境影响，公司经营状况恶化，资产净值持续下降。为提高重整可行性，上海市第三中级人民法院（以下简称上海三中院）于2023年5月19日决定受理债权人对全筑股份的预重整申请，并于同日确定上海市方达律师事务所为全筑股份预重整期间的临时管理人。预重整期间，临时管理人协助全筑股份召开债权人会议、临时股东大会和可转债持有人会议。2023年11月13日，上海三中院依债权人申请裁定受理全筑股份重整，并指定临时管理人担任管理人。2023年12月15日，上海三中院依法裁定批准全筑股份重整计划并终止重整程序。2023年12月26日，管理人报告全筑股份重整计划执行完毕。该案是上交所上市的首例可转债发行人重整案，是通过预重整衔接重整，妥善化解可转债兑付风险，保存民营建工企业上市资格，促进资本市场健康发展的典型案例。管理人依法开展信息披露工作，切实维护中小投资者及广大债权人的合法权益，高效完成重整程序，并实现了可转债债券金额80%以上选择市场化转股＋持有人近99%获得全额现金清偿的良好效果，同时，同意重整计划草案的债权人人数在相应组别的占比，以及同意出资人权益调整方案的出资人有效表决权股份占出席会议有效表决权股份总数的占比均高达99%以上。作为全国首例携可转债进入破产重整程序的上市公司重整案例，该案的借鉴价值在于以市场化的手段妥善化解了资本市场可转债兑付风险。该案在审理过程中，一方面，通过预重整与重整的无缝衔接，将预重整期间有关债权确认、可转债转股价格向下修正议案达成等工作成果延伸至重整程序，获得了债权人、出资人对重整计划的广泛认可。另一方面，依法妥善处置可转债，保障了广大中小投资者的权益。面对可能发生的可转债提前到期引发的市场恐慌，法院、监管部门、管理人共同努力，依照《证券法》规定对可转债转股价格向下修正，设置合理的可转债交易期和转股期，通过市场化公开价格机制稳定市场情绪，有效化解了债务风险，最终选择保留债权的可转债金额不足总金额的20%，大幅降低了上市公司负债规模。同时，重整计划规定了较为合理的现金清偿额度，使约99%保留债权的可转债持有人获得全额现金清偿，极大保护了中小投资者的利益。在重整计划执行中，管理人成功完成了可转债兑付。该案对可转债发行人重整中妥善化解可转债风险提供了有益探索，实现了各方共赢。[1]

综上，可转债在企业兼并重组中的广泛运用和可转债发行人进入重整程序后的积极探索，为可转债在重整阶段融资奠定了良好的基础。鉴于可转债制度本身的功能价值及其对重整企业的积极作用，建议立法机关或最高人民法院在前期探索和实践的基础上，通过修订《企业破产法》或者出台司法解释、司法政策，积极引导可转债在重整程序中的运用，推动重整企业融资多元化，为缓解重整企业融资困境提供新路径。

---

[1] 参见《2023年度"全国破产经典案例"提名奖评选结果公告》，载微信公众号"破产法快讯"2024年4月30日。

第四章 股权融资的法律规制

股权融资是调整资本结构进行融资的方式，主要适用于股权仍然具有价值的企业。我国《企业破产法》虽然提及出资人权益调整，但是对于重整企业如何调整资本结构进行融资未作具体规定。司法实践中，常见的股权融资方式主要有增资、减资、股份让渡、债转股等。股权融资以健全的资本市场和融资体制为基础，同时需要以完善的破产法、公司法、证券法等相关法律为依托。在我国资本市场日益成熟、交易规模日益扩大以及法律法规日益健全的背景下，股权融资在企业重整中的作用将越发明显。

一、增资

增资指的是按比例增加公司的股份总数，包括发行新股和资本公积金转增股份两种方式。在重整程序中，增资的目的主要是清偿债务、向投资人支付对价或用于企业生产经营。

（一）发行新股

类似于发行债券，发行新股也分为公开发行和非公开发行两种方式。公开发行又称公募发行，指的是发行人向不特定的社会公众发行股票的证券发行方式。非公开发行又称私募发行、定向发行或定向增发，指的是发行人向特定投资者发行股票的证券发行方式。公开发行股票的优势在于发行面广、融资量大，其缺点主要是周期长、成本高、程序繁琐等。非公开发行股票，发行手续相对简单，时间和经济成本也相对较低。对于重整企业而言，非公开发行股份，不仅可以获得低成本融资，还可以平衡股东和重组方利益，同步实现股权重组、债务重组和资产重组的目标。由于非公开发行股份的独特优势，进入重整程序的上市公司普遍选择非公开发行即定向增发的方式募集资金。

1. 发行条件

新股发行附设较为严格的条件是各国的通行做法，但是这些条件对重整企业而言，无疑成为难以逾越的障碍。企业重整涉及众多不同类型法律的适用，需要做好破产法与其他法律，尤其是商法的衔接。

（1）国外重整企业发行新股的特别规定。

为了拓展重整企业的融资渠道，各国破产立法通常采用特别规定的方式，打破公司法、证券法等法律对发行新股的条件限制。

美国《破产法典》对进入重整程序的上市企业发行股票作出了规定，如第1123条规定：债务人或者受让破产财产的实体，或者债务人合并后的实体可以发行股票，用以筹集现金、财产、已发行股票，或者用以交换债权或权益，或者其他合适的目的。再如，前文提到的第1145条针对发行新股或公司债可能面临的其他法令限制，作出了豁免规定。日本《公司更生法》第254条至第257条修改了《商法典》中规定的证券发行条件，使公司能够在重整中发行股票或债券。韩国《统一倒产法》第257条对发行股票和公司债券排除适用公司法的情况作出了规定，第264条、第265条规定了发行新股在商法上的特例。

（2）我国重整企业发行新股的现行规则及立法完善。

我国2004年《公司法》第137条和第139条对公司发行新股设置了严格的限制条件。[1] 在后续修正及修订《公司法》时，不再保留2004

---

[1] 2004年《公司法》第137条规定："公司发行新股，必须具备下列条件：（一）前一次发行的股份已募足，并间隔一年以上；（二）公司在最近三年内连续盈利，并可向股东支付股利；（三）公司在最近三年内财务会计文件无虚假记载；（四）公司预期利润率可达同期银行存款利率。公司以当年利润分派新股，不受前款第（二）项限制。"第139条规定："股东大会作出发行新股的决议后，董事会必须向国务院授权的部门或者省级人民政府申请批准。属于向社会公开募集的，须经国务院证券管理部门批准。"

年《公司法》关于发行新股的条件限制。但是，我国《证券法》第12条第2款对于上市公司发行新股，明确应当符合经国务院批准的国务院证券监督管理机构规定的条件，具体管理办法由国务院证券监督管理机构规定。2020年2月14日，中国证券监督管理委员会修订并公布了《创业板上市公司证券发行管理暂行办法》《上市公司非公开发行股票实施细则》《上市公司证券发行管理办法》（三文件统称为《再融资规则》）。2023年2月17日，中国证券监督管理委员会为全面落实注册制，完善资本市场基础制度，提高资本市场服务实体经济能力，健全资本市场功能，提升直接融资比重，提高上市公司质量，制定了《上市公司证券发行注册管理办法》。

2023年《上市公司证券发行注册管理办法》取消了《上市公司证券发行管理办法》对于非公开发行股票的积极条件要求，明确上市公司存在该办法第11条规定情形的，不得向特定对象发行股票。这些情形主要包括：擅自改变前次募集资金用途未作纠正；最近1年财务会计报告不符合规定要求；控股股东、实际控制人最近3年存在严重损害上市公司利益或者投资者合法权益的重大违法行为等[1]。该办法还明确了通过向特定对象发行股票取得的上市公司股份，其减持不适用《上市公司股东、董监高减持股份的若干规定》的有关规定。

应当说，放宽非公开方式发行股票的条件，在制度上为重整企业发

---

[1]《上市公司证券发行注册管理办法》第11条规定："上市公司存在下列情形之一的，不得向特定对象发行股票：（一）擅自改变前次募集资金用途未作纠正，或者未经股东大会认可；（二）最近一年财务报表的编制和披露在重大方面不符合企业会计准则或者相关信息披露规则的规定；最近一年财务会计报告被出具否定意见或者无法表示意见的审计报告；最近一年财务会计报告被出具保留意见的审计报告，且保留意见所涉及事项对上市公司的重大不利影响尚未消除。本次发行涉及重大资产重组的除外；（三）现任董事、监事和高级管理人员最近三年受到中国证监会行政处罚，或者最近一年受到证券交易所公开谴责；（四）上市公司或者其现任董事、监事和高级管理人员因涉嫌犯罪正在被司法机关立案侦查或者涉嫌违法违规正在被中国证监会立案调查；（五）控股股东、实际控制人最近三年存在严重损害上市公司利益或者投资者合法权益的重大违法行为；（六）最近三年存在严重损害投资者合法权益或者社会公共利益的重大违法行为。"

行新股进行了松绑。但是为拓宽再融资渠道、保障公司重整顺利进行，仍然有必要在《上市公司证券发行注册管理办法》中借鉴国外和我国台湾地区的做法，对进入重整程序的上市公司设定特殊的规则，重点是对消极条件的豁免。关于《上市公司证券发行注册管理办法》第11条中上市公司不得发行股票的限制性规定，应当说，企业经营不善而进入重整程序，控股股东或董事、高管等往往难辞其咎。但是控股股东或管理层的过错不等于公司的过错，对控股股东和管理层的责任追究，也不能成为影响企业重整的理由。特别是战略投资人进入后，公司的控制权可能发生变化，控股股东和管理层可能进行变更，更不应当因为原控股股东的过错影响重整程序的进行。为此，建议修订《企业破产法》时，对非公开发行股票主体资格的限制条件作变通规定或者豁免规定。在具体操作上，可以借鉴我国台湾地区的做法，经管理人、自行管理的债务人或者利害关系人申请，由法院裁定对相关法律条款作适当处理。

2. 发行审批

我国《证券法》规定非公开发行股份由中国证券监督管理委员会核准，而我国《企业破产法》规定包含融资方案在内的重整计划草案由人民法院裁定批准。这就涉及行政机关核准权与人民法院批准权的冲突与衔接问题。为了协调司法程序与行政程序的关系，最高人民法院会同中国证券监督管理委员会于2012年3月在海南省万宁市召开了审理上市公司破产重整案件工作座谈会，并于2012年10月印发了《关于审理上市公司破产重整案件工作座谈会纪要》，建立了上市公司重整计划草案的会商机制，确立了先由中国证券监督管理委员会并购重组专家咨询委员会出具专家咨询意见，再由法院参考专家咨询意见，决定是否批准重整计划草案的工作机制。2024年12月31日，最高人民法院与中国证券监督管理委员会共同印发《关于切实审理好上市公司破产重整案件工作座谈会纪要》，明确人民法院在审批重整计划草案时，应重点审查重整计划内容以及重整投资人资格是否符合法律、行政法规、国家产业政策以及上市公司收购等相关规定,必要时可以征求属地中国证监会派出机构的意见。

3. 重整计划载明事项

发行新股是否必须在重整计划中载明,我国《企业破产法》未作规定。我国台湾地区"公司法"第304条规定,进入重整的债务人以发行新股或公司债的方式募集资金的,应当载入重整计划。在日本,根据发行新股是否需要债权人或股东出资,法律规定重整计划载明不同的事项。根据日本《公司更生法》第222条规定,发行新股不需要债权人或股东出资的,重整计划应当载明以下事项:(1)新股票的额面与无额面的类别和数量;(2)有关新股票的分配事项;(3)由于新股票的发行而应增加的资本和预备金的数额。发行新股需要债权人或股东出资的,重整计划除了载明前述三项事项以外,还应当载明以下事项:(1)有关交纳金额以及新分配的事项和新股交纳的日期;(2)有另外有价物出资时,该出资人、出资财产、其价格及所给予的股票的额面无额面的区别、种类与数额。韩国《统一倒产法》借鉴了日本《公司更生法》,对于发行新股重整计划应载明的事项也有类似的规定。

可见,类似于发行债券,重整企业涉及发行新股的,在重整计划中载明详细情况也是破产法成熟国家和地区的通行做法,我国在修订《企业破产法》时,亦可予以借鉴,从而使融资方案和重整计划更加具体可行。

(二)资本公积金转增股份

资本公积金转增股份指的是利用资本公积金向相关主体转增股票。近年来,资本公积金转增股份是重整上市公司股权融资的常见方式。资本公积金转增的对象、转增股份的用途以及资本公积金转增股份的除权规则是重整各方关注的重点。

1. 资本公积金的一般规定

公司公积金又称储备金或者储备资本，是指公司为了预防亏损，扩大经营规模，或为了弥补意外亏损，巩固自身的财产基础并提高公司的信用，按照法律和公司章程的规定或股东会决议，从公司盈余（本期净收益）或公司资本收益中提取一部分甚至全部资金，留存下来不作为股利分配，从而形成在公司资本以外积存，暂存于公司内部的特定用途的资金。

根据公积金是否由法律强制提取，可以把公积金划分为法定公积金和任意公积金。法定公积金是指依法必须强制提取的公积金。任意公积金是指由公司自由决定提取的公积金。我国《公司法》第 210 条对法定公积金和任意公积金均作出了规定。

根据公积金的来源，可以把公积金划分为盈余公积金和资本公积金。盈余公积金指的是从公司税后利润中提取出来的公积金。资本公积金也称资本储备金，指的是公司资本及与资本有关的资产项目所引起的各种增值或应当作为资本储备的利益收入。资本公积金并不对应特定的实物资产，而须借助会计上的"资本公积"科目进行价值核算。根据《〈企业会计准则第 37 号——金融工具列报〉应用指南》的规定，资本公积包含股本溢价或资本溢价、其他资本公积。具体来说，资本公积金主要包括资本或股本溢价、接受非现金资产捐赠准备、接受现金捐赠、拨款转入、外币资本折算差额及其他资本公积金。

对于正常经营的公司，公积金是所有者权益（股东权益）的组成部分，本质上属于公司股东所有。关于资本公积金的用途，韩国《公司法》规定："除了充当资本亏损的填补或转入资本以外，不得另行处分。"[1] 我国台湾地区"公司法"规定："资本公积金，可用于填补亏损及有限制之拨充资本。"[2] 美国《标准公司法》第 2 条第 10 款、第 13 款规定

---

[1] ［韩］李哲松：《韩国公司法》，吴日焕译，中国政法大学出版社 2000 年版，第 621 页。
[2] 王文宇：《公司法论》，中国政法大学出版社 2004 年版，第 337 页。

资本盈余的作用是："用于分配、转增股本及弥补亏损。同时规定从营业盈余中设立储备金，也随时可取消，不能支付股利和用于分配，由公司根据董事会决议决定。"韩国《公司法》和我国台湾地区"公司法"对资本公积金功能的规定是弥补亏损和转增资本，无扩大公司生产经营之规定。美国《标准公司法》规定的是分配、转增股本及弥补亏损，虽未明确规定扩大生产经营的功能，但是在条文中隐含了此方面的立法目的。我国 2023 年修订的《公司法》遵循国际通行做法，修正了以往不允许资本公积金弥补亏损的规定，明确了资本公积金的用途是弥补亏损、转增股本和扩大生产经营。[1]

2. 资本公积金转增股份的对象和用途

2008 年，广西北海市中级人民法院裁定受理的广西北生药业股份有限公司破产重整案，是我国首次通过资本公积金转增股份方式调整出资人权益的重整案件。根据北生药业公布的重整计划，北生药业以资本公积金按 10∶3 的比例每 10 股转增 3 股，转增股份全部用于清偿公司普通债权人。此后，资本公积金转增股份成为重整上市公司股权融资的常见方式。经梳理上市公司重整案件，截至 2024 年 12 月 31 日，全国法院受理并裁定终结重整程序的上市公司共有 129 家，其中采用资本公积金转增股份的有 96 家，占总数的 74.42%。特别是自 2013 年湖北省武汉市中级人民法院裁定受理长航凤凰股份有限公司破产重整案以来，进入重整程序的 87 家上市公司全部采用了资本公积金转增股份，资本公积金转增股份已成为上市公司最主要的融资方式。（见表 4-1）

---

[1]《公司法》第 214 条第 1 款规定："公司的公积金用于弥补公司的亏损、扩大公司生产经营或者转为增加公司注册资本。"

表 4－1　129 家上市公司出资人权益调整情况[1]

序号	公司名称	受理时间（年）	调整方式	出资人权益调整情况
1	宝硕股份	2007	让渡	持股数量在 1 万股以下（含 1 万股）部分，让渡比例为 10%；1 万股以上 5 万股以下（含 5 万股）部分，让渡比例为 20%；5 万股以上 300 万股以下（含 300 万股）部分，让渡比例为 30%；300 万股以上 2200 万股以下（含 2200 万股）部分，让渡比例为 40%；2200 万股以上部分，让渡比例为 75%。
2	沧州化工	2007	让渡	超过 10 万股的部分，每户无偿减持 11%。
3	兰宝信息	2007	无	无
4	天发石油	2007	无	无
5	天颐科技	2007	股权转让	除控股股东之外的小额非流通股股东，由战略投资者或其指定的公司，以每股人民币 1 元的价格收购。
6	浙江海纳	2007	无	无
7	朝华科技	2007	无	无
8	长岭股份	2007	让渡	第一大股东让渡其持有的全部股份之 80%；除第一大股东以外的其他非流通股股东，分别让渡其持有的全部股份之 50%；全体流通股股东分别让渡其持有的全部股份之 10%，共计 24,206,332 股。
9	北亚实业	2008	让渡、减资	全体流通股股东每持有 10 股流通股获得非流通股股东支付的 2.8 股份；全体股东同比例缩股，按照每 10 股缩为 2.8 股的比例进行缩股。

[1] 根据 129 家终结破产重整程序的上市公司重整计划梳理，重整计划搜索于巨潮资讯网 http：//www.cninfo.com.cn/new/index。

续表

序号	公司名称	受理时间（年）	调整方式	出资人权益调整情况
10	华龙集团	2008	无	无
11	星美联合	2008	让渡	全体非流通股股东让渡50%的股权。
12	鑫安科技	2008	让渡	第一大股东按70%的比例让渡；第二大股东按67%的比例让渡；第三大股东按50%的比例让渡；流通股股东让渡其持有股份的15%。
13	华源股份	2008	让渡、减资	全体股东同比例缩减股本，缩减比例为25%；控股股东让渡其所持有股票的87%；其他股东分别让渡其所持有股票的24%。
14	九发股份	2008	让渡	控股股东公司按70.2%的比例让渡，其他股东按30%的比例让渡。
15	帝贤股份	2009	无	无
16	北生药业	2008	资本公积金转增	按每10股转增3股的比例实施资本公积金转增。
17	新太科技	2009	让渡	非流通股股东让渡9%的股权；流通股股东让渡6%的股权。
18	丹化股份	2009	让渡、资本公积金转增	控股股东让渡40%的股权；按10∶1.3的比例实施资本公积金转增。
19	秦岭水泥	2009	让渡	控股股东让渡43%的股权；其他股东让渡21%的股权。
20	夏新电子	2009	让渡	控股股东让渡100%的股权；其他股东让渡10%的股权。
21	光明家具	2009	让渡	控股股东让渡16%的股权；其他非流通股股东让渡10%的股权；流通股股东持有的5万股（含5万股）以上部分的流通股票让渡6%的股权。
22	深信泰丰	2009	让渡	全体限售流通股股东各无偿让渡所持有限售流通股的15%；全体流通股股东各无偿让渡所持有流通股的10%。

续表

序号	公司名称	受理时间（年）	调整方式	出资人权益调整情况
23	咸阳偏转	2009	无	无
24	锦化氯碱	2010	资本公积金转增	按10:10的比例实施资本公积金转增；全体股东让渡其转增股份的60%。
25	辽源得亨	2010	让渡	第一大股东让渡50%的股权；其他股东让渡其所持股份的18%。
26	盛润股份	2010	让渡	控股股东让渡40%的股权；其他股东超过1万股的部分让渡20%。
27	创智科技	2010	让渡	第一大股东让渡35%的股权；第三、四大股东分别让渡35%的股权；其他持股数量超过1万股的股东让渡1万股以上部分的20%，让渡1万股以内的部分（含1万股）的15%。
28	华源发展	2010	让渡	每名股东持有的1000万股以下（含1000万股）部分的股票，按照33%的比例进行让渡；每名股东持有的超过1000万股部分的股票，按照38%的比例进行让渡；香港冠丰自愿将其持有的剩余股票中再让渡987.97万股股票。
29	银广夏	2010	让渡	控股股东（或其受让人）让渡70%；其余股东持股数量50万股以上的部分让渡18%，50万股以下（含50万股）的部分让渡12%。
30	方向光电	2010	让渡、资本公积金转增	按照每10股转增2股的比例实施资本公积金转增；除公司工会外，其他股东让渡10%的股权。北泰集团持有方向光电的股份额外无偿让渡2550万股。
31	四川金顶	2011	让渡	调减全体股东所持金顶公司股份的23%。
32	科健股份	2011	让渡、资本公积金转增	第一、第二大股东分别让渡其所持有股份的40%；按照每10股转2.596股的比例实施资本公积金转增。
33	宏盛科技	2011	资本公积金转增	按每10股转增0.5股的比例实施资本公积金转增。

续表

序号	公司名称	受理时间(年)	调整方式	出资人权益调整情况
34	中核钛白	2011	股权转让、让渡	第一大股东以3.3元/股的价格分别向潜在重组方和财务投资人转让4500万股和3148万股股权，转让所得价款的33%用于债务清偿。
35	石岘纸业	2011	让渡、资本公积金转增	第一大股东让渡40%；第二、三、四大股东调减其所持股份的30%；其他股东让渡20%。按每10股转增3股的比例实施资本公积金转增。
36	山东海龙	2012	让渡	第一大股东让渡78%；第二大股东让渡30%；第三大股东所持股票全部依法拍卖后，由受让方无偿让渡25%；第四大股东让渡50%；其他股东让渡25%。
37	金城股份	2012	让渡	第一大股东按照30%的比例让渡；其他股东按照22%的比例让渡。
38	深中华	2012	让渡	全体股东无偿让渡8%的股份，第一、二大股东增加2个百分点。
39	中基实业	2012	资本公积金转增	按10股转增6股的比例实施资本公积金转增。
40	锌业股份	2013	让渡、资本公积金转增	全体股东按照10%的比例让渡；按每10股转增2.7股的比例实施资本公积金转增。
41	中达股份	2013	资本公积金转增	按每10股转增3.55股的比例实施资本公积金转增。
42	贤成矿业	2013	让渡、减资	西宁新、张某按照98%的比例实施缩股；陈某某按照90%的比例实施缩股；其他股东按照84%的比例实施缩股。全体股东以缩股后的股份为基数，按照12%的比例让渡。
43	长航凤凰	2013	资本公积金转增	按10股转增5股的比例实施资本公积金转增。
44	超日股份	2014	资本公积金转增	按10股转增19.92股的比例实施资本公积金转增。

续表

序号	公司名称	受理时间（年）	调整方式	出资人权益调整情况
45	霞客环保	2014	让渡、资本公积金转增	第一、二大股东按6%的比例让渡；按每10股转增6.7股的比例实施资本公积金转增。
46	新都酒店	2015	让渡、资本公积金转增	按照每10股转增约3.05股的比例实施资本公积金转增；瀚明投资无偿让渡50%现持有股份和现持有股份对应的转增股份。
47	新亿股份	2015	资本公积金转增	按每10股转增29.48股的比例实施资本公积金转增。其中，每10股转增3股的部分分配给原股东，其余的转增股份由重整投资人受让。
48	舜天船舶	2016	资本公积金转增	以总股本为基数，按每10股转增13.870379股的比例实施资本公积金转增。
49	川化股份	2016	资本公积金转增	按照每10股转增17.02股的比例实施资本公积金转增。
50	云维股份	2016	资本公积金转增	按照每10股转增10股的比例实施资本公积金转增。
51	重庆钢铁	2017年	资本公积金转增、让渡	按每10股转增11.5股的比例实施资本公积金转增。转增股份不向股东分配，全部由管理人根据重整计划的规定进行分配并支付相关费用。重庆钢铁集团让渡其所持上市公司的2,096,981,600股股票，该等股票由重组方有条件受让。
52	泸天化	2017	资本公积金转增	按每10股转增16.8股的比例实施资本公积金转增，共计转增约98,300万股股票。转增股票不向原股东分配，全部用于特定用途的分配和处置。
53	柳州化工	2018	资本公积金转增	按每10股转增10股的比例实施资本公积金转增，共计转增399,347,513股股票。转增股票不向原股东分配，其中211,737,774股用于直接抵偿债务，剩余的187,609,739股由重整投资人按照3.22元/股的价格受让，由管理人用于支付重整费用、共益债务和清偿部分债务等。

续表

序号	公司名称	受理时间（年）	调整方式	出资人权益调整情况
54	抚顺特钢	2018	资本公积金转增	按每10股转增不超过5.72股的比例实施资本公积金转增，转增股份不向原股东分配，全部用于偿付债务、支付有关费用，补充公司生产经营所需的资金。
55	厦工股份	2019	资本公积金转增	按每10股转增8.5股的比例转增，共计转增815,124,491股股票，总股本扩大至1,774,094,480股。转增股票不向原股东分配，全部用于偿付债务和补充厦工股份生产经营所需资金。
56	中银绒业	2019	资本公积金转增	贸易公司豁免债权形成资本公积金，加上中银绒业原有资本公积（资本溢价部分）可用于转增股票的资本公积不低于2,456,833,774.03元。资本公积金转增，按每10股转增13.61股的比例转增。转增股份不向原股东分配，用于支付重整费用、清偿各类债务和提高中银绒业的经营能力。
57	沈机股份	2019	资本公积金转增	按每10股转增12股的比例转增合计约9.19亿股，总股本扩大至16.84亿股。转增股份不向原股东分配，由战略投资人受让5.05亿股，剩余约4.14亿股按照重整计划规定用于清偿债权。
58	庞大集团	2019	资本公积金转增、让渡	按每10股转增5.641598股的比例转增，转增股票不向原股东分配，用于引进重整投资人和财务投资人受让，及根据重整计划的规定清偿债务。庞大集团及其关联自然人无偿让渡其所持的210,624.17万股股票，由重整投资人及其关联方有条件受让。
59	坚瑞沃能	2019	资本公积金转增、减资	按每10股转增8.5股的比例转增；通过回购方式注销股东李某所持有股份及所持股份为基数转增形成的股份；股东郭某某及宁波坚瑞持股为基础的转增股份无偿让渡，除股东李某、郭某某及宁波坚瑞以外其他股东为基数转增形成的股份，每10股转增0.5股部分向原股东分配，每10股转增8股部分无偿让渡；前述无偿让渡股份由重整投资人以1亿元对价有条件受让，由管理人用于支付重整费用、共益债务和清偿部分债务。

续表

序号	公司名称	受理时间（年）	调整方式	出资人权益调整情况
60	盐湖股份	2019	资本公积金转增	按每10股转增9.5股的比例实施资本公积金转增，共计转增264,678.61万股股票。前述转增股票不向原股东分配，其中约257,603.43万股按照重整计划之债权受偿方案的规定用于抵偿债务，剩余约7075.18万股由拟处置资产的承接方有条件有偿受让，受让对价优先用于支付重整费用和清偿部分债务。
61	莲花健康	2019	资本公积金转增	按每10股转增约2.99333股的比例转增，共计可转增317,899,644股股票，占转增后总股本1,379,923,955股的23.04%。前述转增股票不向原股东分配，全部由重整投资人有条件受让。
62	德奥通航	2020	资本公积金转增	按每10股转增11股的比例实施资本公积金转增，共计转增29,172万股股票。前述转增股票不向原股东分配，重整投资人及其指定的财务投资人以合计735,134,400元的现金受让，受让对价用于支付重整费用、共益债务、清偿债务和后续营业。
63	天海防务	2020	资本公积金转增	按每10股转增8股的比例实施资本公积金转增股本，共计转增768,012,948股股票。以上转增形成的股票不向股东分配，而是全部无偿让渡。无偿让渡的股票由重整投资人（或其指定主体）以合计12.1804亿元的对价有条件受让，重整投资人支付的对价将用于支付破产费用、共益债务、清偿债务和补充天海防务流动资金等。

续表

序号	公司名称	受理时间（年）	调整方式	出资人权益调整情况
64	银亿股份	2020	资本公积金转增	按照每10股转增6.48股的比例实施资本公积金转增股票，再以转增后的总股数为基数实施资本公积金转增股票，共计转增5,969,481,006股股票。转增股票按照重整计划的规定进行分配：（1）每10股转增6.48股的转增股票，将应向控股股东及其支配的股东分配的股票优先用于完成业绩补偿，剩余的部分转增股票不再向上述股东进行分配；应向除控股股东及其支配的股东以外的全体股东分配的转增股票以及业绩补偿股票，将向上述股东进行分配；完成业绩补偿后，控股股东及其支配的股东应获分配的业绩补偿股票以及剩余的未向其分配的转增股票全部让渡，专项用于引进重整投资人并解决现金分红返还及资金占用等历史遗留问题。（2）以上述转增后的总股数为基数按照每10股转增5.06股的转增股票，不再向全体股东进行分配，将全部让渡并按照重整计划的规定，专项用于引进重整投资人及实施以股抵债清偿银亿股份的债务。
65	宝塔实业	2020	资本公积金转增	以宝塔实业现有总股本为基数，按每10股转增约5.03股的比例实施资本公积金转增股票，共计可转增约384,219,116.00股股票，转增完成后宝塔实业总股本由764,279,250股增至1,148,498,366股。转增股票不向原股东分配，由管理人进行处置，用于支付重整费用、清偿各类债务和提高宝塔实业的经营能力。
66	天神娱乐	2020	资本公积金转增	以公司现有总股本932,142,900股为基数实施资本公积金转增股本。由资本公积金转增的股票不向原股东分配，预留40,000,000股根据重整计划的规定在二级市场处置变现用于支付破产费用、偿还共益债务以及补充公司流动资金等，剩余股票全部按照重整计划之债权受偿方案的规定用于直接抵偿债务。

续表

序号	公司名称	受理时间（年）	调整方式	出资人权益调整情况
67	力帆实业	2020	资本公积金转增、减资	以力帆实业 1,285,826,279 股流通股为基数，按每 10 股转增 24.99695156 股的比例实施资本公积金转增股本，转增完成后，限售股在满足条件后予以回购注销，注销完成后力帆股份总股本为 4,500,000,000 股。前述转增股票不向股东分配，全部由管理人按照重整计划的规定用于引入满江红基金、产业投资人及清偿债务。
68	飞马国际	2020	资本公积金转增	飞马国际以总股本 1,652,880,386 股为基数，按每 10 股转增 6.1 股的比例实施资本公积金转增股本，转增 1,008,352,388 股股票。该 1,008,352,388 股股票不向原股东进行分配，其中 287,152,602 股由重整投资人有条件受让，剩余股份用于清偿债务。
69	安通控股	2020	资本公积金转增	按每 10 股转增约 19.35 股的比例实施资本公积金转增股票，共计转增 2,877,306,136 股股票。转增后，安通控股总股本增至 4,364,286,051 股。前述转增股票中，383,546,113 股用于解决业绩补偿、资金占用及已依法裁定确认的违规担保等历史遗留问题；97,495,711 股向部分公司股东进行分配；1,310,976,485 股由重整投资人有条件受让；446,088,664 股将通过以股抵债的形式用于清偿安通控股的债务。
70	永泰能源	2020	资本公积金转增	按照每 10 股转增 7.88 股的比例实施资本公积金转增股本，共计转增约 979,196.88 万股股票。转增后，永泰能源总股本由 1,242,579.53 万股增加至 2,221,776.41 万股。前述转增股票不向原股东进行分配，而是全部按照重整计划的规定向债权人进行分配以抵偿债务及支付相关重整费用。

续表

序号	公司名称	受理时间（年）	调整方式	出资人权益调整情况
71	利源精制	2020	资本公积金转增	按每10股转增约19.22股的比例实施资本公积金转增股票，共计转增约23.35亿股股票。转增后，利源精制总股本增至约35.50亿股。前述转增约23.35亿股。转增股票不向原股东进行分配，由全体股东向债权人、重整投资人及财务投资人无偿让渡。重整投资人和财务投资人有条件受让合计13.5亿股转增股票，用于支付重整费用、清偿债务、补充公司流动资金及承接拟剥离低效资产。
72	金贵银业	2020	资本公积金转增	以金贵银业现有总股本960,478,192股为基数，按每10股转增约13.01436股的比例实施资本公积金转增股票，共计转增125,000,896股。全部转增股票不向原股东进行分配，其中：435,000,000股用于引入重整投资人，并由重整投资人有条件受让，合计提供552,450,000.00元资金，用于支付重整费用、清偿各类债务、补充公司流动资金；815,000,896股用于抵偿金贵银业的债务。
73	中南文化	2020	资本公积金转增	按每10股转增约7.292334股的比例实施资本公积金转增股票，共计转增1,013,190,000股，全部为无限售流通股；转增后，公司股本从1,389,390,631股增至2,402,580,631股。前述转增股票不向股东分配，其中368,250,000股出让给重整投资方，408,440,000股出让给财务投资方，161,500,000股用于清偿中南文化债权，75,000,000股提供给中南重工用于清偿中南重工债权。

续表

序号	公司名称	受理时间（年）	调整方式	出资人权益调整情况
74	天翔环境	2020	资本公积金转增	天翔环境现有总股本436,999,190股，重整计划以总股本为基数，按照每10股转增25.50股的比例实施资本公积金转增股本，共计转增1,114,467,761股。转增完成后，天翔环境的总股本增至1,551,466,951股。前述转增股票不向出资人分配，全部由管理人按照重整计划进行分配和处置：其中约6.51亿股用于清偿债务，剩余约4.64亿股在重整计划执行期间拟以不低于1.49元/股的价格引入重整投资人，股票转让价款优先用于支付重整费用和清偿债务，剩余部分用于提高天翔环境的经营能力。
75	贵人鸟	2020	资本公积金转增	以贵人鸟现有总股本为基数，按照每10股转增约15股的比例实施资本公积金转增股票，共计可转增942,903,215股股票，转增股票按照如下出资人权益调整方案进行安排：（1）其中以539,863,989股股票用于有条件引进重整投资人，重整投资人将以支付现金对价等条件受让该等股票。（2）其中403,039,226股股票通过以股抵债的方式，清偿贵人鸟的负债。
76	中孚实业	2020	资本公积金转增	以中孚实业现有总股本1,961,224,057股为基数，按每10股转增10股的比例实施资本公积金转增股本，共计转增1,961,224,057股，转增后中孚实业总股本由1,961,224,057股增至3,922,448,114股。前述转增形成的股票按照以下方式进行分配和处置：（1）转增形成的1,961,224,057股不向原股东分配，全部无偿让渡。（2）无偿让渡股票中的约11.63亿股分配给中孚实业及子公司河南中孚电力有限公司、河南中孚铝业有限公司、河南中孚炭素有限公司、安阳高晶铝材有限公司、林州市林丰铝电有限责任公司的债权人用于清偿债务。（3）剩余部分股票由管理人进行附条件公开处置，股票处置所得用于支付破产费用、偿还共益债务、清偿债务及补充流动资金等。

续表

序号	公司名称	受理时间（年）	调整方式	出资人权益调整情况
77	雅博股份	2021	资本公积金转增	以雅博股份现有总股本745,729,656股为基数，按每10股转增18.44股的比例实施资本公积金转增股本，共计转增约1,375,125,486股股票。转增后，雅博股份总股本增至2,120,855,142股。前述转增股票中，应向控股股东及其一致行动人拉萨纳贤投资合伙企业（有限合伙）、陆某分配的649,454,185股股票由雅博股份以1元的总价格进行回购，用于完成控股股东存在的业绩补偿义务，前述股票回购之后不再注销，雅博股份将该等股票用于清偿负债及引入重整投资人；323,185,413股股票将向在重整计划生效后的执行过程中，以届时选定的股权登记日收盘后公司登记在册的前10名股东之外的全体股东进行分配，该前10名之外的公司股东将按照股权登记日当天收盘后各自持有公司股票数量的相对比例分配该等股票；剩余402,485,888股股票由全体股东无偿让渡，用于清偿负债及引入重整投资人。前述用于清偿负债及引入重整投资人的股票共计1,051,940,073股，其中789,379,580股由重整投资人有条件受让，重整投资人作为受让股票条件之一所支付的现金对价，专项用于根据重整计划的规定偿付债务、支付重整费用及补充公司流动资金；262,560,493股将通过以股抵债的形式用于清偿雅博股份及子公司山东雅百特的债务。

续表

序号	公司名称	受理时间（年）	调整方式	出资人权益调整情况
78	供销大集	2021	资本公积金转增	在供销大集层面，出资人权益调整方案按下述方式实施后，供销大集总股本约1,916,377.73万股。具体方案为：（1）转增股票以供销大集现有股票约598,200.40万股为基数，按照每10股转增34.9股实施资本公积金转增，转增股票约2,088,046.70万股。（2）转增股票的使用：①海航商控及其一致行动人、特定关联方合计持有的281,094.39万股共计转增981,173.23万股股票，全部回填至上市公司，其中：未履行2018年、2019年业绩承诺应注销的109,986.97万股对应转增新股383,914.69万股注销用于履行该等股东2018年、2019年的业绩承诺部分补偿义务；剩余存量股171,107.43万股对应转增597,258.54万股补偿给上市公司，用于解决《自查报告》和《自查报告补充公告》中披露的相关问题对上市公司造成的部分损失，上市公司获得该等股票可用于向债权人分配抵偿上市公司债务、未来引进重整投资人及改善公司持续经营能力。②新合作商贸及其一致行动人合计持有的147,051.15万股在此次转增获得的股票513,288.97万股按如下方式调整，其中：未履行2018年、2019年业绩承诺应注销的110,571.39万股对应转增385,954.68万股注销用于履行该等股东2018年、2019年的部分业绩承诺补偿义务；其余存量股36,479.75万股对应转增127,334.30万股在确定2020年业绩承诺补偿方案且新合作商贸及其一致行动人履行完毕2020年业绩承诺补偿义务前暂不向其分配，待公司相关审议程序确定业绩补偿方案后，根据股东大会决议处置。③其余股东持有的170,054.86万股对应转增新股593,584.49万股，按照同等比例将其中221,185万股给上市公司，用于向债权人分配抵偿上市公司债务、未来引进重整投资人及改善公司持续经营能力，剩余372,399.49万股按照其持股数量相对比例分配该等股票。

第四章　股权融资的法律规制 | 129

续表

序号	公司名称	受理时间（年）	调整方式	出资人权益调整情况
79	海航控股	2021	资本公积金转增	以海航控股现有A股股票约1,643,667.39万股为基数，按照每10股转增10股实施资本公积金转增，转增股票约1,643,667.39万股。转增后，海航控股总股本增至3,324,279.42万股。前述转增形成的约1,643,667.39万股股票不向原股东分配，全部按照重整计划进行分配和处置。其中：(1) 不少于440,000万股股票以一定的价格引入战略投资者，股票转让价款部分用于支付11家公司重整费用和清偿相关债务，剩余部分用于补充流动资金以提高公司的经营能力；(2) 约1,203,667.39万股股票以一定的价格抵偿给11家公司部分债权人，用于清偿相对应的债务以化解11家公司债务风险、保全经营性资产、降低资产负债率。海航控股现有股东持有的存量股票不进行调整。
80	海航基础	2021	资本公积金转增	以海航基础现有A股股票约390,759.25万股为基数，按照每10股转增20股实施资本公积金转增，转增股票约781,518.49万股。前述转增形成的股票中：(1) 约330,000.00万股股票以一定的价格引入战略投资者，股票转让价款部分用于支付21家公司重整费用和清偿相关债务，剩余部分用于补充流动资金以提高公司的经营能力；约158,324.80万股股票以一定的价格抵偿给21家公司部分债权人，用于清偿相对应的债务以化解21家公司债务风险、保全经营性资产、降低资产负债率。(2) 剩余约293,193.70万股中：控股股东及其支配的股东取得的约29,746.78万股注销以履行业绩承诺补偿义务；约149,229.52万股回填上市公司，用于解决海航基础《自查报告》和《自查报告补充公告》中披露的相关问题，回填股票用于抵偿债务；中小股东获得的约114,217.40万股自行保留。完成业绩承诺股份注销后，海航基础总股本约1,142,530.96万股。

续表

序号	公司名称	受理时间（年）	调整方式	出资人权益调整情况
81	松江股份	2021	资本公积金转增	资本公积金转增股本以松江股份现有总股本935,492,615 股为基数，按照每10 股转增26.46628854 股的比例实施资本公积金转增股本，共计转增 2,475,901,748 股。转增完成后，松江股份的总股本由 935,492,615 股增至 3,411,394,363 股。前述 2,475,901,748 股转增股票不向原股东分配，全部由管理人按照重整计划的规定进行分配和处置，具体如下：(1) 转增股票中的 1,400,000,000 股用于引入战略投资者；(2) 转增股票中的 1,075,901,748 股用于向松江股份债权人抵偿债务。
82	康美药业	2021	资本公积金转增、减资	康美药业现有总股本 4,973,861,675 股，其中涉及员工股权激励需回购注销的限售股 34,970,000 股，重整计划以康美药业扣除前述股票后的 4,938,891,675 股为基数，按照每 10 股转增 18 股的比例实施资本公积金转增股票，共计转增股票数 8,890,005,015 股。转增后康美药业总股本增加至 13,863,866,690 股，转增股票按照如下出资人权益调整方案进行安排：(1) 对原控股股东、原实际控制人及关联股东的权益调整转增股票中，应向原控股股东、原实际控制人及关联股东分配的 3,509,415,488 股股票，按照如下方式调整：①其中 2,243,592,703 股专项用于引进重整投资人、通过以股抵债的方式清偿公司负债；②剩余 1,265,822,785 股专项用于解决康美药业资金占用问题，按照 4.74 元/股向康美药业的重整投资人转让该等股票，处置所得资金 60 亿元用于向康美药业偿还原控股股东及其关联方普宁康都药业有限公司、普宁市康淳药业有限公司占用资金。(2) 对其他出资人的权益调整转增股票中，应向除原控股股东、原实际控制人及关联股东以外的全体股东分配的 5,380,589,527股股票，按照如下方式调整：

续表

序号	公司名称	受理时间（年）	调整方式	出资人权益调整情况
				①其中1,113,309,515股股票，向在重整计划生效后的执行过程中，以届时选定的股权登记日收盘后公司登记在册的前50名股东之外的全体股东（不包括原实际控制人）进行分配，该前50名之外的股东将按照股权登记日当天收盘后各自持有公司股票数量的相对比例分配该等股票。②剩余4,267,280,012股按照重整计划规定专项用于引进重整投资人、通过以股抵债的方式清偿负债。③前述具体转增股票的分配比例及分配数量，以重整计划执行阶段的司法协助执行通知书载明的内容及中证登上海分公司实际登记确认的数量为准。(3) 在经过前述出资人权益调整后，合计6,510,872,715股股票，将按照重整计划规定专项用于引进重整投资人、清偿负债，具体安排如下：①以2,879,473,356股股票有条件引进重整投资人，重整投资人以支付现金对价、解决公司资金占用问题并向公司提供业务发展支持为条件受让该等股票。②以3,631,399,359股股票通过以股抵债的方式，清偿康美药业的负债。
83	广州浪奇	2021	资本公积金转增	在广州浪奇现有总股本627,533,125股的基础上，按每10股转增15.69股的比例转增984,887,009股，转增后总股本增加至1,612,420,134股。前述转增股份不向股东分配，其中重整投资人将投入1.50亿元，按照确定重整投资人之日6月8日的收盘价3.69元/股的价格认购40,650,407股转增股份，重整投资人增持后持股比例为14.60%（含原持有的股份）并承诺其持有的股份3年内不减持（向重整投资人同一控制下的关联方转让除外）；剩余的转增股份944,236,602股，用于清偿普通债权人。

续表

序号	公司名称	受理时间（年）	调整方式	出资人权益调整情况
84	东方网络	2021	资本公积金转增	以东方网络现有总股本753,778,212股为基数，按每100股转增69.384138股的比例实施资本公积金转增股票，共计转增523,002,515股股票。转增后，东方网络总股本增至1,276,780,727股。前述转增股票不向原股东进行分配，用于引进重整投资人以及偿还公司对外负债。公司资本公积金转增的523,002,515股股票，其中：部分股票按照5.2元/股的价格采用以股抵债的方式按重整计划规定的债权受偿方案，专项用于清偿东方网络的债务，预计用于抵债的股票约为306,342,584股（含预留的抵债股票数）；以股抵债后剩余股票（含预留抵债股票实际未能使用而剩余部分以及债权人放弃受领的提存抵债股票部分）不超过261,501,257股（含本数）的部分由重整投资人以0.6元/股的对价受让，重整投资人作为受让股票条件所支付的货币对价，专项用于根据重整计划的规定清偿债务、支付重整费用及补充公司流动资金等；以股抵债后剩余股票超过261,501,257股（不含本数）的部分由东方网络选择注销或者在二级市场上出售变现后，用于补充公司流动资金。
85	众泰汽车	2021	资本公积金转增	众泰汽车现有总股本2,027,671,288股。以现有总股本为基数，按每10股转增15股的比例实施资本公积金转增股票，共计转增3,041,506,932股。转增完成后，众泰汽车的总股本由2,027,671,288股增至5,069,178,220股。前述转增股票不向原股东分配，全部按照重整计划的规定进行分配和处理。其中：1,013,835,644股分配给众泰汽车及众泰系8家公司的债权人用于清偿债务；2,027,671,288股由重整投资人江苏深商及/或其指定的关联方和财务投资人有条件受让，重整投资人和财务投资人受让股票所支付的对价部分作为偿债资金用于清偿重整计划规定的债权、部分用于补充流动资金改善经营能力等。

续表

序号	公司名称	受理时间（年）	调整方式	出资人权益调整情况
86	实达集团	2021	资本公积金转增	以实达集团现有总股本622,372,316股为基数，按每10股转增25股的比例实施资本公积金转增股本，共计转增1,555,930,790股。转增后，实达集团的总股本增至2,178,303,106股。前述转增股票不向原股东分配，全部由重整投资人有条件受让，重整投资人提供89,999.8158万元资金用于支付破产费用和共益债务、清偿债务、补充上市公司流动资金及促进上市公司产业升级。
87	索菱股份	2021	资本公积金转增	以索菱股份现有总股本为基数，按每10股转增10股的比例实施资本公积金转增股本，共计转增421,754,014股。转增后，索菱股份总股本增至843,508,028股。前述转增股票不向原股东进行分配，其中180,000,000股用于引入投资人，并由投资人提供资金有条件受让，相应资金根据重整计划的规定用于支付重整费用、清偿各类债务、补充公司流动资金；其余241,754,014股用于直接抵偿索菱股份和广东索菱的债务。
88	华英农业	2021	资本公积金转增	以华英农业现有总股本为基数，按照每10股转增约29.92股的比例实施资本公积金转增股票，共计可转增1,598,598,971股股票，转增后，华英农业总股本增至2,132,890,071股。前述转增股票不向原股东分配，按照如下出资人权益调整方案进行安排：（1）为筹集偿债资源、解决控股股东资金占用及恢复华英农业可持续盈利能力，将在重整计划执行期间内引入重整投资人。转增的股票中，约1,066,635,013股股票由重整投资人分别有条件受让。（2）为整体化解华英农业债务危机，转增的股票中，约531,963,958股股票用于按照重整计划规定的债权受偿方案清偿债权。

续表

序号	公司名称	受理时间（年）	调整方式	出资人权益调整情况
89	华谊嘉信	2021	资本公积金转增	以华谊嘉信现有总股份为基数，按每10股转增3.8股的比例实施资本公积金转增股份，共计转增约255,161,923股股份。华谊嘉信股东霖漉投资（上海）有限公司现持有股份中的11,052,708股股份及实施资本公积金转增后形成的4,200,607股股份进行回购注销，注销后华谊嘉信总股本为922,347,736股，未注销的转增股份数量为250,961,316股。前述未注销的转增股份250,961,316股不向原股东进行分配，根据重整计划部分由重整投资人有条件受让，部分向债权人进行分配以抵偿债务。
90	凯瑞德	2021	资本公积金转增	以凯瑞德现有股本为基数，按每10股转增10.8909股的比例实施资本公积金转增股本，共计转增约191,680,000股股票。转增后，凯瑞德总股本增至367,680,000股。前述资本公积金转增股票191,680,000股不向原股东分配，其中95,580,000股由重整投资人有条件受让；50,000,000股用于清偿债务；46,100,000股由管理人参考二级市场价格予以变现，变现所得用于发展公司业务。
91	华昌达	2021	资本公积金转增、减资	华昌达现有总股本575,716,412股，其中涉及员工股权激励需回购注销的限售股7,210,000股，注销后华昌达总股本为568,506,412股。重整计划以华昌达568,506,412股为基数，按每10股转增15.00423股的比例实施资本公积转增股票，共计转增853,000,096股。转增后，华昌达总股本由575,716,412股增至1,428,716,508股；前述7,210,000股限售股在满足条件后予以回购注销，注销完成后华昌达总股本为1,421,506,508股。前述转增股票不向原股东进行分配，其中：623,000,000股用于引入重整投资人，并由重整投资人提供资金有条件受让，相应资金用于根据重整计划的规定支付重整费用、清偿各类债务及补充公司流动资金等；230,000,096股通过以股抵债的形式用于清偿各类债务。

第四章 股权融资的法律规制 | 135

续表

序号	公司名称	受理时间（年）	调整方式	出资人权益调整情况
92	赫美集团	2021	资本公积金转增	以赫美集团总股本527,806,548股为基数，按每10股转增14.84股的比例实施资本公积金转增，共计转增783,447,973股。转增后，赫美集团总股本由527,806,548股增至1,311,254,521股。前述转增股股票不向原股东分配，全部无偿让渡，用于清偿赫美集团及其核心子公司惠州浩宁达、赫美商业债务，引进重整投资人。
93	恒康医疗	2021	资本公积金转增	资本公积金转增股票以恒康医疗现有总股本1,865,236,430股为基数，按每10股转增7.5股的比例实施资本公积金转增股份，共计转增产生约1,398,927,323股股份，全部为无限售流通股。转增完成后，恒康医疗的总股本由1,865,236,430股增至约3,264,163,753股。资本公积金转增股票的处置：前述转增产生的1,398,927,323股股票不再向恒康医疗原股东分配，由重整投资人有条件受让。其中，825,927,323股股票全部由产业投资人新里程以每股1.27元的价格有条件受让；573,000,000股股票全部由财务投资人以每股1.3元的价格有条件受让。重整投资人支付的全部投资款用于：(1) 清偿重整费用、共益债务和根据重整计划需要一次性现金清偿的其他债务及预留偿债资金；(2) 补充恒康医疗流动资金；(3) 用于向独一味增资。
94	星星科技	2022	资本公积金转增	以星星科技现有总股本957,936,396股为基数，按照每10股转增13.68股的比例实施资本公积金转增股本，共计转增1,310,456,990股。转增后，星星科技总股本增至2,268,393,386股。转增股票不向原股东分配，用于清偿星星科技及其核心子公司债务和引入重整投资人。

续表

序号	公司名称	受理时间（年）	调整方式	出资人权益调整情况
95	安控科技	2022	资本公积金转增	以安控科技现有总股本957,146,344股为基数，按每10股转增6.4816股的比例实施资本公积金转增股本，共计转增620,380,055股，转增后安控科技总股本增至1,577,526,399股。前述转增620,380,055股不向原股东进行分配，其中437,859,476股将由投资人有条件受让，投资人受让前述股票所支付的现金对价，根据重整计划的规定用于支付重整费用、清偿各类债务、补充公司流动资金等；其余182,520,579股用于抵偿安控科技的债务。
96	方正科技	2022	资本公积金转增	以方正科技现有总股本21.95亿元为基数，按照每10股转增9股的比例实施资本公积金转增股票；转增后方正科技的总股本增至41.70亿股。前述转增股票不向原出资人进行分配，其中约12.51亿股用于引入重整投资者，并由重整投资者有条件受让，其余约7.24亿股用于按照重整计划的规定清偿普通债权。
97	尤夫股份	2022	资本公积金转增	在尤夫股份现有总股本437,970,123股的基础上，按每10股转增12.5股的比例转增547,462,654股，转增后总股本增至985,432,777股。重整投资人投入75,100万元，认购276,358,194股转增股份（其中，246,358,194股由产业投资人有条件受让，3000万股由财务投资人有条件受让），产业投资人增持后的持股比例为25%。剩余的转增股份161,611,929股用于清偿普通债权人，79,063,110股用于向除尤夫控股以外的其他原股东分配，30,429,421股用于解决尤夫股份的违规担保等历史遗留问题。

续表

序号	公司名称	受理时间（年）	调整方式	出资人权益调整情况
98	台海核电	2022	资本公积金转增	以台海核电总股本为基数，按每10股转增14股的比例实施资本公积金转增股票，共计转增1,213,880,290股股票。转增后，台海核电的总股本由867,057,350股增至2,080,937,640股。前述转增的1,213,880,290股股票不向原股东分配，全部在管理人的监督下按照重整计划的规定进行分配和处置，其中，约292,923,704股分配给台海核电及烟台玛努尔等三家公司的债权人用于清偿债务，约920,956,586股用于引入重整投资人，由重整投资人有条件受让。
99	雪莱特	2022	资本公积金转增、减资	以雪莱特回购注销部分股权激励股后的总股本762,071,569股为基数，按每10股转增4.6股的比例实施资本公积金转增股本，共计转增350,552,922股股票。转增后，雪莱特总股本增至1,112,624,491股。前述转增股票不向原股东进行分配，其中：不超过60,000,000股转增股票用于清偿债务；按照重整计划清偿债务后剩余的转增股票全部用于按照一定条件引入重整投资人。产业投资人将通过认购转增股票成为雪莱特第一大股东，其实际控制人成为雪莱特实际控制人，剩余股票由财务投资人认购。重整投资人认购股票的价格为1.20元/股，相应对价款将在雪莱特重整计划经法院裁定批准之日起15日内完成支付，用于根据重整计划的规定支付重整费用、偿付债务及补充公司流动资金。

续表

序号	公司名称	受理时间（年）	调整方式	出资人权益调整情况
100	天马股份	2022	资本公积金转增	天马股份现有总股本1,218,807,125股。以天马股份现有总股本为基数，按每10股转增约6.28股的比例实施资本公积金转增股票，共计转增765,200,000股股票。转增完成后，天马股份的总股本由1,218,807,125股增至1,984,007,125股。前述转增股票不向原股东分配，全部按照重整计划的规定进行分配和处理。其中：345,900,000股分配给天马股份的债权人用于清偿债务；419,300,000股由重整投资人有条件受让，重整投资人受让股票所支付的对价部分作为偿债资金用于清偿重整计划规定的破产费用、共益债务和普通债权，部分用于补充流动资金、改善经营能力等。
101	中安科	2022	资本公积金转增、让渡	以中安科现有总股本1,283,020,992股为基数，按照每10股转增11.90143433股的比例实施资本公积金转增股本，共计转增1,526,979,008股股票。转增后，中安科总股本由1,283,020,992股增至2,810,000,000股。前述资本公积金转增形成的1,526,979,008股股票不向原股东分配，全部用于清偿债务和引入重整投资人，其中：726,979,008股股票以4.30元/股的价格抵债给债权人，用于清偿对应的债务以化解中安科债务风险、保全经营性资产、降低负债率；800,000,000股股票用于引入重整投资人，重整投资人支付的价款部分用于支付中安科破产费用和清偿相关债务，剩余部分则用于补充流动资金以提高公司经营能力。此外，中恒汇志因盈利预测未完全实现而触发的业绩补偿方式和补偿股票数已由中安科2015年第三次临时股东大会、2016年年度股东大会和2018年第二次临时股东大会决议确认，故对于本应由中恒汇志补偿给原股东的176,751,344股股票，让渡至中安科作为偿债资源的一部分。

续表

序号	公司名称	受理时间（年）	调整方式	出资人权益调整情况
102	博天环境	2022	资本公积金转增、减资	以博天环境 415,079,056 股总股本为基数（博天环境现有总股本 417,784,056 股，其中包括后续需要回购注销的限制性股票 2,705,000 股，注销完成后，博天环境总股本由 417,784,056 股变更为 415,079,056 股），按每 10 股转增 13.27 股的比例实施资本公积金转增股本，共计转增 550,711,745 股。转增后，博天环境总股本增至 968,495,801 股（扣除应回购注销的限制性股票后，总股本为 965,790,801 股）。前述转增 550,711,745 股股票不向原股东进行分配，其中 160,000,000 股用于引入重整投资人，并由重整投资人提供资金受让，相应资金用于根据重整计划的规定支付破产费用、清偿各类债务、补充公司流动资金等；其余 390,711,745 股用于抵偿博天环境的债务。
103	奥瑞德	2022	资本公积金转增	以奥瑞德股份现有总股本 1,227,326,240 股为基数，按每 10 股转增 15 股的比例实施资本公积金转增股本，共计转增约 1,840,989,360 股股票。转增后，奥瑞德股份总股本增至约 3,068,315,600 股。转增股票中控股股东等业绩补偿义务人的约 604,158,086 股股票需由上市公司 1 元回购，回购的股票用于引入重整投资人；其他股东的约 1,236,831,275 股股票无偿让渡，用于引入重整投资人。
104	金一文化	2023	资本公积金转增	以金一文化现有股本并剔除回购专用证券账户中股票后的股本数 949,778,077 股为基数，按每 10 股转增 18 股的比例实施资本公积金转增股本，共计转增约 1,709,600,538 股股票。转增后，金一文化总股本增至 2,669,526,415 股。前述转增的 1,709,600,538 股股票不再向现股东分配，其中 854,800,269 股用于引入重整投资人，并由重整投资人提供资金受让，相应资金用于根据重整计划的规定支付破产费用、清偿各类债务、补充公司流动资金等；其余 854,800,269 股用于抵偿金一文化的债务。

续表

序号	公司名称	受理时间（年）	调整方式	出资人权益调整情况
105	正邦科技	2023	资本公积金转增	以正邦科技总股本为基数（扣除股份回购形成的存量股以及未完成回购注销的限制性股票），按每10股转增16.23股的规模实施资本公积金转增股本，共计转增57亿股股票。转增股票不向原股东分配，全部用于引入重整投资人以及清偿正邦科技及协同重整子公司债务。
106	西宁特钢	2023	资本公积金转增	以西宁特钢现有A股总股本为基数，按每10股转增21.1459股的比例实施资本公积金转增股票，共计转增约2,209,996,605股A股股票，转增后西宁特钢总股本由1,045,118,252股增至3,255,114,857股。前述转增股票不向股东分配，全部在管理人的监督下按照重整计划的规定进行分配和处置，其中：1,124,910,000股由重整投资人有条件受让，1,027,265,275股分配给西宁特钢的债权人用于清偿债务，不超过57,821,330股提供给矿冶科技用于向其债权人分配以清偿债务。
107	当代文体	2023	资本公积金转增	当代文体现有总股本583,093,123股，按照每10股转增25股的比例实施资本公积金转增股本，共计转增1,457,732,808股，转增后当代文体的总股本由583,093,123股增至2,040,825,931股。前述转增股票中，612,043,697股由重整投资人有条件受让，845,689,111股通过以股抵债的形式用于清偿当代文体的债务。
108	洲际油气	2023	资本公积金转增	以现有总股本2,263,507,518股为基数，按每10股转增约8.33股的比例实施资本公积金转增股票，共计转增约1,885,501,762股股票，转增后总股本增加至4,149,009,280股。前述1,885,501,762股转增股票不向原股东分配，均用于此次重整，其中：802,168,428股转增股票用于抵偿洲际油气的债务；1,083,333,334股转增股票由重整投资人有条件受让，重整投资人受让前述股票所支付的现金对价将根据重整计划的规定用于支付破产费用和共益债务、清偿各类债权、补充公司流动资金等。

第四章　股权融资的法律规制 | 141

续表

序号	公司名称	受理时间（年）	调整方式	出资人权益调整情况
109	京蓝科技	2023	资本公积金转增	以京蓝科技现有总股本1,023,667,816股为基数，按每10股转增约17.90921股的比例实施资本公积金转增股本，共计转增1,833,308,407股股票，转增股票不向原股东进行分配，全部按照重整计划的规定进行分配和处置，其中1,233,000,000股股票用于引入重整投资人、600,308,407股股票用于实施债转股。此外，鉴于京蓝科技实际已经严重资不抵债，为维护全体债权人利益，京蓝科技已完成回购的9,652,607股业绩补偿股份全部用于实施债转股，不再注销。
110	广田集团	2023	资本公积金转增	以总股本1,537,279,657股为基数，按照每10股转增14.40股的比例实施资本公积金转增股本，转增2,213,682,706股股票。该等转增的股票不向原股东进行分配，其用途如下：（1）合计897,772,449股股票用于向广田集团普通债权人抵偿债权，偿债股票的价格为10.50元/股。（2）本案由特区建工集团作为产业投资人，高新投集团、前海基础基金及中原信托作为财务投资人共同参与本案的重整投资。因此，除前述用于向普通债权人抵偿债务的股票外，剩余1,315,910,257股股票由重整投资人分别受让并支付相应对价，合计占重整后广田集团总股本35.08%。
111	凯撒旅业	2023	资本公积金转增	现有总股本803,000,258股，扣除拟注销的库存股1,105,800股，拟以801,894,458股为基数，按照每10股转增10股的比例实施资本公积金转增股票；转增后凯撒旅业的总股本增至1,603,788,916股（假设库存股已完成注销程序）。前述转增股票不向原出资人进行分配，其中634,000,000股用于引入重整投资人，其余167,894,458股用于按照重整计划的规定清偿各类债权。

续表

序号	公司名称	受理时间（年）	调整方式	出资人权益调整情况
112	商业城	2023	资本公积金转增	以商业城现有总股本231,574,918股为基数，按每10股转增8.5股的比例实施资本公积金转增股本，共计转增196,838,681股。转增后，商业城总股本增至428,413,599股。前述资本公积金转增的196,838,681股股票不向原股东进行分配，全部用于引入重整投资人和清偿债务，其中80,357,144股用于引入重整投资人，并由重整投资人提供资金受让，相应资金用于根据重整计划的规定支付破产费用、清偿各类债务、补充公司流动资金等；其余116,481,537股用于清偿商业城的债务以化解债务风险、降低资产负债率。
113	全筑股份	2023	资本公积金转增	以上海三中院裁定批准全筑股份重整计划之日的全筑股份总股本667,843,529股为基数（扣除拟注销的10,559,800股库存股），按每10股转增约9.71919股的比例（保留到小数点后五位）实施资本公积金转增股票，共计转增649,089,991股，转增后全筑股份总股本由678,403,329股（含拟注销的10,559,800股库存股）增至1,327,493,320股（含拟注销的10,559,800股库存股）。转增的全筑股份股票作为重整资源用于清偿债务及引进重整投资人，不再向原股东分配；其中：562,600,000股全筑股份转增股票由重整投资人支付现金受让，现金对价为7.10亿元；剩余的全筑股份转增股票全部用于清偿全筑股份普通债权（按照6元/股）。
114	新华联文旅	2023	资本公积金转增	以新华联文旅1,896,690,420股总股本为基数，按每10股转增20.9582股的比例实施资本公积金转增股本，共计转增3,975,124,620股。转增后，新华联文旅总股本增至5,871,815,040股。前述转增的3,975,124,620股股票不向原股东进行分配，其中1,726,700,000股用于引入重整投资人，并由重整投资人提供资金受让，相应资金用于根据重整计划的规定支付破产费用、清偿各类债务、补充公司流动资金等；其余2,248,424,620股用于抵偿新华联文旅及2家核心子公司的债务。

续表

序号	公司名称	受理时间（年）	调整方式	出资人权益调整情况
115	东方海洋	2023	资本公积金转增	东方海洋的原控股股东及原实际控制人，应当对东方海洋的经营亏损承担主要责任，为此附条件削减原控股股东及原实际控制人持有的全部股份，合计0.23亿股。如重整计划经法院裁定批准前原控股股东及原实际控制人持有的股份质押、查封得以解除，在重整计划执行期间对原控股股东及原实际控制人持有的股份进行削减，用于部分解决东方海洋非经营性资金占用问题。如重整计划经法院裁定批准前股份质押、查封仍无法解除，则不再进行削减，由重整投资人兜底清偿非经营性资金占用，在重整计划执行完毕后由质权人、重整投资人就该部分股权自行协商处置。以东方海洋现有总股本为基数，按每10股转增约15.9股的比例实施资本公积金转增股票，共计转增12亿股股票。转增后，东方海洋总股本增至19.56亿股（最终转增的准确股票数量以中证登深圳实际登记确认的数量为准）。前述转增的股票不向原股东进行分配，其中，不低于0.52亿股股票用于通过以股抵债的方式清偿东方海洋除违规担保类债权以外的部分负债（包括预计负债）；计划1亿股股票用于通过以股抵债的方式清偿东方海洋违规担保类债权。重整投资人在人民法院裁定批准重整计划前收购该部分债权并豁免东方海洋的清偿义务。未能豁免的债权按照重整计划规定的普通债权清偿方案进行清偿。用于清偿重整投资人收购并豁免的违规担保类债权的股票，由重整投资人有条件受让；10.48亿股股票由重整投资人有条件受让。重整投资人作为受让股票条件之一所支付的现金对价，专项用于根据重整计划的规定偿付债务、支付重整费用及补充公司流动资金、部分解决非经营性资金占用及违规担保问题。

续表

序号	公司名称	受理时间（年）	调整方式	出资人权益调整情况
116	豆神教育	2023	资本公积金转增	以现有总股本为基数，按每10股转增13.8股的比例实施资本公积转增股份，共计转增产生1,198,288,012股股份。转增后，豆神教育的总股本由868,324,647股增至2,066,612,659股。其中：(1)转增的股份中902,125,385股股份由重整投资人有条件受让，重整投资人以支付现金对价、提供业绩承诺等为条件受让该等股份。(2)剩余转增股份用于清偿债务。
117	中捷资源	2023	资本公积金转增	以中捷资源现有总股本687,815,040股为基数，按照每10股转增约7.525232股的比例实施资本公积金转增，合计转增517,596,819股，转增后公司总股本上升至1,205,411,859股。具体安排如下：(1)应向控股股东玉环恒捷及首任实际控制人蔡某某分配的105,688,798股全部无偿让渡用以清偿违规担保债务；(2)剩余411,908,021股向资本公积金转增股本股权登记日登记在册的除控股股东玉环恒捷及首任实际控制人蔡某某以外的其他全部股东进行分配。各股东以届时各自持有公司股票的数量为基数，按照每10股转增约7.525232股的比例获得转增股票。
118	广东榕泰	2023	资本公积金转增	以广东榕泰现有总股本704,033,281股为基数，按每10股转增11股的比例实施资本公积金转增股票，共计转增774,436,609股。转增后，广东榕泰总股本增至1,478,469,890股。前述转增股票不向原股东进行分配，其中约709,436,609股股票由重整投资人有条件受让，重整投资人受让股票所支付的现金对价，专项用于清偿债务、支付破产费用、共益债务及补充公司流动资金等；其中约65,000,000股股票通过以股抵债的方式分配给广东榕泰的债权人。

续表

序号	公司名称	受理时间（年）	调整方式	出资人权益调整情况
119	步步高	2023	资本公积金转增	以步步高股份扣除注销库存股23,685,298股后的总股本840,218,653股为基数，按照每10股转增22股实施资本公积金转增股票，共计转增约1,848,481,036股股票，转增后步步高股份总股本增至2,688,699,689股，转增股票不向原股东进行分配。全部在管理人的监督下按重整计划的规定进行分配和处置，其中1,175,316,633股转增股票由投资人有条件受让，673,164,403股转增股票用于按照重整计划的规定支付相关重整费用及清偿各类债权。
120	红太阳	2024	资本公积金转增	以红太阳股份现有股本580,772,873股为基数，按每10股转增12.35股实施资本公积金转增，共计转增717,254,498股。转增后，红太阳股份总股本从580,772,873股增至1,298,027,371股。前述转增股票用于偿还上市公司债务、向普通债权人分配以抵偿上市公司债务、由重整投资人有条件受让以及向除控股股东及关联股东以外的其他全部股东无偿分配。
121	花王股份	2024	资本公积金转增	以镇江中院裁定批准花王股份重整计划之日的花王股份总股本406,847,052股为基数，按每10股转增约11.55346股的比例实施资本公积金转增股本，共计转增470,049,049股，转增后花王股份总股本由406,847,052股增至876,896,101股。转增股票中，377,065,323股花王股份转增股票（包括原应向控股股东花王集团分配的20,000,000股）由重整投资人支付现金受让，现金对价约为5.077亿元；43,201,997股向资本公积金转增股本股权登记日登记在册的除控股股东花王集团以外的其他全部股东进行分配，各股东以届时各自持有公司股票的数量为基数，按照每10股转增约1.55346股的比例获得转增股票；剩余49,781,729股通过以股抵债的形式用于清偿花王股份的债务。

续表

序号	公司名称	受理时间（年）	调整方式	出资人权益调整情况
122	文投控股	2024	资本公积金转增	以文投控股现有总股本1,854,853,500股为基数，按每10股转增约11.88773股的比例实施资本公积金转增股本，共计转增2,205,000,000股股票。转增完成后，文投控股总股本增至4,059,853,500股。转增股票不向原出资人进行分配，全部按照重整计划的规定进行分配和处置，其中1,000,000,000股转增股票用于引入重整投资人，剩余1,205,000,000股转增股票用于公司清偿债务。
123	东方园林	2024	资本公积金转增	以现有总股本2,685,462,004股为基数，按照每10股转增12.34股的比例，实施资本公积金转增股本，预计转增3,313,860,113股。转增完成后，东方园林的总股本约增至5,999,322,117股。前述转增股票不向原股东分配，全部由管理人按照下列规定进行分配和处置：（1）转增股票中11亿股用于引入重整投资人；（2）转增股票中约15.14亿股用于清偿债务；（3）剩余7亿股转增股票作为预留股份，用于在未来引入投资人，所得资金用于解决职工等历史遗留问题、信托项下平台公司为实现债权人利益而必需的初始启动资金等，如有剩余将补充流动资金，用于东方园林生产经营及未来发展需要，逐步恢复持续经营和盈利能力，实现抵债股票的保值增值；预留股份引入投资人价格不低于1.00元/股。
124	傲农生物	2024	资本公积金转增、减资	以傲农生物现有总股本为基数（扣除未完成回购注销的限制性股票），按每10股转增20股的规模实施资本公积金转增股本，共计转增1,735,307,884股股票。转增股票不向原股东分配，全部用于引入重整投资人以及清偿傲农生物债务。

续表

序号	公司名称	受理时间（年）	调整方式	出资人权益调整情况
125	中通国脉	2024	资本公积金转增	以中通国脉现有总股本1.43亿股为基数，按照每10股转增18股的比例实施资本公积金转增股票；转增后中通国脉的总股本增至约4.01亿股。前述转增股票不向原出资人进行分配，其中约2.13亿股用于引入重整投资人，其余约0.45亿股用于按照重整计划的规定清偿普通债权。
126	有棵树	2024	资本公积金转增	以有棵树公司现有总股本42,210.73万股为基数，按照每10股转增12股实施资本公积金转增股本，共计转增50,652.88万股，转增后公司总股本为92,863.61万股。该部分转增股票由全体股东无偿让渡，其中：（1）18,572.72万股股票由产业投资人受让，受让价格为1.95元/股。（2）23,004.29万股股票未来用于引入财务投资人。（3）7075.87万股股票用于按照重整计划的规定向债权人分配以清偿债务，以股抵债价格为10元/股。（4）2000万股股票作为预留偿债资源，用于后续清偿破产费用及未申报债权。
127	中利集团	2024	资本公积金转增	以中利集团现有总股本871,787,068股为基数，按照每10股转增24.50股的比例实施资本公积金转增股本，共计转增2,135,878,317股股票。转增后，中利集团总股本由871,787,068股增至3,007,665,385股。前述资本公积金转增形成的约2,135,878,317股股票不向原股东分配，全部用于清偿债务和引入重整投资人，其中：347,864,578股股票用于抵偿中利集团债务以及为协调审理下级公司提供股票偿债资源；601,533,077股股票由产业投资人以0.79元/股的价格有条件受让；1,186,480,662股股票由财务投资人以0.80元/股的价格有条件受让。

续表

序号	公司名称	受理时间（年）	调整方式	出资人权益调整情况
128	汉马科技	2024	资本公积金转增	以汉马科技现有总股本 654,314,844 股为基数，按照每 10 股转增 14.5 股的比例实施资本公积金转增股票。转增后，汉马科技的总股本增至 1,603,071,367 股。前述转增股票不向原出资人进行分配，其中 515,385,607 股用于按前述方案引入重整投资人，其余 433,370,916 股用于按照重整计划的规定清偿汉马科技及其 5 家子公司的普通债权。
129	合力泰	2024	资本公积金转增	以合力泰现有总股本 3,116,416,220 股为基数，按每 10 股转增 14 股的比例实施资本公积金转增股本，共计转增 4,362,982,708 股。转增后，公司总股本增至 7,479,398,928 股。前述转增股票不向原出资人进行分配，其中 17.99 亿股由重整投资人有条件受让，重整投资人作为受让股票条件之一所支付的现金对价，根据重整计划的规定专项用于支付重整费用、清偿各类债务、补充公司流动资金；19.41 亿股通过以股抵债的形式用于清偿合力泰及子公司江西合力泰债务；6.23 亿股作为预留偿债资源，用于妥善处理公司历史遗留问题产生的相关债务，该部分股票若最终未使用将予以注销。

资本公积金转增的对象主要包括债权人、原股东和重整投资人三大类主体，以及这三类主体的组合。在 96 家采用资本公积金转增股份的重整上市公司中，绝大部分上市公司转增股票用于引入重整投资人和向债权人清偿债务，只有少数上市公司将部分转增股份用于向原股东分配。据统计，在这 96 家上市公司中，转增股份全部用于向债权人清偿债务的有 18 家，占总数的 18.75%；全部用于引入重整投资人的有 12 家，占总数的 12.5%；同时向债权人和重整投资人转增股份的有 66 家，占总数的 68.75%，其中银亿股份、雅博股份、康美药业、海航基础、尤夫股份、中捷资源、红太阳、花王股份 8 家上市公司的转增对象为债权

人、重整投资人和原股东（主要是控股股东以外的股东或中小股东）。（见表4-1）

债权人获取转增股份的目的主要是清偿债权，重整投资人和原股东获取转增股份的目的主要在于取得公司的控制权。此外，转增股份也常在处分变现后用于改善重整企业的经营能力，典型的如中基实业、锌业股份、霞客环保、厦工股份、供销大集、海航基础、安控科技等破产重整案件。根据厦工股份公布的重整计划，其出资人权益调整方案中载明：按每10股转增8.5股的比例转增，转增股票不向原股东分配，全部用于偿付债务和补充厦工股份生产经营所需资金。中基实业也有类似出资人权益调整方案：资本公积金转增的股份将在管理人的监督下使用，用于支付或抵偿重整费用、共益债务、职工债权、有财产担保的债权和部分普通债权，以及引入重组方以改善公司持续经营能力。

3. 资本公积金转增股份的除权规则

除权规则是否调整是重整企业与正常经营企业的重要区别，也是影响运用资本公积金转增方式进行融资的重要因素。对于正常经营的企业而言，在资本公积金转增股份和配股等情形下，公司总股本增加，但公司的净资产没有变化，这必然导致每股股票所代表的净资产减少。从会计角度来看，转增是将资本公积金转为股本账户，上市公司的收益没有变化，所有者权益也没有增加。为了使股票的价格真实地反映股票的价值，就需要通过除权的方式相应调低股价。为此，我国的上海证券交易所和深圳证券交易所均规定了转增股份的除权规则。《上海证券交易所交易规则》第4.3.1条和《深圳证券交易所交易规则》第4.4.1条均规定："上市证券发生权益分派、公积金转增股本、配股等情况，本所在权益登记日（B股为最后交易日）次一交易日对该证券作除权除息处理，本所另有规定的除外。"同时，《上海证券交易所交易规则》第4.3.2条和《深圳证券交易所交易规则》第4.4.2条还规定了除权（息）参考价计算公式：除权（息）参考价=〔（前收盘价－现金红利）+配股价格×股份变动比例〕÷（1+股份变动比例）。

对于重整企业而言，是向债权人和重整投资人转增股份，还是向原股东转增股份，除权规则应有所区别。如果是向原股东转增股份，公司的收益情况、股东权益情况和资产负债情况并无变化，因此在除权规则上没有特殊性，仍须按照正常企业转增股份进行除权。但是对于向债权人和重整投资人转增股份的情况，在除权规则上与正常经营的企业应有所区别。

向债权人转增的股份，相当于转增股份用于清偿债务，此时重整企业的债权人获得股权是以支付债权为对价，从会计角度来看，这意味着重整企业的负债减少、所有者权益增加，因此每份股票代表的净资产也有所增加。对于原股东而言，由于没有分配股票，因此股东权益也未被稀释。与此同时，重整企业财务状况的变化也将对经营状况产生一定的积极影响，这对股票价值和股票价格的提升都是利好。因此，对于重整程序中债转股的转增股份，如果仍适用正常企业的除权规则不具有必要性与合理性。

《公司法》《证券法》调整的是常态下债转股的投资行为，而《企业破产法》调整的是债务人丧失清偿能力的非常态下的债转股的清偿行为，两者之间难免会出现调整落差。此时法律适用的重点，应是调整非常态下困境企业债转股的破产法，要依据立法宗旨与法律原则把握正确的权益平衡。[1] 对于上市重整企业的除权规定，我国《企业破产法》和相关司法解释也没有涉及，但是从破产法的基本原则和立法精神来看，应当设计并适用特殊的规则，即因债转股而发生的转增股份，在符合法定要件和法定程序的基础上，不适用证券交易的除权规则。

对于向重整投资人转增股份，即使在操作上是先将股份分配给股东后，再由原股东无偿让渡给战略投资人，但是重整投资人并不是无偿取得转增的股份，而是在市场询价、评估作价或者公开竞价等方式的基础

---

[1] 参见王欣新：《企业重整中的商业银行债转股》，载《中国人民大学学报》2017年第2期。

上,并且是向重整企业支付了对价以后才取得相应股份。这种接近市价的资本公积金转增基本保持了原有股东的总投资成本,不属于股本增加而所有者权益未发生变化的情形。因此,向重整投资人转增股份也不应适用除权规则。

我国司法实践中,首例调整资本公积金转增股份除权规则的案件是重庆钢铁股份有限公司破产重整案。该案确定了上市公司以股偿债案件中的除权新规则:重整程序中,上市公司以资本公积金转增形式进行以股偿债,并且转增的股票未向原股东增发的,可申请调整资本公积金转增除权参考价格的计算公式。

二、减资

减资又称缩股,是较为常见的股东权益调整方式,操作上主要通过注销股份、合并股份或者减少每股金额的方式,运用会计手段调节公司净资产,抵消本应弥补的公司亏损。实践中,由于减资本身不改变公司净资产,也不能直接清偿债务,所以通常会与增资、股份让渡等其他出资人权益调整方式配合使用。我国《企业破产法》没有对重整企业减资以及如何减资作出规定,甚至包括减资在内的出资人权益调整方案,也未被列为该法第81条规定的重整计划草案的必备条款。

(一)减资的依据

从公司资本制的角度来看,公司资本是指公司纯财产额中应保留于公司、用以担保公司债务的一定金额,它既是公司会计的基准,也是公司信用的基础。因此,在正常情况下,公司资本原则上不得任意减少。当企业陷入困境,净资产减少,甚至资不抵债时,则有必要进行减资使公司资本与实际资产相匹配。对于企业减资,我国《公司法》不仅在程序上要求须经代表2/3以上表决权的股东表决通过,还在实体上规定应根据债权人的要求清偿债务或者提供担保。但是《公司法》适用于正常经营企业，而重整企业是陷入困境的企业，不应受到上述条件的限制。

从绝对优先原则来看，重整程序通常对债权进行调整，企业进行重整的原因即是不能清偿债务，如果要求重整企业全额清偿债务，无异于扼杀企业的重整可能性。美国《破产法典》确定了债权优先于股权的"绝对优先原则"，我国《企业破产法》虽然没有直接规定债权绝对优先于股权的原则，但是从立法目的上可以推论，并且将股权作为劣后权益保护也是司法实务中的共识。由于公司重整的最大受益者是公司股东，重整计划在调整债权人的优先权益时，当然有必要对股东的权益进行调减。

从有利于公司重整的角度来看，减资的一个重要目的是便于引进投资人，减少利害关系人和社会经济的损失，提高重整成功的可能性。公司的股本规模与投资人重整的成本和风险呈正相关，如果股本规模过大，投资人参与重整的信心和积极性就会下降。因此，为吸引投资人参与重整，谋求债务人有效重建，有必要对公司的资本额进行缩减，以降低重整的难度和成本。

从规制股东不当行为的角度来看，由于公司治理结构不完善、内部人控制问题突出及董事会功能不健全等现象，实践中控股股东挪用公司资金、违规进行担保的行为时有发生。对于不诚信控股股东损害公司利益的，应当追究其责任。但是在重整程序中，可否依此加重其股权调整比例，我国《企业破产法》没有规定。2012年《最高人民法院关于审理上市公司破产重整案件工作座谈会纪要》强调通过调整股权的方式，对上市公司控股股东的违规行为进行惩罚和规制。2024年12月31日，最高人民法院会同中国证券监督管理委员会印发《关于切实审理好上市公司破产重整案件工作座谈会纪要》，规定控股股东、实际控制人及其他关联方违规占用上市公司资金、利用上市公司为其提供担保的，原则上应当在进入重整程序前完成整改；上市公司有《企业破产法》第2条规定情形的，上市公司控股股东、实际控制人及其他关联方实施破产重整、和解或者清算时,不得无偿占用上市公司资源清偿债务或者损害上市公司及中小投资者合法权益;上市公司控股股东、实际控制人及其他关联方破产的,不得导致契约型基金、信托计划或者资产管理计划等成为上市公司控股股东、实际控制人或者第一大股东。

(二) 减资的比例

立法对减资的比例未作规定,司法实践中主要根据重整企业的情况设置减资比例,但是容易导致减资的随意性问题。例如,在表4-1中所列的10家采取减资方式调整出资人权益的重整上市公司中,北亚实业和华源股份2家公司采取的是全体股东同比例缩股的方式,北亚实业全体股东按照每10股缩为2.8股的比例进行缩股,而华源股份全体股东的缩减比例为25%;贤成矿业采取的是不同比例的缩股方式,对股东西宁国新和张某按照98%的比例实施缩股,对股东陈某某按照90%的比例实施缩股,对其他股东按照84%的比例实施缩股;坚瑞沃能、力帆实业、康美药业、雪莱特、华昌达、博天环境、傲农生物7家公司是对未完成业绩承诺的补偿义务人的股份、股权激励的股份或者限制股进行回购注销。(见表4-1)

2024年《关于切实审理好上市公司破产重整案件工作座谈会纪要》对出资人权益调整作了规定,但是规制的主体仅仅是在重整程序之前因过错造成公司损害的控股股东、实际控制人及其关联方。诚然,对损害公司利益的控股股东及实际控制人的股权进行核减,符合权责一致原则,也可以平衡股东与债权人、控股股东与一般股东的利益。但是对于不是因为过错损害公司利益,而是因为决策失误导致公司经营不善的控股股东和实际控制人,是否也要进行减资,该纪要没有涉及。此外,该纪要对出资人权益调整方式也未作规定,而是赋予法官自由裁量权。

韩国法律对于股东减资比例分层分类进行了规定,可为我国修改法律提供参考。韩国《统一倒产法》第205条第3款和第4款,分别对一般情形下的减资比例和特殊情形下的减资比例作出了具体规定,即通常情形下应注销 1/2 以上的股份,而对于董事、经理等重大责任导致破产重整的,应当注销相关人 2/3 以上的股份。[1] 韩国《统一倒产法》第 205 条第 4 款的规定,因涉及是否违宪的问题而引发争议,但韩国"宪法裁判所"对此予以支持,并在决定中指出:"由导致公司面临倒产的不诚实经营股东承担经营责任是不可避免的,上述条款仅限在'重大责任''相应的影响力'等要件充足的情形规定注销不诚实经营股东的股份,而且其注销范围非全部股份而是 2/3 以上的股份,并且《公司重整法》备有对以不诚实经营股东的股份注销为内容的重整计划案的不服方法。借鉴这些情况与规定公司重整程序的目的、不诚实经营股东所持有的股份的性质及财产权的行使需适合于公共福利的《宪法》第 23 条第 2 款之宗旨等,即使注销不诚实经营股东的 2/3 以上的股份,也不能视为作为不诚实经营股东的主要权利的财产权利达到空洞化的程度而其本质内容受到了侵害。上述注销条款便于第三人收购重整公司,谋求重整公司的迅速、有效的重整、再建,使包括重整债权人在内的利害关系人与国家社会的全部经济损失最小化,为防止进行不诚实经营的支配股东恶意利用《公司重整法》的正当性认定……将在背后参与公司经营导致公司面临倒产的不诚实经营股东与一般股东做相同的处理,则前者有可能继续恶意利用经营权,第三人难于收购公司,无法达成迅速、有效的重整公司的重整、再建,因此即使对前者做出比一般股东不利的待遇,也不能视为无合理的理由而对其做出差别待遇的情况。"[2]

三、股份让渡

股份让渡是一种灵活的融资方式,也是上市公司常用的出资人权益调整方式。其实质是股权的强制转让,具体指的是在重整程序中,强制

---

[1] 参见郑志斌:《公司重整制度下股东权变异研究》,吉林大学 2011 年博士学位论文。
[2] 金星均:《韩国公司重整制度立法的研究——与中国〈企业破产法(草案)〉相关规定比较》,中国政法大学 2006 年博士学位论文。

将股东的股权无偿或者有偿地让与给债权人或者投资人，以清偿公司债务或者作为投资人注资的对价。在129家裁定终结重整程序的上市公司中，有33家上市公司采取股份让渡的方式，占总数的25.58%。（见表4-1）

（一）股份让渡的主体

关于股份让渡的主体，实践中主要分为特定股东让渡股份和全体股东让渡股份两种方式。特定股东让渡股份主要适用于股权结构比较集中的公司，因为在这类公司中大股东让渡部分股权就可以满足重组方的要求。比如，在星美联合股份有限公司破产重整案件中，即是由全体非流通股股东让渡50%的股份，而流通股股东的股份不作调整；在庞大汽贸集团股份有限公司破产重整案件中，庞大集团及其关联自然人无偿让渡其所持的210,624.17万股股票，由重整投资人及其关联方有条件受让。全体股东让渡股份主要适用于股权结构比较分散的公司，由于在这类公司中部分股东让渡股权不能达到重组方的持股要求，所以通常需要全体股东对股份进行让渡。实践中，大部分重整上市公司采取的是全体股东让渡股份的方式，比较典型的如山东海龙股份有限公司、金城造纸股份有限公司、深圳中华自行车（集团）股份有限公司等。

（二）股份让渡的比例

关于股份让渡的比例，实践中主要有全体股东同比例让渡和大小股东不同比例让渡两种。鉴于大股东或非流通股股东对公司陷入困境负有更大责任，绝大部分公司根据股东持股数量的不同，对让渡的比例也进行了区分。比如，在山东海龙第一大股东让渡78%，第二大股东让渡30%，第三大股东所持股票全部依法拍卖后，由受让方无偿让渡25%，第四大股东让渡50%，其他股东让渡25%；金城股份第一大股东按照30%的比例让渡；其他股东按照22%的比例让渡；深中华全体股东无偿让渡8%的股份，第一、二大股东增加2个百分点。在33家采取股份让渡的重整上市公司中，仅有四川金顶、锌业股份等极少数上市公司选择了全体股东同比例让渡的方式。

（三）股份让渡的程序

关于股份让渡的程序，可以分为需经股东表决的股份让渡和无需股东表决的股份让渡。这种分类方式的基础在于公司是否资不抵债。如果公司已经资不抵债，意味着公司没有净值，股东没有权益，因此股东实质上没有表决重整计划草案的权利。如果公司的资产大于负债，或者公司的股东贡献了"新价值"，通常意味着公司有净值或者股东尚有权益，在这种情况下，设出资人组对包含股份让渡条款的重整计划草案进行表决更加合适。问题在于，重整程序的其他组别表决通过了重整计划，而只有出资人组不同意股东权益调整方案，法院应当如何把握强裁的尺度。这个问题需要回归重整制度的设置目的，企业重整的根本目的在于企业的拯救和事业的存续，虽然股东在公司仍有权益，但是相比较企业重整的目的，法院应当突出对公司事业的维系和债权人利益的保障，在遵循股东权益调整基本原则的基础上，对包含股东权益调整内容的重整计划草案原则上裁定批准。

四、债转股

司法实践中，越来越多的重整企业采用债转股的方式降低负债率、提高清偿率、优化财务结构、提升融资能力，从而使企业成功地恢复经营能力、实现重整更生。但是，在转股对象的选择、转股债权的认定、债转股的审查和批准、债转股的退出机制等方面，还存在不明确、不规范或者有争议的问题，需要在制度上予以完善，在实务中予以解决。

（一）我国债转股的历程

债转股又称为"以股抵债"或者"以债作股"，指的是债权人将所持的债权转为债务人股权的行为。从性质上来看，债转股具有债务清偿和债权出资双重属性。市场化债转股不是简单地降低杠杆，也不是简单地调整财务结构，其与企业的转型升级和实现高质量发展密切相关。

我国债转股经历了政策性债转股到市场化债转股的发展历程，实施对象也由正常经营企业扩展至困境企业。我国债转股始于20世纪末四大资产管理公司对不良资产的大规模处置。1999年9月2日，中国信达资产管理股份有限公司与北京建材集团就北京水泥厂正式签订的债转股协议，标志着我国第一例债转股的正式实施。2004年《公司法》的修改从立法上认可了出资方式的多样化。2011年国家工商行政管理总局出台《公司债权转股权登记管理办法》，明确重整程序中可以实施债转股。在降低企业杠杆率，助推供给侧结构性改革的宏观背景下，2016年9月22日，国务院出台《关于积极稳妥降低企业杠杆率的意见》及附件《关于市场化银行债权转股权的指导意见》，新一轮债转股正式拉开序幕。相较于上一轮政策性债转股，此轮债转股突出市场化、法治化导向，强调转股对象企业市场化选择，转股资产市场化定价，资金市场化筹集，以及股权市场化管理和退出，同时将依法依规实施企业破产作为降低企业杠杆率的七种途径之一。[1] 随后，相关部委相继出台《关于做好市场化银行债权转股权相关工作的通知》《关于市场化银行债权转股权实施中有关具体政策问题的通知》，进一步细化债转股的方案，解决实务中出现的具体问题，重整企业实施债转股面临前所未有的发展机遇。

（二）转股对象的选择

关于哪些企业适用债转股的融资方式，我国的《企业破产法》《公司法》等相关法律未作规定，司法解释也没有涉及，仅仅是通过司法实践积累了判断企业是否具有重整价值的经验和惯例，强调转股对象应当

---

[1] 参见《连维良：本次债转股与上一轮政策性债转股完全不同》，载新浪网，https://finance.sina.com.cn/money/bank/bank_hydt/2016-10-10/doc-ifxwrhpn9573566.shtml。

是具有存续价值的企业。国务院在《关于市场化银行债权转股权的指导意见》中对银行债权的转股对象，提出了"四个禁止，三个鼓励"的要求，将去杠杆、去产能与债转股结合起来。[1] 国务院制定禁止性或鼓励性规定的目的是防范道德风险，发挥市场化债转股在优胜劣汰、市场出清方面的积极作用，这对于法院在重整案件中确定哪些企业适用于债转股，进而决定是否依法批准或强制批准重整计划具有重要的指导意义。法院在确定重整案件中的转股对象时，可以将《关于市场化银行债权转股权的指导意见》作为重要的考量因素。

应当说，《关于市场化银行债权转股权的指导意见》就转股对象所提出的要求与法院对重整企业识别审查的要求基本相符。2018年《全国法院破产审判工作会议纪要》第四部分"破产重整"第14条规定："破产重整的对象应当是具有挽救价值和可能的困境企业；对于僵尸企业，应通过破产清算，果断实现市场出清。人民法院在审查重整申请时，根据债务人的资产状况、技术工艺、生产销售、行业前景等因素，能够认定债务人明显不具备重整价值以及拯救可能性的，应裁定不予受理。"两者的主要区别在于《关于市场化银行债权转股权的指导意见》中"四个禁止"的第3项规定"严禁向债权债务关系复杂且不明晰的企业债转股"，这项内容通常不在法院审查的范围之内。有学者对此认为，"债权债务关系复杂且不明晰的企业"能否通过重整程序的梳理化繁为简？如果无法实现，能否通过重整中的实质合并简化债务人与债权人之间的债权债务关系？并进而提出，法院在审理涉及重整案件中进行个案裁量时，不可

---

[1] "四个禁止"指的是：严禁扭亏无望、已失去生存发展前景的"僵尸企业"；有恶意逃废债行为的企业；债权债务关系复杂且不明晰的企业；有可能助长过剩产能扩张和增加库存的企业参与债转股。"三个鼓励"指的是：鼓励面向发展前景良好但遇到暂时困难的优质企业开展市场化债转股，包括因行业周期性波动导致困难但仍有望逆转的企业；因高负债而财务负担过重的成长型企业，特别是战略性新兴产业领域的成长型企业；高负债居于产能过剩行业前列的关键性企业以及关系国家安全的战略性企业。

不慎重把握相关政策在司法裁判中的参酌程度。[1]

(三) 转股债权的条件

对于何种类型的债权可以转为股权，我国的法律也未涉及。2012 年《公司债权转股权登记管理办法》将三类债转股行为作为调整对象，即合同之债转为股权的、法院生效裁判确认的债转股、破产重整或破产和解程序中的债转股。[2] 2016 年《关于市场化银行债权转股权的指导意见》要求转股债权以借贷债权为主，并强调债权人、企业和实施机构的自主协商。[3]

结合出资的性质以及重整程序的特点，转股债权应当具备以下条件：(1) 依法可以转让的债权。具有人身依附性质的债权，如赡养金、抚养金、侵害人身权赔偿金等不能作为出资。根据合同性质不得转让的债权，如基于当事人特定身份订立的出版合同、委托合同等产生的债权也不能作为出资。此外，行政罚款、刑事罚金以及追缴金等公法上的债权也不允许转化为出资。[4] (2) 具有确定性的债权。转股债权的另一个前提是确定性，指的是经过管理人审核和债权人会议核查的债权，同时不得是附条件的债权。(3) 可以作价的债权。从我国《公司法》规定的出资条件来看，出资可以是货币出资，也可以是非货币出资。但是非货币出资

---

[1] 参见韩长印：《破产法视角下的商业银行债转股问题——兼与王欣新教授商榷》，载《法学》2017 年第 11 期。
[2]《公司债权转股权登记管理办法》第 3 条规定："债权转股权的登记管理，属于下列情形之一的，适用本办法：（一）公司经营中债权人与公司之间产生的合同之债转为公司股权，债权人已经履行债权所对应的合同义务，且不违反法律、行政法规、国务院决定或者公司章程的禁止性规定；（二）人民法院生效裁判确认的债权转为公司股权；（三）公司破产重整或者和解期间，列入经人民法院批准的重整计划或者裁定认可的和解协议的债权转为公司股权。"
[3]《关于市场化银行债权转股权的指导意见》规定："转股债权范围以银行对企业发放贷款形成的债权为主，适当考虑其他类型债权。转股债权质量类型由债权人、企业和实施机构自主协商确定。"
[4] 参见王欣新、徐阳光：《上市公司重整法律制度研究》，载《法学杂志》2007 年第 3 期。

要进行评估作价。转股债权作为非货币出资的一种方式，应当按照《公司法》的要求进行评估，因此应当是可以作价的债权。至于转股债权是否必须是货币债权，从提高重整成功可能性的角度出发，既然法律和政策对此都没有限制性的规定，只要非货币债权能够评估作价，也可以作为股款出资。

（四）债转股的表决和批准

债转股的表决和批准程序在理论上和实务中争议很大。我国《企业破产法》第84条和第87条分别规定了分组表决基础上的多数决原则和在表决未通过情况下的强制批准原则。

一些学者认为债转股应实行多数决原则。企业进入破产重整程序后，债转股计划的实施应当征得多数债权人同意，法院也不应在只有少数债权人同意的情况下滥行强裁特权。[1] 有学者分析，每一表决组均需贯彻多数决规则是毫无疑问的。如果硬性要求重整程序中的债转股这种代物清偿方式必须得到每一个债权人的同意，则既会与破产程序的概括性质相违背，又会使重整程序因无法克服"钉子户"或"敲竹杠"问题而寸步难行，还会使债权人与债务人的利益陷入双输境地。同时，债转股进行强制批准也存在合理性。[2] 有学者对此持不同意见，认为债转股方案应当得到全体债权人一致同意。未设置体现自愿原则的现金清偿等选择权并经其同意转股，转股债权人既不受债权人会议少数服从多数表决原则的限制，也不受法院强制批准包含有债转股内容的重整计划草案的裁定的限制，反对利用多数决原则或强制批准权力强迫进行债转股。[3] 虽

---

[1] 参见李曙光：《债转股应遵循六个法治原则》，载《经济参考报》2016年11月8日，第8版。
[2] 参见韩长印：《破产法视角下的商业银行债转股问题——兼与王欣新教授商榷》，载《法学》2017年第11期。
[3] 参见王欣新：《再论破产重整程序中的债转股问题——兼对韩长印教授文章的回应》，载《法学》2018年第12期。

然债转股是否适用多数决原则存在争议，但是学者普遍强调法院要慎用强裁的权力。

理论上的争议为司法裁判提供了裁判思路和参考依据，有助于更加准确地认识、把握和处理债转股过程中遇到的问题。司法实践中，法院对债转股方案的司法审查和强制批准往往较为审慎，主要体现在：第一，要求重整计划在设置债转股方案的同时设置替代清偿条款，对不同意转股的债权人进行现金或实物清偿，以保护异议债权人的利益，这是最大利益原则的体现和要求。第二，防止因"集体一致行动"的困难性导致案件无限期拖延，在有不低于清算标准清偿替代方案的基础上，不强求债转股方案必须由所有债权人一致同意。第三，赋予利害关系人异议权，债权人或股东等利害关系人如认为债转股方案损害其利益的，可以向法院提出异议。

换句话说，当债权人不能就债转股达成一致意见时，一些法院探索设置替代方案，并在尊重债权人选择权的前提下，依法适用"多数决"和"强裁"原则。具体来说，在设置替代清偿方案和保障利害关系人异议权的情况下，如果债权人按照多数决原则表决通过包含债转股方案在内的重整计划草案，法院将依法审查并予以批准；如果重整计划草案未能通过多数决表决，法院将在遵行最大利益原则、公平公正原则、绝对优先原则、新价值例外原则等基础上依法行使"强裁权"，以体现司法权介入的合法性和严肃性。比如，在南京破产法庭审理的江苏省纺织工业（集团）进出口有限公司等六家公司破产重整案中，为保障异议债权人的利益，重整计划即设置了"现金清偿+以股抵债"的清偿方式。司法实践中，重整计划有时会在前期谈判的基础上，针对不同类型的债权人设置不同的清偿方案，如在东北特钢重整案件中，重整计划规定对金融类普通债权人原则上实施债转股，对经营类普通债权人和债券类普通债权人超出50万元的债权部分，可选择一次性22%现金清偿，也可选择债转股；有的重整计划区分担保债权和普通债权设置不同的方案，担保债权人获得的是可转债，而普通债权人获得的是普通股权。

(五) 债转股的退出机制

股权体现的是投资关系。债转股最大的不确定风险在于，转股后股东有可能长期不能分配到利润，也无法出售股权。在企业经营不善的情况下是没有利润可供分配的，在企业股权为负值（对应净资产）的情况下往往也是没有多少出售价值的，尤其是对那些非上市公司而言，更是没有可靠的股权出售市场。[1] 债权人抵触债转股，一个重要的原因是对企业的经营状况和退出变现存在担忧。因此，债转股的退出机制是否完善，直接关系到债权人的利益得失，也关系到重整计划能否顺利表决通过。债转股的退出机制应当作为债转股方案的重要内容，管理人或自行管理的债务人在制订重整计划时应予以充分考虑，并切实保障相关债权人的知情权和参与权。债转股的退出主要包括两个方面：一是重整失败转入清算程序后，债权人受让的股份能否回转；二是重整成功后，是否有渠道将股份出售变现。

1. 重整失败后的回转问题

有观点认为，当企业重整失败，转为清算程序时，根据我国《企业破产法》第93条第2款的规定，人民法院裁定终止重整计划执行的，债权人在重整计划中作出的债权调整的承诺失去效力。故债转股之后的股权可以回转，不会成为劣后权益。[2] 但是，我国《企业破产法》第93条第2款包括两层意思，当人民法院裁定终止重整计划执行时，一方面，意味着债权人作出的债权调整的承诺失去效力；另一方面，债权人在执行重整计划中获得的清偿仍然是有效的。从条文的广义解释来看，债转股如果是承诺行为，则可以回转；如果是清偿行为，则清偿有效，不得回转。在重整计划执行过程中，债转股协议将从协议阶段进入履行阶段。

---

[1] 参见王欣新：《再论破产重整程序中的债转股问题——兼对韩长印教授文章的回应》，载《法学》2018年第12期。

[2] 参见丁燕：《破产重整企业实施债转股的六个关键》，载《中国社会科学报》2018年5月9日，第5版。

根据《市场主体登记管理条例实施细则》的规定，市场主体变更注册资本或者出资额的，应当办理变更登记。因此，当按照行政机关的要求完成变更登记手续以后，重整计划中的债转股不再是承诺行为，而是实际清偿行为。据此，当重整不成转入破产清算后，已经转股的债权将不能回转。

2. 重整成功后的退出问题

重整成功后债转股的退出渠道主要有两个：一是股权回购；二是股权转让。对于具备上市可能的股份公司，还可以通过推动上市后在证券市场出售股票的方式退出。当前无论是公司回购、股权转让，还是上市交易，均普遍面临渠道不畅的问题。这就要求在制度上建立健全快速、可靠、多元化的债转股退出机制。比如，积极寻找对债务人有收购意向的企业，缩短重整企业股票"锁定期"，构建多层资本市场体系，以及与公司或管理层签订附担保条款的股权回购受让协议等。

五、股东权益调整的其他问题

股东权益调整与股权融资密切相关，调整股东权益是进行股权融资的必要手段和方式，股权融资的过程往往伴随着股东权益的调整。前文所述的增资、减资、股权让渡等方式都属于股东权益调整的范畴。相对于正常经营企业，重整企业股东权益调整更具复杂性，这种复杂性直接影响到股东权益调整原则的确定、股东权益调整规则体系的建立、股东权益调整的表决程序的安排，甚至调整后股权的变更登记等问题。

（一）重整企业股东权益调整的复杂性

股东权益调整不仅反映在资本结构上，也与企业融资直接相关。股东又称出资人，从公司法的视角来看，凡是基于对公司的投资或者基于其他的合法原因而持有公司资本的一定份额并享有股东权利的主体均是公司的股东。[1] 正常经营状态下的企业，股东利益就是企业的核心利益，股东依据资本支配原则，在公司治理结构中处于核心地位，依法享有资产收益权和经营管理权，对公司享有完整的控制权。进入破产程序后，尤其是进入破产重整程序后，公司的剩余所有权价值大幅缩水甚至消失殆尽，股东权益发生明显变化，公司治理结构也发生显著变化。在破产清算程序中，企业通常处于资不抵债的状态，股东几乎无法获得剩余财产，清算的目的就是注销企业并将剩余财产公平地分配给债权人。此时股东没有股东权益，对公司也不再享有控制权。而在重整程序中，情况则较为复杂。公司重整不仅为预防破产而设，其更重要者为集公司债权人及股东之协力重建该事业之存在。[2] 这就意味着，企业重整不仅要清理外部的债权债务关系，而且要对内部的治理结构进行重建，重整成功后还要对新的利益进行分配。因此，股东在重整中是否有权益，股东权益会受到什么因素影响，如何调整股东权益才更加公平，以及破产法与公司法、证券法等相关法律的协调适用等，这些都是困扰理论和实践的重要问题。股东权益调整的复杂性主要体现在以下方面：

首先，重整企业并非全部资不抵债。我国《企业破产法》第2条规定："企业法人不能清偿到期债务，并且资产不足以清偿全部债务或者明显缺乏清偿能力的，依照本法规定清理债务。企业法人有前款规定情形，或者有明显丧失清偿能力可能的，可以依照本法规定进行重整。"据此，进入重整程序的公司，大体上可以分为三种情况。第一种情况是资不抵债，公司"不能清偿到期债务"。第二种情况是资产大于负债，公司"不能清偿到期债务"并且存在"明显缺乏清偿能力"的情形。第三种情况则更加宽松，公司的资产大于负债，公司也有清偿债务的能力，但是当发生"有明显丧失清偿能力可能"时，也可以进入重整程序。破产重整原因较破产清算原因更为宽松的立法理由是让出现财务困难和经营

---

[1] 参见赵旭东主编：《公司法学》，高等教育出版社2006年版，第296页。
[2] 参见陈荣宗：《破产法》，台北，三民书局1986年版，第8页。

困难的企业尽快获得"重整保护"和"重整拯救"。因此，并不是所有的重整企业都是资不抵债，有一些重整企业的资产大于负债，甚至具有清偿债务的能力，此时股东在企业中仍存在利益。

其次，资不抵债的标准难以确定。从资产负债的关系来看，对于资不抵债的企业，应当调整股东权益，甚至调整为零。但是对于重整企业来说，只有查明企业的资产状况，才能确定剩余控制权和剩余索取权的归属，进而建立风险与利益相匹配的激励机制。但是在实践中这一简单的问题有时却难以界定。资不抵债在会计学上也被称为"破产性无力偿债"，是指公司的总债务超过其总资产的公允市价，这时公司真正的净价值为负，其资产不足以支付其负债。[1] 但是总资产的公允市价在实践中难以估算。

再次，重整计划批准面临价值标准选择。重整企业的价值有两个衡量标准，即清算价值和营运价值。可能存在按照清算价值计算资产小于负债，而按照营运价值计算资产大于负债的情形。清算价值是企业的现实价值，依据资产和负债关系即可以确定。但是营运价值还反映了企业的盈利能力和在市场中综合资源的占有情况。比如，上市公司的壳资源仍然具有一定的市场转让价格，一些企业的专有技术、销售渠道、地理位置等市场资源也具有市场价值。[2] 在此情况下，债权人和股东之间往往会因股东权益是否存在产生争议。实践中往往难以验证哪一方的判断更为准确。我国法律对债权人不低于清算价值获得清偿，还是不低于营运价值获得清偿才能通过重整计划未作规定，也就是说，法律对于最大利益原则的标准没有明确。当按照清算价值的标准时，意味着债权人只能对清算价值部分进行分配，而对于超出清算价值的营运价值部分，则由原股东或重整投资人享有。我国司法实务多采用清算标

---

[1] 参见［美］道格拉斯·R·爱默瑞、约翰·D·芬尼特：《公司财务管理》，中国人民大学出版社1999年版，第867页。
[2] 参见王欣新：《论新破产立法中债权人会议制度的设置思路》，载《法学家》2005年第2期。

准，即根据审计报告确定资产负债情况，确定反对重整计划草案债权人的最低清偿标准，此时，原股东在清算价值和营运价值之间享有股东权益。

最后，股东配合重整应否在权益调整中予以体现。股东虽然不是重整制度关注的核心角色，但是在重整程序中的股东参与对于重整成功仍然具有重要作用。股东是企业重整的最大受益人，往往也最有动力去拯救企业。重整实践中，一些股东通过提供资产、资金或其他资源以获得公司股权和保留相应控制权，为企业创造"新价值"。那么，对于这类创造"新价值"的股东，是否要给予相应的股东权益？还有一些股东，虽然没有为企业重整带来经济利益，但是通过其他方式积极配合促成重整工作。在企业资不抵债，股东也未创造"新价值"，甚至顺位在先的债权人也没有同意的情况下，法院能否裁定为股东保留适当份额也是值得研究和讨论的问题。

（二）股东权益调整的原则

法院在依法批准或者强制批准重整计划时，需要对股东权益调整的依据进行审查，这些依据有些是法定的，有些是司法实践中创设的。

1. 最大利益原则

美国《破产法典》第1129条（a）款（7）项确定了最大利益标准，重整计划应该保证任何一个持反对意见的债权人或股东获得在重整计划生效当天的财产价值，该价值不能少于同一天按照清算程序所能获得的数额。最大利益标准的立法目的在于保障债权人或股东最基本的权益，防止持不同意见的少数人在多数决原则下利益受到损害。需要注意的是，该标准强调的是为持反对意见的债权人或股东提供最低限度的法律保护，因此在适用上无需考虑表决的结果。换句话说，无论重整计划是否经债权人会议表决通过，法院都应审查持反对意见者的法定利益是否受到侵害。

我国《企业破产法》规定，法院在强制批准时，需要对普通债权人的清偿比例进行审查,确保不低于其在重整计划草案被提请批准时依照破产清算程序所能获得的清偿比例。[1] 但是问题在于,普通债权组表决通过重整计划草案的,是否适用最大利益原则,《企业破产法》对此未作规定。同时,《企业破产法》亦未明确股东是否可以适用最大利益原则。考虑到我国受理重整案件的门槛低,部分重整企业存在资产大于负债的可能性,依照破产清算程序进行模拟清偿时,原股东可能保留或有利益。为此,在《企业破产法》未作修改前,我国法院在适用最大利益原则时,也应当考虑原股东获得的利益不应低于模拟清算下的可得利益。综上,建议在修订《企业破产法》时,对最大利益原则进行完善,无论是债权人会议表决通过重整计划草案的,还是强制批准重整计划草案的,法院都应当审查持反对意见的债权人和股东的法定利益是否受到侵害。

2. 公平对待原则

美国《破产法典》第1129条(b)款(2)项确定了公平公正标准,根据该条规定:为了排除反对意见的利益类别的阻挡而批准方案,就必须先把次级利益持有人排除出去,除非每一个利益持有人在方案生效之日收到的财产的当前价值等于下列数额中的最大值,即被法院确认的任何固定的清算价值、固定的回赎价格或该利益的价值。[2] 公平对待原则强调的是横向比较,指的是重整计划必须确保处于同一顺位的债权人或股东获得同等清偿,除非该债权人或股东自愿接受不利的条件。

我国《企业破产法》借鉴了美国立法,在第113条确立了债权清偿的公平对待原则。该条规定破产财产按照破产费用、共益债务、职工债权、社保费用和税款债权、普通破产债权的清偿顺序进行分配,同时明

---

[1] 我国《企业破产法》第87条第2款规定:"未通过重整计划草案的表决组拒绝再次表决或者再次表决仍未通过重整计划草案,但重整计划草案符合下列条件的,债务人或者管理人可以申请人民法院批准重整计划草案:……(三)按照重整计划草案,普通债权所获得的清偿比例,不低于其在重整计划草案被提请批准时依照破产清算程序所能获得的清偿比例,或者该表决组已经通过重整计划草案;……"

[2] 参见[美]大卫·G·爱泼斯坦等:《美国破产法》,韩长印等译,中国政法大学出版社2003年版,第763页。

确对于同一顺位的债权不能全部清偿的，按照比例进行分配。但是，与最大利益原则的法律规定相似，我国《企业破产法》也没有明确出资人组是否适用公平对待原则。从立法精神上可以推论，在资产大于负债的情况下，出资人组对公司的剩余财产也应享有平等的分配利益。对此，在修订《企业破产法》时也有待完善。

3. 绝对优先原则

美国《破产法典》第1129条（b）款（2）项规定，对某类无担保债权而言，该类别中等级较低债权或权益的持有人将不得接受或者持有该较低等级债权或权益的补偿，只有对重整方案持反对意见的无担保债权人获得充分的清偿之后，所有在分配顺位上排在这类债权之后的债权人或股东才可以根据方案开始获得清偿。[1]

我国《企业破产法》第87条对债权人之间清偿顺位也有类似要求，法院对重整计划草案裁定批准或强制批准的前提条件之一是重整计划草案不违反《企业破产法》第113条规定的债权清偿顺序。绝对优先原则体现的是各个组别之间的关系，强调的是在顺位在先的利害关系人未得到全额清偿前，顺位在后的利害关系人不能获得任何利益，但是经协商顺位在先的利害关系人自愿接受不利条件的除外。绝对优先原则适用时充分尊重当事人之间的协商，绝大多数重整计划都是在当事人自由协商的基础上表决通过的。因此，绝对优先原则从某种程度上可以理解为债权人和股东进行讨价还价的工具，旨在鼓励协商实现整体利益最大化。当重整计划得到全体组别同意时，法律也允许股东在债权人获得充分清偿前获得一定利益。

4. "新价值"例外原则

根据企业产权理论和剩余索取权原理，股东的权利状况应当与企业的资产情况紧密挂钩，在企业资不抵债时，企业的净资产为负值，股东

---

[1] 参见［美］大卫·G·爱泼斯坦等：《美国破产法》，韩长印等译，中国政法大学出版社2003年版，第838页。

在公司中不享有权益。有学者认为，此时只需将原股东的股票予以注销，然后将债权人的债权转化为股权即可。根据"绝对优先原则"，在债权人得到充分清偿前，股东不得保留利益。但是，如前所述，在司法实践中，股东往往通过协商谈判在债权人清偿前获得了利益。这种协商谈判并非无的放矢，其中一个重要理由就是股东在重整程序中创造了"新价值"。

"新价值"例外原则是对绝对优先原则的突破，指的是劣后的股东或债权人基于对重整企业的新贡献，在分配顺位优先的债权人未得到全额清偿时保留公司的一定份额。新价值例外原则可以追溯到美国最高法院在1939年判决的Case v. Los Angeles Lumber Products Co. 案。审理该案的道格拉斯法官曾说："很多时候，原股东向公司注入新钱对重整成功是非常关键的。只要这种需要存在，而原股东又可以投入新的资金，那么他们就可以获得相应回报，这没有什么可反对的。"[1] 该案确立了认定"新价值"的三个标准：（1）新价值必须是以现金或者现金等价物的方式提出；（2）来自股东或者其他次级权益的出资必须是"必要的"；（3）出资必须是真实的，或者有时候作为一种规则，它必须等于或者大于公司的存续价值。[2] 我国在一些重整案件中调整出资人权益时，客观上运用了新价值例外的原则，但是《企业破产法》对此没有规定，建议在法律修订时予以明确。

5. 过错调整原则

对公司破产负有责任的控股股东、管理层和实际控制人的股东权益在重整程序中进行强制调整是各国通行的做法。如前文所述，韩国《统一倒产法》第205条第4款规定：在因公司董事、准董事或者经理有重大责任的行为而引起重整程序开始原因产生的情况下，应规定以注销对该行为行使有较大影响力的股东及其亲属，以及大统领令所规定的有特

---

[1] 齐砺杰：《破产重整制度的比较研究：英美视野与中国图景》，中国社会科学出版社2016年版，第138页。

[2] 参见[美]大卫·G·爱泼斯坦等：《美国破产法》，韩长印等译，中国政法大学出版社2003年版，第764页。

殊关系的其他股东的 2/3 以上股份或者把三个以上的股合成一股的方法来减少资本。[1]

2024 年 12 月 31 日，最高人民法院会同中国证券监督管理委员会印发的《关于切实审理好上市公司破产重整案件工作座谈会纪要》规定，上市公司资产不足以清偿全部债务且普通债权人不能在重整计划中全额获得清偿的，原则上应对出资人权益进行调整；控股股东、实际控制人及其关联方因违法违规行为对上市公司造成损害的，制定重整计划草案时应当根据其过错程度对控股股东及实际控制人支配的原有股权作相应调整。建议《企业破产法》修订时，可以在总结司法实践经验的基础上，进一步完善股东过错责任调整的规则。

（三）股东权益调整的规则体系

基于股东权益调整的复杂性和股东权益调整原则，我国在重整程序中可以构建如下股东权益调整体系：

1. 资产大于负债时应保留股东权益。重整企业资产大于负债时，公司可能仍有资本净值，则股东对于债务清偿之后的剩余财产仍有受益权益。[2] 此时，重整计划虽可以调整股东权益，但是应合理确定股东权益价值，并赋予异议股东请求公司回购股份的权利。

2. 资不抵债时原则上不保留股东权益。抛开资不抵债认定以及营运价值、清算价值的衡量难题，当重整企业资不抵债时，应通过减资、让渡等方式调减股东权益。在调减的份额上，原则上应根据剩余财产索取原理予以全额调减。

3. 根据意思自治保留股东权益。经过债权人、投资人与股东的协商，债权人可以表决同意在自己利益未充分实现的情况下，为股东保留适当权益；投资人也可以在意思自治的基础上，让股东保留一定股份，此时

---

[1] 参见郑志斌：《公司重整制度下股东权变异研究》，吉林大学 2011 年博士学位论文。
[2] 参见柯芳枝：《公司法论》（下），台北，三民书局 2009 年版，第 499 页。

也可以理解为投资人向股东让渡股份的行为。

4. 股东依据"新价值"保留相应权益。根据"新价值例外"原则，股东为企业重整创造"新价值"的，可以保留相应股东权益。

5. 股东配合重整可以保留一定权益。在企业资不抵债，股东也未创造"新价值"，甚至顺位在先的债权人也没有通过的情况下，为获取股东对重整的配合，经管理人或债务人申请，法院可以判定股东保留适当权益。在英美的大部分案件中，庭外和解时，如果原股东注入新的资金，可以保留30%~60%的股份。如果股东不注资，可能只能保留5%的股份，给予这5%的股份是为了使股东能够得到一点甜头，从而投票通过这个方案。[1]

6. 过错股东相应调减权益。控股股东、管理层和实际控制人对公司破产负有责任的，应对此股东权益进行相应调整。在实际操作中，调减的比例要经过严格的财务会计核算，避免任意性或形式化处理。

（四）股东权益调整的表决问题

股东权益调整的表决，涉及《企业破产法》与《公司法》、《证券法》等相关法律的衔接问题。我国《公司法》《证券法》规定股东权益调整应当由股东会表决。我国《企业破产法》明确了由出资人组对出资人权益调整事项进行表决，但是未规定具体表决规则，同时也未排除《公司法》《证券法》相关规则的适用。[2]

《公司法》、《证券法》与《企业破产法》对于股东权益调整规则的冲突，给司法实践带来了一定困惑和争议：重整程序中的股东权益调整是按照《公司法》《证券法》的规定，由股东会进行表决，还是按照

---

[1] Segal, US Bankruptcy Law, Davis Polk and Wardwell. 转引自贺丹：《破产重整控制权的法律配置》，中国政法大学2006年博士学位论文。

[2] 《企业破产法》第85条规定："债务人的出资人代表可以列席讨论重整计划草案的债权人会议。重整计划草案涉及出资人权益调整事项的，应当设出资人组，对该事项进行表决。"

《企业破产法》的规定在债权人会议表决时由出资人组表决？或者是需要股东会表决和出资人组进行双重表决？

首先，出资人组是否有权行使表决权需要具体分析。根据我国《企业破产法》第 2 条关于破产重整受理条件的规定[1]，进入重整程序的公司，大体上可以分为两种情况：一种情况是资产大于负债，公司进入重整程序是因为"不能清偿到期债务"并且"明显缺乏清偿能力"或"有明显丧失清偿能力的可能"。另一种情况是资产小于负债，公司进入重整程序的原因是"不能清偿到期债务"并且"资产不足以清偿全部债务"。对于第一种情况，由于资产大于负债，意味着股东尚有权益，设立出资人组进行表决，符合公平公正和利益平衡的原则。但是当企业资产小于负债时，股东已经没有权益，是否还需要赋予股东表决的权利？

我国台湾地区"公司法"第 300 条规定，股东与债权人均为重整公司的关系人，所以该等权利仅得依重整程序行使。第 304 条第 1 项第 1 款及第 6 款规定，公司重整如有全部或一部重整债权人或股东权利之变更，及章程变更应订明于重整计划。第 302 条第 2 项规定，公司无资本净值时，股东组不得行使表决权。所谓公司无资本净值须经法院审查确定，因其投资损失即可认为业已实现，对公司应无权利，因此股东组不得行使表决权，对债权人始称公允。[2]

修订《企业破产法》时，可以借鉴我国台湾地区的立法经验，同时结合前文所述股东权益调整规则，根据资产负债情况以及股东创造"新价值"、配合重整工作、基于债权人意思自治等情形，对《企业破产法》第 85 条进行修订，具体可以在第 85 条增加第 3 款：债务人资不抵债时，除出资人创造新价值、出资人积极配合重整工作、债权人同意保留股东

---

[1]《企业破产法》第 2 条规定："企业法人不能清偿到期债务，并且资产不足以清偿全部债务或者明显缺乏清偿能力的，依照本法规定清理债务。企业法人有前款规定情形，或者有明显丧失清偿能力可能的，可以依照本法规定进行重整。"

[2] 参见王志诚：《公司重整法制——重整公司之治理、重整计划及重整完成》，载《月旦法学杂志》2006 年第 39 期。

权益的情形外，出资人组不得行使表决权。

其次，股东权益调整只需出资人组表决，无需股东会另行表决。我国《公司法》规制的是正常运营的企业，而对于进入破产程序的企业，是否还需要遵循《公司法》规定的决议程序？有观点认为，《企业破产法》并未排除《公司法》或者股东会职权停止的相关规定，程序正义应在实体正义之前予以考虑，即便出资人组与股东大会成员相同且决议内容亦相同，仍应践行股东大会之召集程序，但从程序简便的角度来说，出资人组表决会议与股东大会应可同时同地召开。[1] 也有观点认为，股东权益调整作为重整计划的一部分，出资人权益调整方案由出资人组进行表决即可，而不需要经股东大会决议。[2] 在破产重整过程中，企业的运行目标、控制力量以及管理层的角色均已发生变化。企业的存在价值从追求股东利润最大化转向摆脱经营困境、保存营运实体，企业由原来的股东所有转向债权人所有或者债权人与股东共同所有。管理层从对股东负责转向对破产财团负责，其职权也直接来源于《企业破产法》的规定。因此，重整本质上是法院主导下的司法程序，在企业的资本结构已经发生根本变化的情况下，股东即使对企业还享有权益，也应该按照《企业破产法》和重整计划的安排来实现，而不能依据《公司法》的规定对企业产生影响。[3]

笔者同意第二种观点。第一，从效率和效果上来看，既组织出资人组进行表决又召开股东会进行表决，会造成时间上和程序上的拖延，不利于处于生死存亡阶段的企业拯救；第二，从法律之间的关系来看，《公司法》《证券法》突出的是正常企业的法律关系的调整，而《企业破产法》规制的是陷入困境的非正常企业，《企业破产法》关于设立出资人

---

[1] 参见林仟雯：《资产价值最大化目标体现于两岸重整程序的法律研究》，武汉大学2013年博士学位论文。
[2] 参见郑志斌：《公司重整制度下股东权变异研究》，吉林大学2011年博士学位论文。
[3] 参见陈英：《破产重整中的利益分析与制度构造——以利益主体为视角》，武汉大学2010年博士学位论文。

组进行表决的规定属于特殊规定，可根据特别法与一般法的关系优先适用；第三，从破产法的规则设置来看，债权人会议相当于重整程序中的最高决策机构，同时又有法院和债权人委员会对重大事项进行监督，因此由出资人组进行表决，不另行召开股东会，不会因此损害债权人和股东的利益。

我国台湾地区"公司法"第293条第1项对进入破产程序后的公司治理结构作出了特别规定："重整裁定送达公司后，公司业务之经营及财务之管理处分权属于重整人，由重整监督人交接，并声报法院，公司股东会、董事及监察人之职权，应予停止。"建议《公司法》借鉴我国台湾地区的规则进行修订，明确"公司裁定重整后，股东会的职权应予停止"。

最后，出资人组表决出资人权益调整事项时，应参照《公司法》规定的资本多数决原则。我国《企业破产法》第85条对出资人组的表决标准未作规定，在司法实践中，有的比照债权人双重多数决原则，有的比照《公司法》资本多数决原则。2024年12月31日，最高人民法院会同中国证券监督管理委员会印发的《关于切实审理好上市公司破产重整案件工作座谈会纪要》对此进行了明确，出资人组对重整计划草案中涉及出资人权益调整等事项的表决，经参与表决的出资人所持表决权2/3以上通过的，即为该组表决通过。由此可见，最高人民法院采用了《公司法》的资本多数决的原则。该会议纪要体现了股东表决的特点，也通过特别法与一般法的关系实现与《公司法》的衔接，未来修订《企业破产法》时可予以吸纳。此外，在出资人组未能表决通过重整计划草案时，《企业破产法》赋予了人民法院在公平、公正的前提下强制裁定批准重整计划草案的权力。[1] 由此可见，对于出资人权益调整，我国的立法和最高人民法院的指导原则是：重整计划草案原则上不得强行调整出资人权

---

[1] 我国《企业破产法》第87条规定："……重整计划草案符合下列条件的，债务人或者管理人可以申请人民法院批准重整计划草案：……（四）重整计划草案对出资人权益的调整公平、公正，或者出资人组已经通过重整计划草案；……"

益，而应当提交出资人组参照《公司法》的规则进行表决。同时，为了防止股东滥用表决权影响重整程序的进行，规定人民法院可以依据公平、公正的原则强制批准。

（五）质押、冻结股权的变更登记问题

司法实践中经常出现这样的难题：重整计划要求原股东让渡全部或部分股权，但是由于该股权被质押或冻结，而质押权人不同意解除质押或采取保全措施的机关不同意解除冻结，导致股权登记机关以存在权利负担为由拒绝配合办理变更登记。这个问题的关键在于，重整案件受理法院作出的批准重整计划的裁定书，是否具有办理股权变更登记的法律效力。

1. 关于质押股权的变更

《民法典》第443条规定，股权出质后，不得转让，但出质人与质权人协商同意的除外。在司法实践中，当重整计划涉及股东权益调整而质权人不同意办理变更登记时，股权登记机构通常依据《民法典》的规定，将质权人出具的解除质押申请作为必要资料，以未取得质权人同意为由，拒绝为被调整的质押股份办理过户登记。这里涉及《企业破产法》和《民法典》的法律适用冲突。

为解决此问题，我国法院通常采用出具解除质押裁定书和协助执行通知书的方式。比如，在南京破产法庭受理的南京九竹科技实业有限公司（以下简称九竹公司）破产重整案件中，出资人权益调整方案明确，由于九竹公司已经资不抵债，现有财产无法满足各类债权的清偿，因而出资人权益为零，股权价值为零，相关股权质押及查封等权利限制措施已无实际意义。九竹公司的全体出资人应无偿让渡其持有的全部股权，由九竹公司投资人有条件受让，即投资人提供1.2亿元资金，用于支付重整费用，清偿优先债权、职工债权、税款债权、普通债权。在重整计划执行阶段，由于质权人某小贷公司在九竹公司股东赵某某和田某某持有的股权上设定了质押，并且不配合办理质押解除和股权变更登记手续。经九竹公司管理人申请，南京破产法庭向股权登记机关出具了解除质押

及划转股权的民事裁定书及协助执行通知书,解除了股权质押并办理了股权变更登记手续。

虽然由法院另行出具裁定书和协助执行通知书能够解决现实问题,但是这种方式仅是权宜之计,法律应当对股权变更不以质权人同意为前提作出明确规定。首先,《民法典》第443条之所以要求出质股权转让需经质权人同意,其立法意图在于防止股东基于个人意志随意转让股权,而导致质权人利益受到损害。重整计划对质押股权的调整,是法院对债权人会议决议事项的批准,体现了司法的强制力,具有很强的公法性质。因此,无论是基于特别法优于一般法的原则,还是基于公法效力优于私法权利,都不应适用《民法典》关于质押股权转让的限制性规定。其次,重整计划对股权的调整并不损害质权人利益。在重整程序中,如果因企业严重资不抵债而对股权权益进行全部调整,此时股权已无价值,调整股权并不损害质权人利益。如果重整计划只是对质押的股权进行部分调整,股权的实际价值也并未减少,反而可能因为企业的重整更生而使剩余股权价值得以恢复甚至提升。因此,在重整程序中调整股权并不损害已经设定的质权。

为此,建议《企业破产法》修订时明确:重整计划对质押股份进行调整的,股权登记机构应当根据人民法院批准重整计划的裁定及时办理股权变更登记手续。

2. 关于冻结股权的解除

破产案件受理后,破产法院能否解除破产案件受理前的保全,涉及《企业破产法》与《民事诉讼法》的冲突和衔接。我国《企业破产法》第19条和《破产法司法解释二》第7条均对破产案件受理后,相关单位应当及时解除对债务人财产的保全措施有明确规定。[1]但是在司法实践

---

[1] 我国《企业破产法》第19条规定:"人民法院受理破产申请后,有关债务人财产的保全措施应当解除,执行程序应当中止。"《破产法司法解释二》第7条对此进一步解释:"对债务人财产已采取保全措施的相关单位,在知悉人民法院已裁定受理有关债务人的破产申请后,应当依照企业破产法第十九条的规定及时解除对债务人财产的保全措施。"

中，对于破产案件受理法院能否解除破产案件受理前针对债务人财产的保全措施存在不同的认识。有观点认为，依据《最高人民法院关于适用〈中华人民共和国民事诉讼法〉的解释》（以下简称《民诉法司法解释》）的规定，只有作出保全裁定的法院或其上一级法院才能解除财产保全措施，重整案件受理法院无权解除其他法院采取的冻结措施。[1] 实践中，一些行政机关和司法机关在接到破产案件受理法院或管理人要求解除保全措施的通知后，会以《民诉法司法解释》的相关规定为由，不予解除保全措施。

　　破产案件受理后，相关单位是否应当解除保全措施？在相关单位拒不解除保全措施的情况下，破产案件受理法院是否有权解除其他单位作出的保全措施以及通过什么程序解除保全措施？司法实践中存在不同意见和做法。最高人民法院在制定《破产法司法解释二》的过程中，曾专门向人大常委会法工委发函。人大常委会法工委对此问题函复指出：对《企业破产法》第19条的规定，应理解为法院受理破产申请后，有关债务人财产的保全措施就应当自动解除，由管理人接管债务人的所有财产；在相关法院或者行政机关未依据上述规定解除保全的，受理破产案件的法院可以径行作出解除对债务人财产所有保全措施的裁定。《破产法司法解释二》在制定过程中，也曾拟规定："对其他已采取保全措施的单位经通知仍不依法解除保全的，受理破产申请的人民法院可以裁定解除对债务人财产的保全，并通知在前已裁定保全的单位。"但是，最高人民法院考虑到对债务人财产采取保全措施的除了法院之外，还可能有其他司法机关和行政单位，完全通过司法解释解决这一问题在效力上仍然存在一定困难，所以决定不在司法解释中进行规定，而是向人大常委会法工委提出立法解释建议，由其出台立法解释对此问题作出规定，以便在全国

---

[1]《民诉法司法解释》第165条规定，"人民法院裁定采取保全措施后，除作出保全裁定的人民法院自行解除或者其上级人民法院决定解除外，在保全期限内，任何单位不得解除保全措施。"

司法与行政机关得到普遍实施。[1]

从立法精神和实际效果以及司法的统一性和规范性来看，在相关单位知悉企业进入破产程序后，仍然未解除保全措施的，应当由受理破产案件的法院径行解除保全措施。但是，由于《企业破产法》和相关司法解释对此未作规定，目前主要通过发函、会商、申请上级机关协调等方式解除保全措施。此外，解除保全措施的难度因作出保全措施的主体差异而有所区别。

对于人民法院采取的保全措施，在《企业破产法》实施初期，司法实践中也存在认识不一、尺度把握不一的情况。比较典型的如2008年北京市房山区人民法院审理的北京五谷道场食品技术开发有限公司破产重整案，该案经过最高人民法院多次协调和北京市高级人民法院、房山区人民法院与相关法院数十次沟通，才最终解除了多家外地法院的股权冻结措施。随着《破产法司法解释二》的出台，最高人民法院对保全法院应当解除保全措施的意见趋于明确，法院系统内部对此问题的认识也逐渐统一。特别是2019年《全国法院民商事审判工作会议纪要》对保全法院不解除保全措施的后果作出了明确规定，司法实践中解除法院保全措施难的问题得以有效解决。《全国法院民商事审判工作会议纪要》第十部分第109条第1款对此明确要求，"要切实落实破产案件受理后相关保全措施应予解除、相关执行措施应当中止、债务人财产应当及时交付管理人等规定，充分运用信息化技术手段，通过信息共享与整合，维护债务人财产的完整性。相关人民法院拒不解除保全措施或者拒不中止执行的，破产受理人民法院可以请求该法院的上级人民法院依法予以纠正。对债务人财产采取保全措施或者执行措施的人民法院未依法及时解除保全措施、移交处置权，或者中止执行程序并移交有关财产的，上级人民法院应当依法予以纠正。相关人员违反上述规定造成严重后果的，破产受理

---

[1] 参见最高人民法院民事审判第二庭编著：《最高人民法院关于企业破产法司法解释理解与适用》，人民法院出版社2017年版，第171-173页。

人民法院可以向人民法院纪检监察部门移送其违法审判责任线索"。

对于其他司法机关和行政机关，尤其是刑事执行部门采取的保全措施，由于跨单位、跨部门，各方认识上有时存在差异，协调难度相对较大，经常需要启动"府院联动机制"，由党委、政府或者刑事执行部门的上级机关协调解决。《全国法院民商事审判工作会议纪要》第十部分第109条第2款规定："人民法院审理企业破产案件时，有关债务人财产被其他具有强制执行权力的国家行政机关，包括税务机关、公安机关、海关等采取保全措施或者执行程序的，人民法院应当积极与上述机关进行协调和沟通，取得有关机关的配合，参照上述具体操作规程，解除有关保全措施，中止有关执行程序，以便保障破产程序顺利进行。"虽然该纪要强调对于其他国家行政机关采取的保全措施，应当通过协调的方式解除。但是对于协调不成时如何处理，该纪要没有作出规定。2021年2月25日，国家发展改革委、最高人民法院、财政部等13个部门共同出台了《关于推动和保障管理人在破产程序中依法履职进一步优化营商环境的意见》，着力解决破产企业财产保全问题[1]。但是，司法实践中，相关单位特别是刑事侦查机关不依照《企业破产法》第19条的规定解除保全措施的情形时有发生。虽然大部分案件可以通过协调的方式解除，但是在个别案件中，由于刑事查封不能解除，导致破产财产无法处置分配，破产案件审理久拖不决。

为统一解决司法机关和行政机关的保全解除问题，特别是解除刑事保全措施的难题，助力重整企业融资，提高重整的可能性，建议从立法

---

[1]《关于推动和保障管理人在破产程序中依法履职进一步优化营商环境的意见》第六部分"完善资产处置配套机制"第18项明确提出要"依法解除破产企业财产保全措施。人民法院裁定受理企业破产案件后，管理人持受理破产申请裁定书和指定管理人决定书，依法向有关部门、金融机构申请解除对破产企业财产的查封、扣押、冻结等保全措施的，相关部门和单位应当根据企业破产法规定予以支持配合。保全措施解除后，管理人应当及时通知原采取保全措施的相关部门和单位。管理人申请接管、处置海关监管货物的，应当先行办结海关手续，海关应当对管理人办理相关手续提供便利并予以指导。"

层面对相关单位配合解除保全的行为作出明确规定。从法理上来说，由破产受理法院出具裁定书解除破产财产上的刑事保全措施也具有一定法理基础。《企业破产法》兼具公法和私法的属性。破产管理人在征询债权人意见的基础上，对破产财产的管理处置体现了破产法的私法属性。但是在管理人履职过程中，当出现超出其能力范围的情况时，由法院出具具有强制执行力的法律文书则体现了破产法的公法属性。综上，建议修订《企业破产法》时，在第 19 条后增加一款："相关单位未依照前款规定解除保全的，受理破产案件的法院可以裁定解除对债务人财产的保全措施。"

第五章 重整融资方案的制定和审查

重整融资方案是重整计划的关键内容，对重整融资方案相关的融资条款作出具体规定是各国和地区破产法的普遍做法。我国《企业破产法》未将融资方案或融资条款列入重整计划的主要内容，导致司法实践中的融资方案制定往往存在不具体、不明确、不合理甚至缺失融资条款的突出问题，一些法院对存在上述问题的融资方案或融资条款审查不严，导致司法重整缺乏可行性，甚至损害各方主体利益，因此有必要在立法上予以完善。

一、重整融资方案与重整计划的关系

（一）重整计划概述

重整计划是指在破产重整期间，以维持债务人继续营业、谋求债务人复兴为目的，以清理债权债务关系为内容，由特定主体（一般为重整人）制定并经特定组织（一般为债权人会议）表决通过和法院批准的多方协议。[1] 重整计划是重整程序的核心文件，既是平衡各方利益的主要依据，也是恢复企业经营和复兴的行动纲领，可以说是贯穿整个程序的一条主线。在重整期间，法院、管理人、债务人、投资人、债权人、股东等各方主体的核心工作是对重整计划草案进行讨论、协商并争取达成协议；在重整计划执行阶段，主要任务是对表决通过的重整计划进行

---

[1] 参见范健、王建文：《破产法》，法律出版社2009年版，第214页。

落实。

相较于一般的合同，重整计划具有一定的特殊性，这种特殊性主要体现在：其一，它是在法院主持和管理人组织下，由各方主体协商制定的协议；其二，在管理人或债务人发出要约后，不需要所有相对方全部作出承诺，而仅需达到法定比例的债权人承诺后合同即成立；其三，重整计划得到法院认可并批准后，将会突破合同的相对性，对所有主体产生约束力和强制力，使法律责任扩张至所有债权人；其四，即使达不到法定比例，经法院依法裁定批准后，合同也发生法律效力；其五，法院的批准不仅具有约束力，还具有相当的执行力，具有与确定的判决同等的效力。如果负有给付义务的一方不按规定履行，还可以强制执行。[1]

从性质上来看，重整计划既体现私法自治的精神，也具有公法强制性的特征。一方面，重整计划系各方主体多轮协商达成，充分展现了平等主体意思自治的精神；另一方面，重整计划系在法定程序下进行，经法院认可后对所有债权人产生约束力；特别是在各方因谈判陷入僵局时，法院作为公权力机关可行使强制批准权，防止满盘皆输的局面出现，此时充分体现了公法强制性的特点。

（二）融资方案是重整计划的关键内容

如果说重整计划是企业重整的核心，那么融资方案则是重整计划的关键。总体来看，重整计划主要包括两部分内容：其一，是对债权债务关系的解决；其二，是对企业重整挽救措施的规定。重整挽救措施是重整计划制定者提出的旨在维持企业营业、实现企业再生的具体方法。债权债务关系的解决相对简单，而企业重整挽救措施则因涉及各方面的法律关系而显得尤为复杂。[2] 企业重整挽救措施主要包括资金筹集和营业

---

〔1〕 参见王尤刚：《救赎与博弈：公司重整融资的法律制度研究》，中国政法大学2011年博士学位论文。

〔2〕 参见王欣新：《破产法》，中国人民大学出版社2011年版，第265页。

继续两个方面,其中,继续营业是债务人企业进入重整程序后的首要任务,但是资金筹集(融资)对重整企业能否继续营业甚至能否成功重整至关重要。因此,融资方案是企业重整挽救的关键所在,也是重整计划的重中之重。

(三)重整融资方案的立法例

重整计划的制定不仅要坚持公平、效率、合理等基本原则,在内容上还应当尽可能详细明确,以方便重整计划的顺利执行。从各国和地区的立法来看,普遍采取列举的方式明确重整计划的主要内容。

美国《破产法典》第1123条(a)款和(b)款分别规定了重整计划的7项必要记载事项和5项一般记载事项。其中,与重整融资相关的必要记载事项主要是第5项,即为重整计划的实施提供足够的手段。涉及重整融资的一般记载事项主要是第4项,即可规定出售债务人所有或实质上所有的财产,与该所得之分配。[1]

日本《公司更生法》第167条将股东权利的全部或部分变更作为重整计划的必要记载事项。第189条、第199条将重整计划具有"执行可能性"作为必要记载事项。如果重整计划缺乏执行可能性,法院就不能允许对方案进行表决,即使更生计划方案被通过,法院也不得批准。涉及重整融资的一般记载事项主要规定于《公司更生法》第174~177条,主要包括:(1)股份注销、合并以及分割,更生公司获得股份(第174条);(2)募集股份(第175条);(3)募集新股预约权(第176条);(4)与更生债权人或股东的权利可兑换的股份发行(第177条之2)。[2]

我国台湾地区"公司法"第304条第1项规定,公司重整如有下列事项时,应订明于重整计划:(1)全部或一部重整债权人或股东权利之

---

[1] 参见汪世虎:《公司重整中的债权人利益保护研究》,西南政法大学2005年博士学位论文。
[2] 参见[日]谷口安平主编:《日本倒产法概述》,佐藤孝弘等译,中国政法大学出版社2017年版,第350-353页。

变更；（2）全部或一部事业之变更；（3）财产之处分；（4）债务清偿方法及资金来源；（5）公司资产之估价标准及方法；（6）公司之改组及章程之变更；（7）员工之调整或裁减；（8）新股或公司债之发行；（9）其他必要事项。这些其他必要条款可能包括计划减资或解散公司而另行设立新公司。[1] 上述9项必备条款中，有5项内容与重整融资直接相关，分别是第2项、第3项、第4项、第5项、第8项；另有1项即第9项其他必要事项也可能涉及减资等重整融资的内容。我国台湾地区"公司法"对融资条款的重要性可见一斑。此外，我国台湾地区"债务清理法草案"第221条第1项规定将"公司法"第304条所列事项从9项增加到14项，增加部分包括：债权类别及受偿方式，附属企业及关系企业之处理，法人事业全部或部分让与、减资、增资，法人与他法人之合并，收购与分割，调整内部组织，完成重整之标准等。同时，该"草案"第222条第4款规定，重整说明书应包括"法人得继续经营并重整成功之基础"，而所谓"成功之基础"应系指重整计划所提出的资金募集或事业续为营运或组织调整等方案的具体做法。由此可见，自重整计划内容现行规定及未来草案的规定，有相当篇幅都聚焦于资金募集的方式上。[2]

从立法例来看，美国、日本等国家将重整计划分为必要记载事项和一般记载事项。必要记载事项必须在重整计划中加以记载，如果有所欠缺将导致重整计划无效，法院也不得裁定批准。比如，根据美国《破产法典》第1123条（a）款5项规定，重整计划必须包含为重整计划实施提供足够手段的条款。再如，日本《公司更生法》第189条、第199条要求，重整计划应当具有"执行可能性"。一般记载事项为提示性的条款，即使有所欠缺，也不影响重整计划的效力。德国、韩国及我国台湾地区在立法上未作区分，但是也都列出重整计划应当包含的主要内容。

---

[1] 参见郑玉波：《公司法》，台北，三民书局1984年修订初版，第204-205页。
[2] 参见林仟雯：《资产价值最大化目标体现于两岸重整程序的法律研究》，武汉大学2013年博士学位论文。

通过立法比较可以看出，为了实现企业的持续运营和重整再生，破产法成熟国家和地区普遍将融资方案纳入重整计划，并且作为重整计划的重要条款甚至必要条款，详细列明重整融资的各种方式，引导重整企业通过多种方式获得融资。

二、重整融资方案制定的基本原则

管理人或自行管理的债务人在制定重整融资方案时，不仅应当考虑如何及时有效地为企业维持运营和清偿债务提供资金支持，还应当考虑公平合理地维护各方主体的利益，这样才能获得债权人会议的同意和法院的认可。总体来说，制定重整融资方案应当遵循以下基本原则：

（一）成本效益原则

任何一项制度和方案，在带来一定效益的同时，必然会产生一定的成本。重整融资方案亦是如此，需要在成本和收益之间进行平衡的取舍。

重整融资的成本主要体现在两个方面：一是代理成本。代理成本包括原股东与高管的代理成本和投资人的代理成本。根据公司产权理论，在破产清算程序中，债权人是公司的剩余所有人，而通常情况下股东和高管将完全出局。但是在重整程序中，由于贷款人、投资人等融资方的加入，原股东、高管以及融资方可能依据融资契约或重整计划获得公司的经营控制权。此时作为原股东和高管，存在损害原债权人利益的可能性，这就是原股东和高管的代理成本。而作为融资方，可能以新股东的身份参与公司治理，或者以新债权人的身份对公司经营管理产生影响。无论以何种方式取得公司的控制权，都会与原债权人、公司以及其他利益相关方产生冲突。比如，公司的一项投资会对公司整体经营有利，但是相应的风险也会增加，对于贷款人而言，由于其获得的是固定收益，一般不分享公司的经营收益，很可能会因担心投资失败而阻止该项投资。二是时间和资金成本。对投资人而言，采用股权投资的方式相比其他的融资方式，往往需要更长的时间，从而产生一定的时间成本。对贷款人而言，由于困境公司融资预期风险高，因此需要以较高的利息和费用进行补偿，这无疑会增加重整企业的资金成本。

重整融资方案应坚持的效益原则主要体现在：一是能够实现多元融资。如前所述，重整融资是企业重整中的关键环节。企业能否及时筹集到足够的资金，对其经营发展至关重要，甚至直接影响企业重整的成败，决定企业是走向新生还是走向清算。即使是正常经营的企业，进行融资也是关键而困难的，更不必说已经进入破产重整程序的困境公司。对于一个重整企业来说，通过通常的方法筹集资金是非常困难的，故法律赋予重整人不拘一格的募集资金权限。[1] 同时，从重整企业的类型来看，由于企业重整并不以重整企业的存续为唯一前提，也包括不保留企业但保留营业的重整模式，如出售式重整，这也为重整融资方式的多元化提供了依据。二是能够实现快速融资。一方面，融资方案的制定要迅速高效。能否及时有效地制定融资方案，直接影响方案能否被债权人、投资人等利害关系人接受。而有效率的融资方案能够树立利害关系人对重整企业的信心，从而便于各方在充分协商的基础上形成拯救重整企业的合力。另一方面，融资方案的内容要能够实现快速融资。为使企业尽快走出财务困境和经营困境，维持企业正常营业并避免企业资产贬值风险增加，重整企业必须尽快融资以获取流动性。这就要求融资方案规定的融资方式和融资程序要能够实现快速融资的目标。

总之，成本效益原则要求融资方案能够尽力降低重整融资的成本，并以能否增加重整企业的新价值，能否提高重整的成功率，能否提高债权的清偿率，能否实现债务人财产的最大化为标准，来对重整融资方案进行完善。

（二）具体可行原则

重整制度虽然具有挽救困境企业、维护社会利益的功能，但也具有

---

[1] 参见李永军：《破产法律制度》，中国法制出版社2000年版，第451页。

成本高、耗时长的特点，对债权人的利益影响巨大。如果让不具有挽救价值的企业或者没有融资可能性的企业不当进入重整程序，不仅不能实现对公序良俗原则的维护，反而可能耗费企业资源和社会资源、延误债权人清偿时间，损害相关主体利益。鉴于重整制度与公序良俗原则的密切相关性，应当建立健全重整识别机制，对是否启动重整程序进行审查，确保进入重整程序的是确有拯救价值的企业，避免重整制度的滥用和异化。法院对是否启动重整程序的审查，既包括对重整必要性的审查，也包括对重整可行性和融资方案可行性的审查。在融资方案的可行性审查方面，2018年《全国法院破产审判工作会议纪要》明确了重整计划的审查与批准条件，特别强调法院在审查重整计划时，应当审查企业重新获得盈利能力的经营方案是否具有可行性。[1]

融资方案必须切实可行，通过获取新的资金改善企业财务状况、优化企业资本结构，在保障企业正常运营的同时避免再次陷入财务困境，从而真正实现重整融资挽救企业的目标。对于企业来说，营业中的融资方式并非一成不变，而是一个与时俱进的变化过程。它与企业的治理结构、业务范围、业务对象等因素密切相关，并受经济发展水平及财政政策等因素的影响。[2] 因此，融资方案的合理性主要体现在根据企业的不同情况选择合适的融资方式。比如，对于信用相对较好或者有担保物的重整企业，可以选择新增借款的方式；对于生产线完备、营销网络较好但是债务负担过重的企业，可以考虑出售式重整的方式；对于具有壳价值的上市公司或者具有优质资质的企业，可以考虑采用反向出售式重整的方式；对于拥有能够带来长期收益但是短期

---

[1]《全国法院破产审判工作会议纪要》第17条规定："重整不限于债务减免和财务调整，重整的重点是维持企业的营运价值。人民法院在审查重整计划时，除合法性审查外，还应审查其中的经营方案是否具有可行性。重整计划中关于企业重新获得盈利能力的经营方案具有可行性、表决程序合法、内容不损害各表决组中反对者的清偿利益的，人民法院应当自收到申请之日起三十日内裁定批准重整计划。"
[2] 参见王福强：《破产重整中的营业保护机制研究》，法律出版社2015年版，第76页。

内难以变现资产的重整企业，可以采用资产证券化或权益类资产融资的方式，等等。

(三) 商业判断原则

重整融资方案的商业判断原则与重整制度的基本功能密切相关，与公司控制权的实施密切相关，与融资方案的契约性质密切相关。

从重整制度的功能来看，维持企业持续运营是重整制度的基本功能。艾登穆勒教授更将重整制度的功能形象地称为"筛选器"功能，即筛选出具有继续经营可能性的企业。[1] 这种筛选器功能强调的是通过一系列机制设计，为市场"筛选"企业创造条件，为利益主体的意思自治提供制度依据。在重整制度和融资制度中，涉及价值评估、商业判断等经济学问题时，有时与其让管理人、人民法院甚至行政机关来决策裁量，不如回归到利益主体的意思自治，由债权人、债务人、投资人、贷款人等多方主体在充分协商和衡量利益的基础上，自主作出商业判断。

从公司控制权的角度来看，在重整融资制度中，投资人、贷款人、债权人等控制权人拥有法定的权力。这些权力在一定程度上决定了公司能否持续经营，也决定了不同利益主体的权利能否得到保障。因此，重整融资制度需要为这种控制权的实施设定相应的程序和标准，而商业判断原则就是企业控制权实施的基本原则。商业判断原则要求投资人、融资人或者其他控制人根据自己作出的商业判断进行决策，确保这样的决策能够降低成本、追求收益、维持运营，同时保证新的决策不受管理人、人民法院甚至行政机关的不当干扰，从而实现重整企业价值的最大化和商业利益的最大化。

从融资方案的契约性质来看，融资方案本质上是债权人、投资人、原股东等多方利益主体达成的契约。契约本身既是财富的重要形式，也

---

[1] 参见何旺翔:《破产重整制度的价值目标、基本原则和设计理念》，载《第十届中国破产法论坛论文集》(中册)，第237页。

是市场化配置资源的主要方式。应当赋予相关主体在法律允许的范围内享有充分的意思自治权利。作为商事主体，意思自治的集中体现就是对是否融资、如何融资作出商业判断。与此同时，对人民法院而言，融资方案的判断本质上是司法判断而不是商业判断，其关注的重点是合法性和合理性的审查以及利益相关者的保护。作为行政机关，对于融资行为的判断是行政判断或者社会判断，也不属于商业判断，其关注的重点是行政效果或者社会效果。因此，人民法院和行政机关虽然要防止以契约自由为名从事违规交易行为，违背契约正义，破坏公平公正的市场秩序，但是不应当过多地干预当事人的意思自治和商业判断，应当为重整融资的市场化实施营造良好的制度环境和法治环境。

（四）公平合理原则

"正义有着一张普罗透斯似的脸"，虽然可以从经验的角度去体会，但是很难给出一个统一而确切的概念。罗尔斯在区别"个人正义"时提出了"社会正义"的概念，"一个社会体系的正义，本质上依赖于如何分配基本的权利义务，依赖于在社会的不同阶层中存在的经济机会和社会条件"[1]。

社会正义的实现必然涉及权利分配问题，在社会资源总量不变的条件下，社会再分配可能会对部分人的权利构成侵害。法律在构建社会正义时，不应贸然超越权利的界限，对权利的侵犯必须是合理的、适度的。重整融资制度涉及对重整企业有限资源的分配，将重整制度置于社会利益的视角下进行衡量，使破产重整造成的损失由重整企业、债权人、公司股东、新投资人进行适当分担，这既符合"社会正义"的保护要求，也遵循"个人正义"的限制原则。比如，为了获得新的资金，普通债权人要容忍新债权获得优先的清偿地位，甚至担保债权人也要作出权利让

---

[1] ［美］约翰·罗尔斯：《正义论》，何怀宏、何包钢、廖申白译，中国社会科学出版社1988年版，第7页。

渡；为提高债权人的清偿比例，需对股东的权益进行适度调整，甚至归零；在分组表决融资方案或重整方案时，如果方案本身符合债权人和债务人利益甚至是社会整体利益，但有的组别没有通过方案，法院可以通过强裁的方式维护"社会正义"。然而，对"个人正义"的限制也必须合理且有限度。比如，融资成本不能过高，以免增加债务人负担或损害债权人利益。又如，债权人在重整程序中所能得到的清偿不得低于其在清算程序下所能得到的清偿，也不能简单地以重整清偿略高于清算清偿就对重整方案进行强裁，强迫债权人同意融资方案或重整方案。当营运价值远远高于清算价值时，仍然给予债权人较低的清偿就是不公平。

　　罗尔斯还提出，"处在原初位置的人必须充分地促进最不幸的社会成员的需要才能创设一个正义的政治和法律制度"[1]。将这个观点引入重整融资领域，要求一个公平的融资制度需要关注重整融资所涉及的"最不幸"的利益主体。但是问题在于，案件的情况各不相同，当事人的情况也不相同，很难找到一条标准去衡量谁才是重整融资制度中"最不幸"的人。如果强行制定一个标准去确定谁是"最不幸"的人，实践中有可能同时损害"个人正义"和"社会正义"。比如，贷款人为了防止成为"最不幸"的人可能不愿意提供贷款，或提高贷款的利率；投资人为了防止成为"最不幸"的人而不愿意投资，或者要求取得更多的控制权，等等。为了实现原始状态下促进"最不幸"的人利益的目标，融资制度应当鼓励和引导当事人在原始状态下就权利义务问题进行协商，并且通过强化债权人会议、债权人委员会以及司法机关的监督权来保障这一目标的实现。

　　在重整融资的过程中，融资方案也涉及债务人、债权人、投资人、公司股东等多主体的利益冲突和利益平衡。为公平合理地保障各方主体的权益，在拟定重整融资方案时需要详细阐明融资的必要性和可行性，

---

[1] Robert K. Rasmussen, *An Essay on Optimal Bankruptcy Rules and Social Justice*, 1994 U. Ill. G. Rev. 1.4. 转引自王佐发：《公司重整的契约分析》，中国政法大学 2008 年博士学位论文。

切实保障各利益主体的知情权和参与权；充分考虑各方主体的利益，公平合理地安排清偿顺位、清偿份额，公平合理地调整公司股权结构；加强法院对资产出售、新的融资、股权融资等事项的监督，在融资方案的制定、批准、强裁、执行等各个环节依法维护各方主体的合法权益；保障债权人、债务人的股东等利益主体通过债权人会议或其他方式对融资行为进行监督的权利，并且保障其在因融资行为遭受利益损害时获得法律救济的权利。

三、重整融资方案相关问题及建议

（一）我国重整融资方案存在的主要问题

1. 融资方案在重整计划中的地位不突出

我国《企业破产法》第81条以列举方式规定了重整计划应当包括的7项内容。[1] 但是在这7项内容中，没有融资方案或者融资条款的规定。从文义上看，融资方案似乎与第1项"债务人的经营方案"或第7项兜底条款"有利于债务人重整的其他方案"相关。在重整实践中，包括融资方案在内的所有能够恢复重整企业营业、促进重整企业经营的措施往往被统一纳入经营方案范围，如技术研发方案、市场营销方案、人员调整方案、财务管理方案、资金募集方案等。但是由于立法未明确将融资方案列为重整计划的必备内容，使重整计划制定人容易遗漏甚至故意回避融资方案的拟定，导致整个重整计划不具有可行性，也导致对融资方案的司法审查缺乏法律依据。

2. 融资方案不明确甚至没有融资方案

重整程序的核心是重整计划，而融资方案又是重整计划的关键内容。

---

[1]《企业破产法》第81条规定："重整计划草案应当包括下列内容：（一）债务人的经营方案；（二）债权分类；（三）债权调整方案；（四）债权受偿方案；（五）重整计划的执行期限；（六）重整计划执行的监督期限；（七）有利于债务人重整的其他方案。"

但是，在重整实践中，有的重整企业融资方案不明确、不具体，甚至根本就没有融资方案。即使是上市公司重整案件，融资方案不明确的情况也较为突出，如重整计划草案中没有明确重整投资人或者虽然明确重整投资人但重整投资人没有作出承诺的情形较为普遍。重整投资人不明确，会导致无法制定详细有效的融资方案。实践中，有的重整计划制定人为了重整计划能够顺利表决通过，事先随意制定一套临时融资方案，而最终执行的并不是表决通过的融资方案。这种先重整、再融资的方式意味着重整计划只有减债方案而没有融资方案，对债权人或股东而言，在不了解融资方案的情况下对重整计划进行表决，侵犯了其知情权和实质表决权；对重整企业而言，由于没有明确具体可执行的融资方案，导致重整成功的可能性降低。

3. 融资方案未对融资方式进行优化配置

融资方式的选择，不仅关系到重整企业能否及时筹措到恢复经营、清偿债务的资金，而且关系到重整企业控制权的转移、重整收益权的分配等诸多重要问题。从这个角度来看，融资方式或融资模式的选择直接决定着重整融资的成败，进而影响整个重整程序的最终结果。鉴于重整融资对重整成败的重要性，对于重整企业来说，不仅应当采取灵活多样的方式筹集重整必需的资金，还应当考虑各种融资方式对重整企业的影响。从我国的重整融资实践来看，还存在一个突出的问题：一些重整计划虽然包含融资方案，但是融资方案载明的融资方式单一、融资渠道狭窄，未能根据重整企业的特点和需求制定科学、合理、多元化的融资方案。

（二）完善我国重整融资方案的对策建议

1. 将融资方案纳入重整计划的主要内容

从美国、日本、韩国和我国台湾地区的立法可以看出，破产法成熟国家和地区在重整计划中普遍将融资方案或融资条款作为重整计划的重要内容甚至必要内容。从比较法上来看，重整计划规定的内容主要有两种类型：一种是以美国和日本为代表的分类列举式，另一种是以我国台湾地区为代表的有限概括式。如前所述，以美国和日本为代表的分类列举式规定了必要记载事项和一般记载事项，即"必须条款"和"可以条款"两大类。"必须条款"是效力条款，缺少效力条款重整计划无效；"可以条款"是指引性条款，缺少不影响重整计划的效力。我国台湾地区采用的是有限概括式，强调重整计划的内容应当由制定人酌情制定，但是同时在"公司法"第304条又列出了应订明于重整计划的9个事项。比较这两种方式，美国和日本的立法规则更加值得肯定和借鉴，因为这种立法方式兼顾了列举式和概括式的优点，既规定了必要条款作为法律的最低限度标准，同时又规定了任意条款对行为进行指引，体现了意思自治和司法干预的统一。

从我国《企业破产法》第81条的规定来看，其借鉴的是我国台湾地区的立法方式，但是在内容上没有参照我国台湾地区的经验，突出表现在第81条没有任何与重整融资相关的条款。为此，建议在修订《企业破产法》时借鉴美国和日本的立法模式，将重整计划的内容分为必要记载事项和一般必要记载事项两类，将"为重整企业提供有效融资"列为必要记载事项，同时列举资产融资、债权融资、股权融资等具体方式作为一般必要记载事项。

2. 制定符合重整企业特点的多元融资方案

从融资模式来看，重整融资包括资产融资、债权融资、股权融资等方式。司法实践中，常见的资金筹集方式主要是新增借款、资产出售和资本结构调整。在上述融资方式中，有的融资可以带来现金流，属于"直接融资"的范畴，如新增借款、资产出售、发行债券等；有的融资虽然不能直接产生现金流，但是能够减少债务、优化财务结构，属于"间接融资"的范畴，如让渡股份、减资、资本公积金转增股份、债转股等资本结构调整方式。一般来说，资产融资主要适用于需要处置非主营业务资产或者整体转让营业事业的企业；股权融资主要适用于股权仍然具有价值的企业；对于企业规模较大、资产难以处置、债务关系复杂且急需资金维持运营的重整企业，采取债权融资往往更具优势。而可转债兼具债权融资和股权融资的特点，具有融资成本低、股权稀释渐进的优势。

企业的融资方式与企业的治理结构、业务范围、业务对象等因素紧密相关，并受经济发展水平及财政政策等因素的影响。[1] 对于重整企业来说，除需考虑各种融资方式的特点外，还应当根据企业的资产类型、负债情况、经营状况、行业地位等具体情况，选择适当的单一融资方式或组合融资方式，以达到清偿债务、恢复生产和持续经营的目的。这就要求重整计划制定者在拟定融资条款时，既要广开融资渠道、实现多元化融资，又要根据不同类型、不同发展阶段、不同发展状况为企业量身打造不同的组合方式和融资比例。典型的如重庆钢铁股份有限公司破产重整案，该案运用"融资+经营"一揽子创新方案，在综合运用资产融资、债权融资、股权融资进行多元融资的同时，重整投资人根据企业陷入困境的原因，着力解决企业在技术、管理、市场等方面存在的痛点和堵点，最终仅用18个月便使企业摆脱财务困境并改善经营治理结构。根据重整计划，重庆钢铁通过多元融资实现重整再生的步骤主要是：第一步，通过引入由四源合基金和重庆战略新兴基金共同组建的重整专有平台——重庆长寿钢铁有限公司作为战略投资人；第二步，由控股股东重庆钢铁集团向战略投资人长寿钢铁有条件让渡股权，实现股权融资40亿元；第三步，由控股股东重庆钢铁集团购买重庆钢铁二系统及相关资产，获得资产融资30亿元；第四步，向债权人国家开发银行债权融资35亿元，其中重组方并购贷款24亿元，重庆钢铁流动资金贷款11亿元；第五步，通过"以股抵债"的方式对普通债权进行清偿（见图5-1）。

---

[1] 参见王福强：《破产重整中的营业保护机制研究》，法律出版社2015年版，第76页。

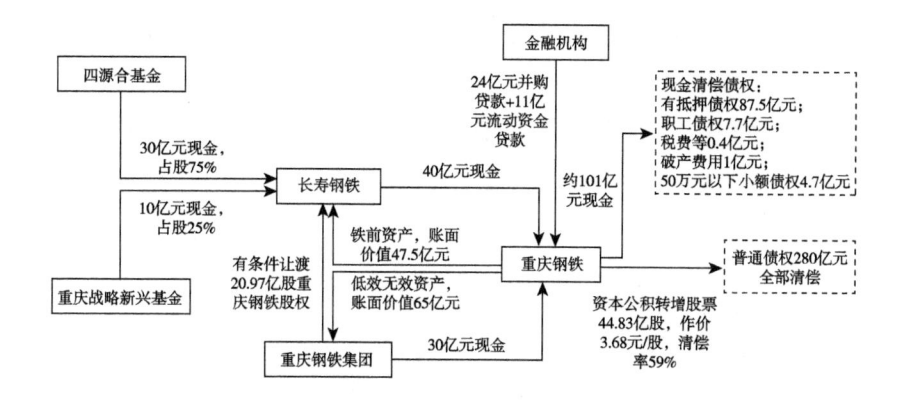

图 5-1　重庆钢铁融资方案

3. 将融资方案是否可行纳入司法审查范围

重整计划是否包含详细的融资方案、融资方案中的融资方式是否可行、能否为拯救企业提供足够的资金，是多数国家法院审查批准重整计划时关注的重点。如果重整计划中没有翔实的融资方案，法院将认定该重整计划不具有可行性，对该重整计划不予批准。比如，美国《破产法典》第1123条（a）款（5）项规定，为重整计划实施提供足够手段的条款是重整计划的必要条款。据此，如果重整计划欠缺完备的融资方案，重整计划的实施将失去必要的支撑，导致整个重整计划无效。然而，司法实践中，一些法院未对融资方案的可行性进行严格审查，对融资方案不明确、不具体、不可行甚至缺失融资方案的重整计划仍然予以批准。

为此，法院在批准重整计划阶段，需要结合重整企业的特点和需求，将"能否为重整企业提供有效融资"作为重整计划是否可行的重点内容，具体可以从融资类型是否多元、融资方法是否适当、融资条款是否具体、融资方案是否可操作、重整投资人是否明确等几个方面进行考量判断。对于融资方案不具有可行性要求的，应当责令重整计划制定主体予以修改完善，否则不得提交债权人会议予以表决。如果不予以修改或者修改后仍然达不到可行性要求的，即使经债权人会议表决通过，法院也应当不予批准。我国司法实践中，一些法院已经开始探索将融资情况作为判断重整可行性的依据。比如，深圳市中级人民法院 2020 年出台的《关于优化破产办理机制推进破产案件高效审理的意见》第 25 条明确规定，对于破产清算程序转破产重整程序的案件，将管理人招募投资人的情况作为法院审查重整可行性的参考依据。

第六章　重整融资的市场培育

市场化是破产法应当坚持的基本原则和基本方向。市场化破产能否得到有效实施,依赖于市场的完备程度。[1] 重整融资的市场化培育,需要加强重整投资人的培育和重整资本市场的培育,同时也离不开重整融资信息化建设的技术支撑。

一、重整投资人的培育

重整投资人是企业重整的重要力量,对帮助重整企业摆脱经营困境,实现涅槃重生具有至关重要的作用。但是,我国《企业破产法》和司法解释没有涉及重整投资人的相关条款,司法实践中也面临重整投资人招募原则不清晰、保障机制不完善、约束机制不健全等问题,在一定程度上影响了重整投资人作用的发挥,需要采取针对性的措施予以解决。

(一) 重整投资人的概念及作用

重整投资人实践中也称为"重组方"或"重整方",是指在重整程序中,债务人无力自行摆脱经营及债务困境时,为债务人提供资金或者其他资源,帮助债务人清偿债务、恢复经营能力的自然人、法人或者其他组织。[2] 重整投资人投入资金、资产的目的在于获得重整企业的新债

---

[1] 参见李曙光、王佐发:《中国破产法实施的法律经济分析》,载《政法论坛》2007年第1期。
[2] 参见《深圳市中级人民法院审理企业重整案件的工作指引(试行)》第71条。

权或者股权，进而实现对重整企业的控制或获得一定的商业回报。司法实践中，重整投资人除了资产公司、投资公司、基金公司等专业投资机构外，也可能是同行业和上下游企业，有时候还可能是债权人或者债务人的股东。例如，在青岛造船厂有限公司破产重整案中，即是由股东北京建龙重工集团有限公司联合青岛市企业发展投资有限公司作为共同出资人。[1] 最高人民法院于 2016 年 6 月发布 10 起关于依法审理破产案件、推进供给侧结构性改革典型案例，其中无锡尚德太阳能电力有限公司破产重整案和上海超日太阳能科技股份有限公司破产重整案，均是由同行业的企业作为投资人。

重整投资人对重整企业的作用不仅在于能够助力重整企业获取必要的资金和优质的资产，解决重整企业短期财务困境、拓展清偿债务资金来源，更重要的是能够解决企业陷入困境的技术、管理、市场等方面的问题，推动企业根本改善盈利能力，促进企业成功转型升级。近年来的重整实践充分表明，引进合适的重整投资人对于重整企业能否实现清偿债务和业务转型的双重目标起着至关重要的作用，比较典型的如前文提到的重庆钢铁破产重整案。

在重庆钢铁破产重整案中，四源合（上海）钢铁产业股权投资基金中心（有限合伙）作为核心战略投资人，与重庆战略新兴基金共同出资设立重庆长寿钢铁有限公司作为重组方参与重整。四源合基金成立于 2017 年 4 月，是中国宝武钢铁集团有限公司联合多家中外企业，共同组建的国内第一只钢铁产业结构调整基金，经营范围包括股权投资、资产管理、投资管理、创业投资。在四源合基金的股东中，中国宝武集团是于 2016 年由宝钢和武钢强强联合成立的央企，在钢铁行业资源丰富。WL 罗斯公司是美国著名私募股权机构，擅长重组钢铁行业破产企业。

---

[1] 参见青岛市中级人民法院：《积极推动破产审判机制创新，充分发挥重整程序拯救作用——青岛造船厂有限公司、青岛扬帆船舶制造有限公司重整案介绍》，载《中国破产法论坛·执行转破产暨船舶企业破产专题研讨会论文集》2018 年 7 月 14 日，第 315 - 316 页。

中美绿色基金是第八轮中美战略与经济对话的联合成果之一，其设立旨在协助实现中国经济的可持续发展。招商局集团则是历史悠久的百年央企，聚焦于交通、金融、城市综合开发三大核心产业板块。[1] 总之，四源合基金是集资本、技术、管理、市场于一体的企业，四家股东都实力雄厚、各有所长，能够发挥资源和优势互补的作用，实现生产要素的优化组合。四源合基金参与重庆钢铁重整，不是简单地利用资金优势和融资优势解决上市公司巨额债务问题，而是依托重庆钢铁原有主营业务，通过实施混合所有制改革、引入职业经理人等，彻底打破重庆钢铁原有的体制机制，建立起精简高效的运营方式和完全市场化的薪酬激励制度，从根本上改善盈利能力，实现战略发展。

（二）重整投资人的招募机制

1. 重整投资招募的方式

（1）根据重整投资人的招募主体，可以分为管理人招募和债务人招募两种方式。我国的司法实践以管理人招募重整投资人为主要方式。这与我国《企业破产法》规定的管理人管理财产和营业事务为主，债务人自行管理财产和营业事务为辅的治理模式相符。[2] 同时，鉴于债务人企业与债权人、重整投资人之间可能存在利益冲突，由管理人负责重整投资人招募更有公信力，也有利于平衡各方利益。因此，即使是在债务人自行管理的模式下，通常也是由债务人和管理人共同招募投资人。

（2）根据重整投资人招募的时间，可以分为重整计划表决前招募和重整计划表决后招募两种方式。重整计划表决前招募投资人的优势主要在于重整计划内容明确，债权人得到的清偿标准固定，债务人企业能够迅速恢复运营。重整计划表决后引进投资人的主要优势在于，可以有充

---

〔1〕参见《四源合投资的"野心"："改造"中国钢铁行业》，载微信公众号"冶金信息装备网"2017年4月11日。

〔2〕《企业破产法》第73条第1款规定："在重整期间，经债务人申请，人民法院批准，债务人可以在管理人的监督下自行管理财产和营业事务。"

分的时间寻找更加合适的投资人，也可以相应地提高债权人的清偿率。司法实践中，非上市公司通常采用重整计划表决前招募投资人的方式，而上市公司更多采用的是重整计划表决后招募投资人的方式。为切实提升上市公司的重整质量和实效，2024年12月31日，最高人民法院会同中国证券监督管理委员会出台的《关于切实审理好上市公司破产重整案件工作座谈会纪要》明确规定，拟引入重整投资人的，重整投资人应当具有相应的资源和能力，重整计划草案中应当明确拟引入的重整投资人相关信息及其参与重整的条件、获得的股份数量和价格等内容。

（3）根据重整投资人招募是否对外公开，可以分为公开招募和非公开招募两种方式。公开招募指的是管理人或债务人通过多种平台向社会公开发布招募公告寻找投资人。非公开招募指的是管理人或债务人通过非公开谈判的方式寻找投资人。公开招募的优势主要在于程序的公开透明，有利于引入竞争机制对投资人进行遴选；非公开招募有利于保护债务人的商业秘密，有时也可以通过充分的协商谈判确定更加适合债务人的融资方案。此外，在预重整案件中，出于保护商业秘密的考量，实践中多采用非公开招募投资人的方式。

实践中，公开招募投资人的标准主要包括：①主要债权人参与引入投资人的谈判或者认可谈判结果；②债务人已经和多个意向投资人进行谈判或咨询意向；③债务人引入投资人时披露的企业价值基本真实且公允；④根据债务人的规模和行业特点，投资人的经营管理有利于债务人恢复或者增强盈利能力；⑤投资人的信用状况能够对重整计划的执行提供充分保障。非公开招募投资人的，除上述5个标准外，还包括以下两个标准：①投资人在债务人危机期间提供资金或者资源有助于缓解债务人财务危机或者改善债务人营业状况；②引入投资人对推动重整程序有促进作用且投资人也承担了相应成本。[1]

---

[1] 参见池伟宏：《破产重整投资人的选任和保护》，载搜狐网2018年11月8日，https：//www.sohu.com/a/274103275_159412。

2. 重整投资人招募的流程

实践中，招募重整投资人大体上分为以下几个步骤：第一步，管理人或债务人公开发布招募公告或者通过非公开的方式接洽潜在投资人；第二步，意向投资人报名，提交重整意向书；第三步，管理人对意向投资人进行资格审查，对符合条件的投资人发出入围通知书；第四步，管理人与意向投资人签订保密协议，意向投资人缴纳保证金；第五步，意向投资人展开尽职调查，管理人和债务人企业予以配合；第六步，意向投资人提交重整投资方案草案，管理人或债务人与重整投资人就草案进行协商谈判；第七步，债权人会议或债权人会议授权的机构（如债权人委员会、专门成立的评审委员会等）通过表决或打分等方式选定重整投资人；第八步，管理人或债务人与重整投资人签订重整投资协议，该协议作为重整计划草案的一个部分；第九步，确定备选投资人，防止因选定的投资人违约导致无法按期提交重整计划草案或重整计划草案无法履行；[1] 第十步，管理人将包含重整投资方案的重整计划草案提交法院审查。

概括起来，以上流程可以分为三个阶段，即**重整投资人资格审核阶段**（第一步至第三步），**协商谈判和尽职调查阶段**（第四步至第六步）和**重整投资人的审核确定阶段**（第七步至第十步）。这三个阶段体现了管理人或债务人负责招募，债权人会议负责决策和人民法院批准监督的流程体系。

---

[1] 江苏省无锡市中级人民法院在审理 ST 霞客破产重整案件中，运用市场化方式招募两个重整投资人，签订了两份重整投资协议，其中，1 号投资人是正选，必须在规定期限内支付确定金额；2 号投资人是备选，若 1 号违约，重整投资人地位便被 2 号取代。法律手续上，1 号重整投资协议以重整计划通过并批准为生效条件，2 号重整投资协议以 1 号投资人违约为生效条件。该案中 1 号投资人没有违约，但在 2 号投资人压迫督促下，资金 3 日内就到位。在无锡西姆莱斯石油专用管制造有限公司破产重整案中，无锡中院参照 ST 霞客的备选投资人模式，在原重整投资人出现投资逾期时，及时更换新的重整投资人，继续将重整计划执行完毕，确保重整债权按原计划受偿、西姆莱斯按原计划复工。参见《无锡中院金融庭四大举措与十大破产案例》（上），载山东省法学会企业破产与重组研究会网 2017 年 1 月 14 日，http://www.ebra.org.cn/news/detail/4836_1.html。

3. 重整投资人招募的原则

重整投资人招募作为重整计划的一项重要内容，应当体现重整制度的基本原则和市场化、法治化的基本要求。结合招募投资人的特点，笔者认为，持续运营原则、债权人利益最大化原则和市场化原则较为重要。

（1）持续运营原则。持续运营原则指的是在选任投资人时，不仅要考虑投资人的出资金额，还要将是否有利于企业的存续和发展作为重要的衡量指标。这是由重整制度的特点决定的，企业重整不同于破产清算，除了清理债权债务关系以外，使重整中的利害关系人获得债务人企业的运营价值是破产重整的核心理念之一。[1] 这就要求对投资人提交的经营方案是否有利于实现企业的持续运营进行评价，对投资人的市场运营能力、行业影响能力、资源整合能力、内部管理能力等进行综合考核。

（2）债权人利益最大化原则。债权人利益最大化原则指的是在选任投资人时，在充分保障债权人的知情权、参与权和监督权的基础上，通过多种方式积极寻找意向投资人，并且综合运用公开竞价、公示报价等手段，在确保债权人不低于破产清算程序获得清偿的前提下，最大限度地提高债权人的清偿比例，实现债权人利益的最大化。

（3）市场化原则。市场化原则指的是在选任投资人的过程中，应当坚持法律判断和商业判断双重视角，鼓励投资人之间的市场博弈，防止对招募条件的人为不当设置和对投资人选任工作的不当干预，切实保障投资人和重整企业之间市场化的双向选择权。

在上述三个原则中，市场化原则与其他两个原则有很强的契合性，对市场化原则的认识也基本能够达成共识。但是对持续运营原则和债权人利益最大化原则的优先性问题存在不同看法。有观点认为，单纯以债权人利益最大化为唯一追求的做法无异于杀鸡取卵，违反了重整制度维

---

[1] 参见［美］查尔斯·J. 泰步：《美国破产法新论》（第3版）（上册），韩长印、何欢、王之洲译，中国政法大学出版社2017年版，第13页。

持企业运营价值的核心理念。[1]另有观点认为,在重整程序中应强调债权人利益最大化,避免过于追求企业持续经营的结果而忽视及损害债权人利益。例如,在广西金河矿业股份有限责任公司重整案件中,重整投资人整合为南方联合体和中钜联合体两家。根据管理人制定的遴选规则,须在指定日期提交最终重整方案,最终重整方案提交后不得再做任何修改。在重整方案截止日后,中钜联合体在债委会上表示,为了维护债权人利益,给予普通债权人更高的清偿率,愿意对重整方案进一步优化。另一投资人南方联合体对此表示强烈反对。在坚持原有遴选规则和维护债权人利益之间,管理人选择了后者,不仅更改了遴选规则,更是引入了公开竞价机制,最终普通债权人受偿金额增加了1.9亿元,清偿率从20%大幅提升至36%。而且还在方案中增加了保本停息分期5年100%清偿的内容,据此债权人可以实现100%清偿。[2]

持续经营价值和债权人利益最大化原则是重整制度的两大基础价值。当债务人的拯救和债权人的保护发生冲突时,债权人利益的优先保护理念在我国业界仍可能占据上风。[3]但是笔者认为,持续经营价值在对债务人进行拯救的同时还体现了重整制度的社会价值,而债权人利益最大化原则更多体现了对部分债权人利益的维护。重整投资人将"蛋糕"做大,既能够为债权人和债务人利益平衡创造条件,也能够体现"保居民就业""保市场主体""保产业链供应链稳定"等社会价值。当企业持续运营和债权人利益发生冲突时,应当突出持续经营价值的优先性。具体到招募投资人的环节,首先要考虑的是哪个投资人更有利于企业的复苏、职工的安置和社会的稳定,在此基础上充分考虑债权人的利益,确保债

---

[1] 参见池伟宏:《破产重整投资人的选任和保护》,载搜狐网2018年11月8日,https://www.sohu.com/a/274103275_159412。

[2] 参见袁公章:《在债权人利益最大化视角下的重整投资人遴选规则研究——以广西金河矿业股份有限公司重整案为例》,载王欣新、郑志斌主编:《破产法论坛》第16辑,法律出版社2020年版,第300页。

[3] 参见池伟宏:《破产重整投资人的选任和保护》,载搜狐网2018年11月8日,https://www.sohu.com/a/274103275_159412。

权人的利益在不低于清算程序中获得利益的基础上，尽可能提高债权人的清偿率。前文提到的广西金河矿业股份有限责任公司重整案件，并不能说明债权人利益最大化优先于持续运营价值，而恰恰反映了在实现企业持续运营的前提下，如何最大限度地维护债权人利益。南方联合体和中钜联合体作为投资人均可以实现拯救企业的目的，在此前提下管理人变通了遴选规则，并且采用了公开竞价的遴选机制，较好地平衡了债权人、债务人和投资人的利益，实现了持续经营价值和债权人利益最大化价值的统一。

(三) 重整投资人的保障机制

1. 信息披露机制

信息披露是债权人和投资人权益保障的重要内容，也是重整企业的应有义务。对于债权人而言，信息披露最重要的目的在于能使债权人对重整方案做出评估并最终决定是否接受该方案。[1] 对于投资人而言，信息披露最重要的目的在于判断能否对参与企业重整以及如何设计投资方案。概括来说，信息披露是债权人行使表决权和监督权以及投资人作出投资决策的基础条件。法制成熟国家在立法内容上虽有所区别，但均制定了系统的破产信息披露制度，如美国以"充分信息"为核心的破产信息披露制度，英国以"破产调查"为核心的具有威慑力的破产信息披露制度等。

我国《企业破产法》仅规定了有关主体提出重整申请时应提供的材料范围，但没有对重整过程中债务人、管理人应向债权人、出资人等持续披露有关信息作出规定，导致各方信息往往不对称，增加了重整计划草案通过的难度。[2] 为优化营商环境，保障债权人的知情权和参与权，

---

[1] 参见 [美] 大卫·G·爱泼斯坦等：《美国破产法》，韩长印等译，中国政法大学出版社 2003 年版，第 818－819 页。

[2] 参见艾文、惠宁宁：《破产重整的司法实践与发展方向——专访最高人民法院审判委员会委员、民二庭庭长贺小荣》，载《人民法治》2017 年第 11 期。

《破产法司法解释三》第 10 条赋予了单个债权人的信息查阅权[1]。但是对投资人的知情权保障，我国《企业破产法》和司法解释均未涉及。实践中，对于投入资金进行共益债务融资的投资人，可以根据《破产法司法解释三》直接以债权人的身份行使知情权，但是对于进行股权投资的投资人，有时难以及时获取相关信息。当这类投资人无法获取必要信息时，往往会采取两种变通方式行使知情权。一是通过收购债权或者向重整企业提供新的借款等方式，先成为重整企业的债权人，然后以此要求管理人或债务人进行信息披露。二是通过与管理人或者债务人签订协议的方式，获得知情权的主体资格。为此，作为权宜之计，司法解释或者司法实务中可以明确投资人行使知情权参照《破产法司法解释三》的相关规定执行；从长远来看，应当构建起投资人和债权人知情权的保障体系。

（1）信息披露的主体。破产重整中信息披露的主体应当具备以下三个法律特征：一是信息披露义务主体是信息的制造者或占有者，掌握着破产重整中的大量信息。信息披露的义务主体只有在客观上拥有信息，才能依照破产法律的规定披露信息。二是信息披露的义务主体是根据破产法律规定应当履行信息披露义务的主体。信息披露义务是法律赋予信息披露者的一项法定义务，义务人应当按照破产法律规定的期限、内容和方式履行信息披露义务。三是信息披露义务主体对其披露行为承担相应的法律责任。信息披露义务主体应当根据法律规定履行信息披露义务，并对其披露行为承担法律责任[2]。以英国《破产法》为例，其规定的义务主体包括或者曾经是公司官员的人、在前一年内的任何时间曾经参与公司成立者、受雇于公司或者该年度内曾经受雇于公司并且官方接管人

---

[1] 《破产法司法解释三》第 10 条第 1 款规定：“单个债权人有权查阅债务人财产状况报告、债权人会议决议、债权人委员会决议、管理人监督报告等参与破产程序所必需的债务人财务和经营信息资料。管理人无正当理由不予提供的，债权人可以请求人民法院作出决定；人民法院应当在五日内作出决定。”

[2] 参见张琳：《破产重整信息披露制度研究》，西南政法大学 2022 年硕士学位论文。

认为要求提供信息的人等。[1] 我国《企业破产法》对信息披露的主体没有明确规定，司法实践中，管理人系当然披露主体，在债务人自行管理模式下，债务人和法定代表人占有的企业信息最为全面准确，也被纳入信息披露主体范围。除此之外，一些法院还参照《企业破产法》第 15 条的规定，将企业的财务管理人员和其他经营管理人员列入信息披露主体。但是在现实中，除了上述人员，企业的实际控制人、控股股东、一般股东，有时甚至是重要岗位的职工，往往也掌握着企业的重要信息。这些主体如果排除在外，将不利于知情权的保护。为此，建议修订《企业破产法》时，在第 15 条明确相关人员的信息披露义务，并且将相关人员的范畴修订为："企业的法定代表人、实际控制人、控股股东；经人民法院决定，可以包括企业的经营管理人员和其他掌握企业重要信息的人员。"

（2）信息披露的标准和内容。理论上，重整程序参与者掌握的信息越全面、越详尽，对于重整参与各方的保护和重整的成功越有利。但是，高标准也意味着高成本，一味追求高标准，又必然带来高成本和低效率的问题，会加剧重整企业的财务困境，甚至导致重整走向失败。因此，破产立法应当综合考虑信息披露的标准和内容，为信息披露义务提供操作指引。关于信息披露标准，美国《破产法典》采取了"充分性"标准，根据美国《破产法典》的规定，公司重整的信息披露分为首次信息披露和重整计划表决前的信息披露，前者要求债务人在申请之时或申请之后立即提交有关公司资产负债状况、财产状况等信息的说明，后者要求重整计划的提交方在征集表决意见之前，必须向债权人及股东寄送经过法院批准的信息披露声明。[2] 根据美国《破产法典》第 1125 条的规定，"充分信息"应当包括债务人的历史沿革、财产状况等信息，该类信

---

[1] 参见杨忠孝：《破产法上的利益平衡问题研究》，北京大学出版社 2008 年版，第 163 页。
[2] 参见韩长印：《简论破产重整计划表决的信息披露机制——以美国法为借鉴》，载《人民司法》2015 年第 1 期。

息应当翔实合理，足以使理性的投资者对重整计划做出理性判断。立法者认为，在判断是否构成足够的信息披露时，应当考虑信息披露的成本、案件投票权征集和计划通过的紧迫性等多个因素，在此基础上做利益衡量。[1] 我国《企业破产法》对信息披露标准未作规定，建议在修订时，也采取较为严格的披露标准，做到信息披露的真实有效和充分及时。关于信息披露的内容，英国《破产法》规定，义务披露内容包括公司资产、债务以及责任的详细情况；公司债权人的名称与住址；债权人所享有的各种担保；法律规定的或者官方接管人要求的进一步的信息或者其他信息。[2] 我国《企业破产法》对信息披露的内容未作规定，应将涉及公司的资产、负债、担保等与债权人利益密切相关的情况纳入披露的范畴，具体包括账簿文书、交易合同、相关附件、财产明细等内容。同时，在保证债权人及利害关系人知情权的同时，也要避免过度增加管理人的工作量，增加重整程序的成本，影响重整程序的效率。[3]

（3）信息披露的阶段和环节。根据重整程序的阶段和环节，由于各个阶段的工作内容不同，信息披露的内容应相应有所侧重。重整程序启动前的信息披露重点在于债务人的财务、经营状况以及重整可行性分析。重整计划草案表决前的信息披露服务于表决这一重要目的，因而可能对债权人的投票决策产生影响的相关信息都应当进行披露。重整计划执行阶段则侧重于重整计划执行的进展和具体情况。第一，重整程序启动前的信息披露。在重整之前，出于商业秘密保护的考量，债务人不会采用公开方式招募投资人，但是通常会采用非公开谈判的方式接洽意向投资人。此时债务人往往不会向债权人或投资人进行全面披露，而通常有选择地披露企业的部分情况。但是，投资人进行投资决策需要对企业的情

---

[1] 参见高丝敏：《论破产重整中信息披露制度的建构》，载《山西大学学报（哲学社会科学版）》2021年第3期。
[2] 参见杨忠孝：《破产法上的利益平衡问题研究》，北京大学出版社2008年版，第163页。
[3] 参见徐阳光、韩玥：《破产重整程序中的信息披露》，载《人民司法》2019年第34期。

况进行全面了解，仅仅是选择性的披露必然无法满足投资人的需求。特别是在法院受理的预重整程序中，投资人更需要也更有理由要求企业披露全面情况。第二，重整计划表决前的信息披露。在重整计划表决之前，投资人出于投资决策的考虑至少需要了解企业如下情况：一是重整申请书和重整报告；二是重整计划草案及相关配套材料；三是企业的财务、经营、管理以及发展前景等情况；四是债权债务、企业职工、税收社保、涉诉涉执行涉仲裁情况；五是裁定重整后发生的新的融资以及生产经营过程中产生的其他共益债务情况。管理人或债务人应当配合投资人对企业的法律、财务、商业等方面开展深入的尽调工作。第三，重整计划执行阶段的信息披露。在重整计划执行阶段，投资人有权要求债务人或管理人报告重整计划是否按照重整计划的规定执行、重整计划中的经营方案在实践中是否能够得到执行、在执行中是否遇到更改重整计划的特殊情况、债务人当前的财务状况、实际清偿情况、重大资产的处置状况、执行过程中的重大交易情况等。新投资人介入重整程序是一个谈判和缔约的过程，这个过程是市场自治的问题，需要各相关主体无数次的博弈完成。如果握有控制权的一方不予配合，新投资人就很难进入。鉴于我国《企业破产法》和司法解释未明确信息披露的时间节点及不同环节的披露内容，建议修订《企业破产法》时对此予以完善，明确管理人、债务人企业及相关人员的披露内容以及义务和责任。同时，对债权人和投资人的异议权予以保障，赋予债权人和投资人认为管理人或债务人信息披露不充分时申请法院裁定的权利。

（4）信息披露的责任。严格的责任体系是信息披露制度的重要保障，只有构建起包括民事、行政、刑事责任在内的全方位的责任体系，才能让破产重整信息披露制度具有法律规范效力，而不仅仅是简单的宣告效力。比如，英国破产法对破产罪行进行了规定，包括不披露信息、隐瞒财产、隐瞒或伪造账簿和文据、虚假陈述等罪名和刑罚；日本破产法规定了拒绝说明与检查罪、拒绝披露重要财产罪等以及相应的刑罚，我国法律修订时可予以借鉴。[1] 我国《企业破产法》第126条、第127条、第130条和第131条规定的相关法律责任，可以作为违反信息披露义务的法律依据。其中，第126条、第127条规定的是拘传、罚款的强制措施，第130条规定的是管理人的罚款和民事赔偿责任，第131条规定的是违反《企业破产法》规定构成犯罪的应依法追究刑事责任。虽然根据上述条文规定，我国破产法对于违反信息披露义务可以适用拘传、罚款、民事赔偿责任、刑事责任四种责任形态，但是拘传和罚款属于诉讼强制措施，对于相关主体违反信息披露义务应承担何种民事赔偿责任未作明确规定，对于违反信息披露义务的刑事责任也难以与刑法上的具体罪名和刑罚进行衔接。也就是说，我国《企业破产法》并没有建立起全方位的信息披露责任体系。司法实务中，如果管理人或自行管理的债务人故意隐瞒重要事实或者提供虚假情况，给重整投资人造成损失的，可以适用缔约过失责任或者侵权责任对重整投资人进行救济。缔约过失责任制度是对信赖利益的保护，其适用有《合同法》第42条、第43条作为明确的法律依据，具有法定性、相对性与补偿性特征，我国司法实践中也曾发生过重整投资人与管理人之间的此类纠纷，寻求该制度的保护无疑是现行立法体制下的较佳选择。[2] 我国《民法典》第500条、第501条吸收了原《合同法》第42条、第43条的相关规定。如果选择侵权责任，该民事侵权责任之构成，也应具备违法行为、损害事实、违法行为与损害事实之间的因果关系、主观过错四个要件。但是对于主观无错方面，应当以无过错责任为归责原则，赋予破产管理人、债务人及法定代表人最高的注意义务，从而更加有效地维护债权人和利害相关人的合法权益，保障破产重整信息披露制度的目的实现。在刑事责任的构建方面，建议借鉴英国破产法和日本破产法的相关经验，对严重违反信息披露义务构

---

[1] 参见王欣新、丁燕：《论破产法上信息披露制度的构建与完善》，载《政治与法律》2012年第2期。
[2] 参见丁燕：《论合同法维度下重整投资人权益的保护》，载《法律适用》2018年第7期。

成犯罪的行为规定具体的罪名和相应的刑罚。

2. 重整计划制定的参与权

关于重整计划制定主体，各国立法主要有四种模式：以债务人制定为原则，其他参与人制定为例外；以管理人制定为原则，其他参与人制定为例外；由重整人制定；区分不同程序由不同主体制定。[1]

美国《破产法典》在 DIP 制度的影响下，原则上由债务人制定重整计划，但美国《破产法典》第 1121 条同时规定了债务人制定重整计划的 120 天专有期限，如果在 120 天内重整计划没有得到债权或股权受到削减的权利人的同意，债权人委员会、股东委员会、债权人、股东等其他的主体也可以制定重整计划。

日本《公司更生法》在赋予管理人制定重整计划权利的同时，也允许其他主体在特殊情况下制定重整计划。根据该法第 184 条的规定，管理人于更生债权及更生担保权的申报期间届满后，应在法院所规定的期间内制定更生计划草案，并提交法院。公司、已申报的更生债权人、更生担保权人以及股东，可以在法院规定的期间内，制定更生计划草案，向法院提出。

联合国国际贸易法委员会《破产法立法指南》给出的建议是：一方面要考虑到对不同当事人所给予的提出计划的自由度，另一方面要考虑到必须对这一过程所作出的限制，如表决要求、谈判和提出计划的时限、对计划的可能修正和其他程序上的考虑。[2]

我国《企业破产法》第 80 条采用的是"谁管理财产和营业事务，谁负责制定重整计划"的模式：债务人自行管理财产和营业事务的，由债务人制作重整计划草案；管理人负责管理财产和营业事务的，由管理人制作重整计划草案。换句话说，我国法律只赋予管理人和自行管理的债

---

[1] 参见郑志斌、张婷：《困境公司如何重整》，人民法院出版社 2007 年版，第 297－299 页。

[2] 参见联合国国际贸易法委员会：《破产法立法指南》，2006 年，第 189 页。

务人制定重整计划的权利。即使在破产清算程序转入破产重整程序时，有权提出重整申请的持股 10% 以上的股东，都没有制定重整计划的权利。更不用说重整程序中的新投资人，其既不是重整计划的制定主体，也没有被赋予参与制定重整计划的权利。有观点认为，为更好实现各方利益，增加重整成功率，《企业破产法》应当允许债权人、股东甚至新出资人制定重整计划。[1] 也有观点认为，重整投资人与管理人、债务人以及债权人相比，毕竟不是破产程序的直接权利义务人，从法理角度不应赋予重整投资人单独的重整计划制定权。但是，重整投资人应当对重整计划享有建议权、参与权。[2]

　　重整程序中利益主体众多，所有主体都享有重整计划制定权不切实际。同时，重整计划的制定主体能够对利益格局产生一定影响，有权制定并且提交表决重整计划的主体在利益博弈中无疑将占据有利地位。因此，联合国国际贸易法委员会《破产法立法指南》强调，在给予重整计划提出自由度的同时，也要进行必要的限制。制定并最终提交重整计划的主体，不仅需要了解企业的情况，还需要具备专业能力和协调能力，更要有应对复杂利益冲突的平衡能力。鉴于投资人在了解企业情况和平衡协调能力方面的欠缺，笔者也认为，投资人不应享有单独制定重整计划的权利。但是，作为重要的利益相关者，投资人应当享有参与制定重整计划的权利。出于保护社会整体利益的要求，以及实践中利益平衡的需要，法律在赋予债务人或管理人制定重整计划的职责时，也应赋予其他利益主体参与计划制定的权利。这一方面对债务人或管理人是一种制约，另一方面也有利于各主体间的沟通与协商，从而使最终的重整计划能顺利通过表决。[3] 因此，法律应当赋予投资人在重整计划制定过程中

---

[1] 参见王欣新：《破产法理论与实务疑难问题研究》，中国法制出版社 2011 年版，第 342 页。

[2] 参见池伟宏：《论重整计划的制定》，载《交大法学》2017 年第 3 期。

[3] 参见李雨松：《我国上市公司破产重整计划研究》，西南政法大学 2011 年博士学位论文。

的知情权、参与权、监督权，保障投资人与管理人或债务人就重整计划制定进行充分的沟通协调，保障投资人在维护自身利益的同时，积极寻求各方利益的平衡，共同推动重整企业的复兴。

3. 公司治理的参与权

重整投资人参与公司治理的权利来源于重整融资协议。重整投资人通常在协商谈判的基础上，将其利益诉求写入融资协议，从而实质性地参与重整程序。当重整企业疏于公司治理或者违反约定时，投资人可以根据融资协议的相关条款，要求管理层进行整改甚至撤换管理层。重整实践中，有的重整企业进入程序后迅速更换了管理层，这往往是重整投资人利用融资协议行使公司治理权的结果。但这种"意思自治"带来的风险是不可预期的，如果法律或法院不对此加以限制，将很容易损害债务人企业和其他利益主体的权益。这就要求管理人或债务人在签订融资协议或法院在批准重整计划时必须谨慎，防止投资人利用融资优势对企业施加不当影响。我国《企业破产法》和司法解释对投资人参与治理的权利和参与治理的边界未作规定。在这方面，可以借鉴美国DIP融资协议中的贷款控制制度，对投资人参与重整企业治理的权限予以明确，并规定新投资人的具体治理权限范围。[1]

（四）重整投资人的约束机制

投资人作为重要重组方参与债务人重整，均需承诺将自有优质资产注入债务人企业，或以现金补偿的方式直接承担债务人的全部或者部分债务，从而满足重整计划得以批准和执行的要求，以变更、增加、修正原债权债务关系的方式减轻债务人的债务负担，新投资人由此成为重整

---

[1] 参见朱志亮、高慧：《关于企业破产重整融资问题的几点思考——以新投资人权益保护为视角》，载王欣新、郑志斌主编：《破产法论坛》第14辑，法律出版社2019年版，第397页。

计划之义务人。[1]

1. 投资意向书对投资人的约束。在投资人正式签订投资协议之前，往往会就阶段性成果达成投资意向书。对于投资意向书，需要根据其不同的内容分别确定其法律效力。第一，不具备实质性内容的情感性的愿望和记录以及磋商性文件，或各方无受其约束的意思表示的，对各方不具有约束力。第二，已包含实质性合同主要条款，并表示将来在一定时间内签订投资协议的，构成《民法典》上的预约合同，具有预约合同的法律效力。第三，内容明确具体，包含双方就条款内容达成一致的意思表示，符合正式合同的基本要素的，构成正式合同，对各方均具有法律效力。

2. 投资协议对投资人的约束。在投资人与债务人或者管理人签订正式的投资协议以后，投资人和债务人都要承担投资协议所约定的权利和义务。由于我国《企业破产法》对投资协议没有专门规定，实践中《民法典》《证券法》便成为调整相关利益主体权利义务关系的法律依据，违反投资协议通常按照《民法典》承担违约责任，对于上市公司而言还有可能被中国证券监督管理委员会采取相应监管措施。但是鉴于破产程序有一定的特殊性，投资人应承担什么样的违约责任也要做具体分析。

第一，非因投资人原因导致重整失败，投资人依据投资协议支付的投资款如何处置。投资人对企业的投入往往伴随着股权变更和控制权的转移，除投资协议中载明是借款的外，应认定为投资行为而不是借款行为。如果是借款的，应当按照《破产法司法解释三》的规定，按照共益债务的顺序予以清偿。如果是投资的，则不享有优先受偿的权利。实践中，有投资人会在投资协议中明确，如果非因投资人的原因导致重整失败的，投资款参照共益债务予以清偿。对此约定，效力上应当如何认定。笔者认为，在得到债权人表决通过和法院批准的情况下，此项约定有效。

---

[1] 参见张仁辉：《破产重整中新投资人的法律地位及权利》，载王欣新、尹正友主编：《破产法论坛》第4辑，法律出版社2010年版，第245页。

虽然依据绝对优先原则股权劣后于债权清偿，但是经权利人同意可以放弃。因此，在投资协议得到债权人表决通过并经法院批准的情况下，应当允许投资人在债权人之前取得清算退出的权利。

　　第二，投资协议是否适合强制履行？根据我国《民法典》第 580 条的规定，涉及金钱给付义务的，相对方可以申请强制履行。但是，投资人不仅是资金上的投入，往往还承担着恢复经营的重任。即使在强制履行金钱债务上不存在法律障碍，也会因为投资人无意参与而导致重整无法成功。因此，对于投资人的投资行为，除少数构成单纯金钱债务，可以要求投资人继续履行的以外，应属于《民法典》第 580 条规定的不适合强制履行的情形，只能要求投资人承担赔偿损失的违约责任。实践中，对于投资人的违约行为，也通常是通过和解、调解的方式或者起诉投资人赔偿损失的方式予以解决。比如，在南京新善恒基混凝土有限公司破产重整案中，重整投资人诉管理人要求返还投资款，管理人反诉的请求是赔偿损失而不是继续履行，最终管理人的反诉也得到了法院的支持。在九发股份破产重整案件中，因投资人南山集团未履行向九发股份提供 1.7 亿元资金及无偿注入 3.3 亿元优质资产的承诺，管理人于 2009 年 12 月 28 日向山东省烟台市中级人民法院提起诉讼，要求南山集团履行重组承诺。该案的最终结果是九发股份与南山集团在 2010 年 12 月 29 日达成和解：南山集团于 2010 年年底前向原告支付 700 万元作为补偿，南山集团确认该项补偿不附加任何条件，同时承诺未来不谋求对九发股份股权的收购、不谋求通过增发等方式成为 *ST 九发的股东。[1]

二、重整资本市场的培育

　　长期以来，我国融资市场更多关注的是正常经营的企业，危困企业

---

[1] 参见施浩：《南山集团补偿 700 万脱身 *ST 九发"净壳"回原形》，载《上海证券报》2010 年 12 月 30 日，第 8 版。

投资市场未得到充分的重视，需要通过建立政府重整投资引导基金、健全困境企业债权交易制度、完善多层次资本市场体系等方式，为重整企业融资提供更加有力的制度保障。

（一）美国的融资市场

美国发达的法律体系成就了良好的融资市场。在发达的破产法律制度和证券法律制度下，投资人借助重整融资能够获得风险投资、并购投资、夹层投资等其他融资方式达不到的便捷性和高收益。在美国资本市场，存在大量专业投资于危困公司和危困债券的秃鹫投资基金，比较著名的如高盛资本合伙公司、阿波罗公司、泽普世公司、摩根士丹利资本合伙公司、黑石集团、凯雷集团。秃鹫投资者密切关注进入重整程序的企业，以较低的价格收购困境公司的债权，借助重整程序获得公司控制权，再对公司重组后出售，从而获取高额的利润回报。秃鹫投资者的运作模式主要包括以下几个步骤：一是跟踪分析目标行业及重点企业；二是收购重整企业违约债权或者进行 DIP 融资，主导重整计划或者进行债转股；三是对重整企业的经营、管理、人员、资金等生产要素进行重组整合；四是提升价值后变现处置，获取较高利润回报。20 世纪 70 年代，美国铁路公司破产创造了第一批秃鹫投资者，秃鹫投资者广泛涉猎铁路、房地产、能源、钢铁、公共事业等相关行业。不同于公司并购中对控制权的获取，秃鹫投资通常收购的是重整企业的债权而不是股权，也不是依托董事会实现对公司的控制，而是利用债权人会议和债权人委员会取得控制地位。而且秃鹫投资具有隐蔽性，债务人企业、未被收购的债权人甚至法院事先对债权交易情况都不知情，投资者也可以以此规避目标公司的"反收购"措施。以上这些特点使秃鹫投资成为投资者重点关注的投资领域。秃鹫投资主要以股权私募基金和对冲基金的形式存在。

美国 ESL 对冲基金对凯马特（Kmart）公司的重整债权收购案是秃鹫投资的典型案例。2003 年，ESL 对冲基金对进入重整程序的零售业巨头 Kmart 公司进行了破产债权收购，最终以不到 10 亿美元的对价获得了在 Kmart 公司债权人委员会中的决定权。随后，ESL 对冲基金又通过对债权人委员会的控制，将赋予其对 Kmart 公司高管人事任免权的方案写入重整计划并表决通过，从而使公司的数名管理人员进入了 Kmart 公司经营决策层的核心。[1] 取得 Kmart 公司实际控制权后，ESL 对冲基金又通过一系列操作，将 Kmart 公司旗下的 68 家店铺进行评估销售，提升了 Kmart 公司在重整程序中被低估的资产价值，ESL 对冲基金也通过资产套现获益近 30 亿美元。[2] 秃鹫投资者参与破产重整不仅获取了高额收益，提高了债权清偿率，而且对重整企业的治理能力和长期发展能力也有重要的影响。

近年来，美国资本市场中出现了各式各样成熟的困境债务和重整基金，供投资者选择并自由组合。最引人注目的困境债务和重整基金有四种形式：第一种是困境债务交易基金，是一种专注于处于金融困境中公司的债券面值的短期波动，该基金属于一种相对短期的投资基金；第二种是困境债务控股基金，通过控制濒临破产或者已经处于破产程序中的公司的核心债券（Fulcrum Debt Security）来主导公司重整，或者通过债转股的方式获得公司的控股权；第三种是困境债务对冲基金（Hedge Funds），在大多数情况下专注于公司债务的交易，其交易是通过建立在组合型的流动性约束的条件下，使用结构性的赎回条款来达到保值的目的；第四种是重整基金，是一种在重整过程中，通过购买处于财务困境中的公司股权，而不是债务的方式，来获得公司控制权的基金。综上，美国依托完善的破产法和证券法律制度，建立了成熟的危机证券市场，各种困境债务和重整基金的投资产品组合可供投资者选择并分散投资风险，企业重整融资方式实现了市场化。[3]

---

[1] See Michelle M. Harner, *The Corporate Governance and Public Policy Implications of Activist Distressed Debt Investing*, 77 Fordham L. Rev. 27, 2008.

[2] See Marty Bernstein, *Hey, What's This Guy up to?*, Ward's Dealer Business, December, 2008, 33.

[3] 参见丁燕：《企业重整融资方式创新之探究》，载《人民法治》2017 年第 11 期。

(二) 我国融资市场的现状及问题

破产问题本质上是金融问题，一方面是破产制度内生于金融基础设施建设之中，另一方面则表现为金融工具可以服务和推动破产制度的实施。[1] 对于已经进入破产重整程序的困境公司，因自身信用丧失和偿债能力下降，很难通过传统方式募集资金。重整企业对资金的迫切需求，推动重整企业、管理人甚至政府职能部门努力探索新的融资渠道，在此背景下各类基金和"权益类产品"应运而生。但是长期以来，由于我国融资市场更多关注的是正常经营的企业，危困企业投资市场未得到充分的重视，专门针对破产企业的危困基金和"权益类产品"仍处于探索阶段。

1. 重点针对国有企业的并购基金

并购重组基金是私募股权基金的一种，具体指的是对特定企业或相关资产重组和并购的金融资本，也是对被并购资产在资源整合中改造的投资机构。从基金分类的角度来看，并购重组基金可以归入产业投资基金。产业投资基金可以分为创业投资基金、风险投资基金和并购重组基金。这三种基金适用于不同发展阶段的企业，创业投资基金针对的是萌芽期企业，风险投资基金针对的是成长初期的企业，而并购重组基金则主要适用于处于发展中后期的企业。

并购重组基金一直以来都是成熟资本市场的主流私募股权基金类型。经验表明，设立并购重组基金，推进产业兼并重组，是打造大型企业和实现产业转型升级的有效路径。近年来，随着供给侧结构性改革和国有企业改革的加快推进，在国家政策的大力支持下，并购重组基金在我国取得了长足发展。为推动经济体制转型和产业结构调整，国家先后出台多项政策，加快推动企业兼并重组。2010年，国务院出台《关于促进企

---

[1] 参见徐阳光：《依法推进市场化破产重整程序的有效实施》，载《人民法治》2017年第11期。

业兼并重组的意见》，鼓励证券公司、资产管理公司、股权投资基金以及产业投资基金等参与企业兼并重组，积极探索设立专门的并购基金等兼并重组融资新模式，完善股权投资退出机制，吸引社会资金参与企业兼并重组。2012年，中信并购基金管理有限公司成立，成为中国第一只由证券公司发起设立的并购基金。2014年，国务院下发《关于进一步优化企业兼并重组市场环境的意见》，明确要充分发挥资本市场的作用，鼓励证券公司开展兼并重组融资业务，各类财务投资主体可以通过设立股权投资基金、创业投资基金、产业投资基金、并购基金等形式参与兼并重组。2015年年底召开的中央经济工作会议把"去产能"列为五大结构性改革任务之首，并提出了"多兼并重组，少破产清算"的思路。随后中国证券监督管理委员会等相关部门密集出台多种配套政策，鼓励各类各级政府管理的投资基金、私募股权投资基金管理人和券商资管等设立股权并购基金，支持企业运用并购基金等方式实施兼并重组。2025年1月2日，国务院办公厅出台《关于促进政府投资基金高质量发展的指导意见》，从基金设立、募资、运行、退出全流程提出了25条具体措施，其中在优化退出机制部分，明确提出鼓励发展并购基金。随后，在深圳成立了全国首个以并购基金为主导的组织——深证并购基金联盟，深创投、信达鲲鹏、基石资本、福田引导基金、达晨财智、招商局资本、浦发银行深圳分行、中信证券、招商证券、前海股权交易中心、晟荣星远等11家机构为联盟成员单位。深证并购基金联盟的成立，顺应了市场发展的需要，标志着地方并购基金行业发展进入了新阶段。在成立仪式后，中信资本即宣布其与险资合作新设了40亿元并购基金。

2. 重点针对民营企业的纾困基金

纾困基金最早出现于欧洲。在欧债危机期间，为了对希腊等陷入债务危机的欧元区国家进行救助，欧盟联合国际货币基金组织创设并运用了纾困基金。我国纾困基金的设立有市场因素和政策因素，市场因素主要是近年来民营企业存在经营困境，尤其是股票质押风险，政策因素主要是国家出台支持民营经济发展的系列政策。

2018年年初至2019年年初，我国A股市场出现大幅下挫，上证指数从3587点跌至2440点。许多民营企业陷入经营困境，企业融资进入恶性循环。据统计，在A股市场中，九成以上的上市公司存在大股东股票质押的情况，股市的巨幅震荡引发股票质押风险骤增，民营经济和民营企业面临前所未有的发展困境。

在国家政策层面，为鼓励、支持、引导、保护民营经济发展，2018年10月19日，国务院及"一行两会"高层相继发声，提出多项措施缓解企业融资困难问题。2018年11月1日，习近平总书记在民营企业座谈会上的讲话提出，"对有股权质押平仓风险的民营企业，有关方面和地方要抓紧研究采取特殊措施，帮助企业渡过难关，避免发生企业所有权转移等问题"。随后地方政府、券商、险资、银行以及社会资金积极响应，我国的纾困基金由此设立并加速发展。

根据设立主体分类，纾困基金可以分为金融机构设立的资产管理产品以及非金融机构设立的私募投资基金两种形式。其中，以金融机构资产管理产品形式设立的纾困基金主要为证券公司资产管理计划和保险资产管理公司专项产品两类。根据运作模式分类，纾困基金可以分为债权型基金和股权型基金两种类型。债权型纾困基金的运作模式主要有借款和股权质押。股权型纾困基金的操作方式可以分为财务投资和战略投资，财务投资强调的是获益退出，而战略投资突出的是控制和运营。债权型纾困操作相对便捷，时效性强，能够更迅速地化解大股东股票质押平仓风险，或弥补民营企业的现金流缺口。但债权型方式本质上仍然是借款，并未降低债务规模，没有从根本上解除民营企业或大股东的流动性困境。股权型纾困操作不增加新的债务，在债转股、可转债等情形下甚至可以减少债务规模，改善企业的财务结构，化解企业的流动性危机。但是对于股东来说，意味着控制权的放弃和移转。具体采用债权型还是股权型纾困，是民营企业自身在权衡两种方式利弊的基础上与纾困基金博弈的结果。[1]

市场上纾困基金主要是以股票质押的形式向被纾困对象提供新的融资支持，以帮助企业赎回前期质押的股票，减少上市公司大股东因其短期流动性问题而出现违约的情况。以美尚生态为例，该公司控股股东王迎燕于2018年11月13日向广发证券的"证券行业支持民企发展系列之广发资管FOF单一资产管理计划"质押了1250万股，所融得的资金用于回购王迎燕之前质押给广发证券的股份。至于股权型投资，目前主要包括协议受让上市公司股份、认购上市公司非公开发行股份、重组控股股东等模式。以券商中第一个成立的纾困计划"天风1号"为例，这个由天风证券有限公司和台州市金融投资有限责任公司共同出资设立的纾困基金，在2018年年底以7.32亿元对价从水晶光电控股股东星星集团有限公司手中受让水晶光电7300万股。而这7.32亿元的融资，主要用于帮助星星集团解除其前期的股票质押。

纾困基金关注的企业不仅是上市的民营企业，而且包括非上市的重点企业。重整企业作为处于更为严重和更为复杂困境的企业，也逐渐纳入纾困基金关注的范围。如2025年1月9日，信达地产股份有限公司与中国信达资产管理股份有限公司及鑫盛利保股权投资有限公司（以下简称鑫盛利保）共同发起设立了房地产行业存量资产纾困盘活基金，该盘活基金是首家A股公司参与设立的房地产行业相关基金。母基金认缴总规模达200.01亿元，其中信达地产认缴100亿元作为该基金的劣后级有限合伙人（占基金规模的49.9975%）；普通合伙人鑫盛利保认缴100万元，占基金规模的0.0050%；有限合伙人中国信达作为优先级合伙人认缴100亿元，占基金规模的49.9975%。该盘活基金的名称为信达纾困盘活（天津）企业管理合伙企业（有限合伙），合伙期限为8年，主要投资于房地产行业问题企业纾困、问题项目盘活，参与破产重整、法拍等特殊机遇投

---

[1] 参见郭琳：《民营企业纾困：由来、实践与进路》，载《经济研究参考》2019年第15期。

资，支持项目保交付和三大工程建设等。在投资方式方面，该盘活基金视具体项目情况，既可以直接投资具体项目，也可以母子基金形式，通过引入产投人、其他资金方和合作方等另行发起设立子基金的方式参与投资。[1]

3. 专注于破产企业的危困基金和"权益类产品"

（1）危困基金。

2016年2月，福建省泉州市出台《关于推进企业兼并重组的十条措施》及配套文件《泉州市企业兼并重组投资基金设立方案》。《泉州市企业兼并重组投资基金设立方案》规定，市政府决定设立规模20亿元的泉州市企业兼并重组投资基金，由市产业股权投资基金作为出资人，联合产业相关县（市、区）作为主发起人，吸引基金管理机构、银行等金融机构和民间资本共同发起设立。基金采用合伙制形式，为有限合伙企业，设立目的主要是支持资金困难企业摆脱困境、推动传统优势企业转型升级，充分利用上市公司和行业龙头企业资源，引导企业进行产业的横向和纵向并购整合。基金总规模20亿元，泉州市产业股权投资基金作为主发起人认缴基金份额的30%，基金管理公司认缴基金份额的1%~5%，其余部分由基金管理公司负责募集。基金以"同股同权"原则设立，市产业股权投资基金与社会投资人同担风险、共享收益。其中，以股权、债权等方式向重整重组企业注入资金，帮助重整重组企业引入战略投资者是基金投资和使用的重要方向之一。2017年3月，泉州市首只企业兼并重组投资基金成立，基金规模5亿元，首期到位资金1亿元，由市产业股权投资基金、福建宏山投资有限公司分别出资30%和70%共同设立。基金主要通过被投资企业到资本市场上市、在"新三板"和海峡股权泉州交易中心挂牌交易，将股权转让给战略投资者、重组并购、公司股东或管理层回购股权、债权等方式退出。为鼓励社会投资人参股投资泉州市企业兼并重组投资基金，市产

---

[1] 参见杨洁：《进一步畅通融资协调机制 百亿元级房地产专项纾困基金成立》，载《证券日报》2025年1月11日，第B1版。

业股权投资基金及相关县（市、区）授权投资机构承诺作为劣后级有限合伙人。在项目退出时如果出现亏损，由劣后级有限合伙人和普通合伙人按照出资比例，以其对合伙企业的出资先行弥补亏损；劣后级有限合伙人可享受不超过基准利率的收益回报，将剩余投资收益让渡给其他投资人。[1]

2016年8月，中国首个以困境企业拯救为目的的投资者联盟——中投危困企业投资并购联盟正式成立。该联盟隶属中国投资协会旗下，由江山控股、五洲国际、网讯股份、弘高股份、鼎辉投资、工商银行、复星集团、中国风险投资等几十家上市公司和近百家国内外知名金融机构共同发起，旨在依法通过庭外重组、预重整及破产重整等方式，创造性地利用各种金融工具和金融产品，促进危困企业的并购重组。截至成立时，中投危困企业投资并购联盟旗下新成立的危困企业投资并购母基金已有6亿元到账。与此同时，一些地方有意成立联盟分会，将当地的项目资源与平台对接，为投资困境企业创造更好的条件。[2]

2016年12月，河北省人民政府发布《关于处置"僵尸企业"的指导意见》。作为该指导意见的落地举措，河北省资产管理有限公司与政府平台机构、社会资本等合作，成立了"破产费用与共益债务投资"基金，同时引领投资人对拟破产重整企业进行重组并购，增加对实体经济的资金支持。2017年1月，河北省资产管理有限公司完成了此类业务的首单投放，并且实现资金的顺利回收。2017年7月，河北省资产管理有限公司创设的"破产费用与共益债务投资专项基金"正式成立。该基金通过母子基金的模式进行运作，由河北资产独立首批出资1亿元设立母基金，并根据需要逐步增资发挥引导作用；联合省内各地市政府分别设立子基金，以市场化方式解决破产企业的破产费用和共益债务资金需求，依法

---

[1] 参见王宇、蔡思颖：《首只企业兼并重组投资基金成立》，载 http://funds.hexun.com/2017-03-10/188442061.html，最后访问时间：2020年3月20日。

[2] 参见陈汉辞：《"危困企业"拯救联盟出手》，载搜狐网2016年8月22日，https://www.sohu.com/a/111436388_114984。

依规推动过剩产能退出、"僵尸企业"出清。[1]

2017年12月28日，中国信达资产管理股份有限公司针对危困企业破产重整中出现的现金流短缺等问题，发起设立了中央金融机构第一只专注于破产业务的投资工具——中国信达危困企业投资基金（一期），专项投资困境企业破产费用与共益债务。中国信达危困企业投资基金首期规模为100亿元，以破产重整业务为细分市场，深挖企业重组、破产重整等特殊投资机会，助力实体企业脱困、"僵尸企业"出清，参与重大项目破产重整，延伸不良资产经营链条，协助化解区域性金融风险，推动经济结构转型升级。中国信达危困企业投资基金（一期）参与项目涉及机械制造、医药物流、有色金属、钢铁和房地产等领域，投资地域主要分布在东北三省等破产项目高发地区，以及北京、浙江、山东等经济发达地区。截至2022年12月31日，中国信达危困企业投资基金（一期）已成功落地大连机床、圣光集团、山东齐星等23个项目，涉及金额88.05亿元。2023年，中国信达资产管理股份有限公司又发起设立危困企业投资基金（二期），持续强化破产企业纾困救助。该基金注册规模200亿元，投放范围覆盖破产重整流程各个环节。

（2）权益类产品。

以权益为基础的融资模式系我国在房地产重整实践中探索出的一种新型融资方式，该融资方式具有灵活性、便利性和快捷性的特点，由于在操作方式上与资产证券化类似，因此又被称为"类证券化融资方式"。权益类产品指的是具备合法挂牌和转让主体资格的机构，以其持有的金融资产的预期收益，向特定投资主体发行的，约定在一定期限内还本付息的金融产品。权益类产品作为一项金融创新工具，拓展了重整企业处置资产的渠道，是健全多元资本市场体系、缓解重整企业融资难的有益

---

[1] 参见《河北省资产管理有限公司成立破产费用与共益债务投资专项基金》，载河北资产网2017年7月8日，https：//www.hebamc.com/index.php/Cn/News/show/classid/24/id/176.html。

探索。

为了充分发挥权益类产品的融资优势，有必要赋予此类融资较高级别的优先权。前文已述，《破产法司法解释三》明确了重整程序中新的借款参照共益债务的融资地位，但是当与现有抵押权发生冲突时，司法解释的规定是劣后于抵押权受偿。在一些情况下，需要赋予权益类产品更高级别的优先权，才能降低投资者的风险，赢得市场的认可，推动企业重整顺利进行。比如，在房地产企业重整案件中，由于现行法律未明确权益类产品与抵押权的优先顺位，为了保证操作的合法性和安全性，重整实践中往往采取由抵押权人出具承诺书，对权益类产品优先于抵押权表示同意的方式，推动重整工作的顺利进行。

2015年年初，为引入民间资本投入重整房地产企业后续建设，浙江金融资产交易中心设计出了"共益债权收益权"产品，为企业进行债权融资。浙江金融资产交易中心股份有限公司由浙江省金融控股有限公司下属的浙江省金融市场投资有限公司、宁波市国资委下属的宁波城建投资控股有限公司、民生置业有限公司、杭州民置投资管理有限公司、国信宏盛创业投资有限公司共同出资组建，受浙江省地方金融监督管理局监管。其业务领域主要包括定向融资计划、不良资产挂牌转让和投资收益权。自2015年以来，在首期产品"中恒共益"成功获得5000万元融资的基础上，浙江金融资产交易中心又发行了舟山中恒置业、安吉丰华置业、长兴莱茵河畔、玉环保地国际、上河国际、晓郡花园等一系列收益权产品。虽然"共益债权收益权"产品具有一定的行业性限制，目前主要运用于房地产重整企业融资。但是作为一项金融创新，这种融资方式拓展了重整融资的理念和方式，在重整融资的实践中发挥了积极作用。

实践中，也有破产重整企业管理人直接发布共益债权投资人招募公告，为重整企业招募重整投资人。如广西合山煤业有限责任公司破产重整案，即是由管理人直接发布《共益债权投资人招募公告》，通过第三方金融机构借款的方式融资7000万元，并以恢复采矿经营后的净现金及关闭矿井的补贴款等优先清偿。然而，管理人自行发布共益债务的方式，受限于重整企业普遍存在的信用缺失问题，在没有抵押或者第三方担保的情况下，实践中以这种方式融资难度较大。

（三）完善我国重整融资市场的建议和对策

在借鉴国外经验和总结我国实践的基础上，建议从以下几个方面加强重整融资市场培育：

1. 建立政府重整投资引导基金。企业重整融资方式的不断探索和创新是解决困境企业融资难问题的关键。长期以来，我国政策对融资市场的引导主要针对处于初创期、发展期和成熟期的正常运营企业。虽然近年来，困境企业特别是重整企业的融资问题逐渐引起关注，一些地方政府和国资背景企业探索发行了针对破产企业的危困基金和权益类产品等金融工具。2021年2月25日，国家发展改革委、最高人民法院、财政部等13个部门共同出台了《关于推动和保障管理人在破产程序中依法履职进一步优化营商环境的意见》，强调引导各类基金为重整企业提供融资支持。[1] 2025年1月2日，国务院办公厅印发《关于促进政府投资基金高质量发展的指导意见》，明确要求吸引带动更多社会资本，支持现代化产业体系建设。但是，相对于重整融资的现实需求，政策落实的效果还有待进一步显现，政策扶持的力度还有待进一步加强。为此，政府应当更加重视对重整企业融资的政策支持，积极推动困境企业援助立法，通过设立并完善重整投资引导基金、纾困基金、危困企业基金，撬动社会资本投资重整企业，推动中国困境企业投资市场的加速形成，不断优化困境企业重整融资的政策环境和融资环境。

2. 建立困境企业债权交易制度。债权作为一种可交易的商品，可以

---

[1]《关于推动和保障管理人在破产程序中依法履职进一步优化营商环境的意见》第四部分"加强金融机构对破产程序的参与和支持"第8项"加强重整企业融资支持"提出要"鼓励符合条件的金融机构依法设立不良资产处置基金，参与企业重整。支持私募股权投资基金、产业投资基金、不良资产处置基金等各类基金在破产程序中按照市场化、法治化原则向符合国家产业政策方向的重整企业提供融资支持。"

使资产流动性在债权交易及衍生交易中获得几何级数的释放。[1] 近年来，美国破产债权金额越来越高，债权交易也极其活跃。如前所述，在美国债权收购中，秃鹫投资者收购的虽然是债权，但其目的在于通过债权收购实现对目标公司的控制。这种对公司的控制，不是依托对董事会的控制，而是利用债权人会议和债权人委员会取得控制地位。此外，秃鹫投资具有很强的隐蔽性，债务人企业、未被收购的债权人甚至法院通常对债权交易情况都不知情，而投资者也借此规避重整企业采取的反收购措施。

我国法律没有债权和衍生品交易的相关规定，市场实践也不成熟。但是，随着不良债权总额的不断增长，未来资本市场有必要大力发展债权市场，规制债权交易行为的法律制度也亟待建立和完善，让不愿意承担风险的债权人快速变现退出，为有投资意愿的市场主体打开投资渠道。为此，建议借鉴美国债权交易制度，对《企业破产法》《证券法》进行修订，允许和鼓励债权人通过多种渠道转让债权，引导和规范投资者参与困境企业重整，构建符合我国法治环境且适应未来流动性需求的债权交易制度。

3. 完善多层次资本市场体系。发达的资本市场是重整企业资金的重要来源。多元化的资本市场既能使投资者找到合适的投资目标，也能使有价值的企业及时获得资金支持。美国重整融资市场的成功，正是依托于多层次的资本市场体系和完善的证券法律制度，从而实现了金融产品的形式多样、灵活运作和畅通退出。

近年来，我国一直致力于健全多层次资本市场体系，促进资本市场健康发展。2014年5月，国务院发布了《关于进一步促进资本市场健康发展的若干意见》。该意见在我国资本市场改革发展历史中具有重要地位，也是完善我国重整融资市场的重要制度依据。在加快多层次股权市场建设方面，该意见提出"壮大主板、中小企业板市场，创新交易机制，

---

[1] 参见赵菁：《论上市公司破产重整中的金融债权保护——基于重庆钢铁破产重整案例的实证分析及建议》，载《法律适用·司法案例》2018年第22期。

丰富交易品种。加快完善全国中小企业股份转让系统，建立小额、便捷、灵活、多元的投融资机制。在清理整顿的基础上，将区域性股权市场纳入多层次资本市场体系"。特别是专门列出了一条"培育私募市场"的规定，标志着国家对私募股权基金市场地位的正式认可，私募股权基金从"神秘化"走向了"阳光化"。该意见还重申了建立健全私募发行制度，对私募发行不设行政审批的监管导向，有助于股权投资基金在依法接受监管的同时充分保留市场活力。此外，该意见还提出了"积极稳妥推进股票发行注册制改革"与"鼓励市场化并购重组"，这对有竞争力的基金公司登陆资本市场，畅通股权投资资金的退出渠道，缩短股权投资基金的投资周期，促进股权投资基金行业的健康发展具有重要作用。2020年3月30日公布的《中共中央、国务院关于构建更加完善的要素市场化配置体制机制的意见》在多元市场体系建设方面强调：要完善主板、科创板、中小企业板、创业板和全国中小企业股份转让系统（新三板）市场建设；稳步扩大债券市场规模，丰富债券市场品种，推进债券市场互联互通。2019年12月28日修订的《证券法》，对我国多层次资本市场的法律地位进行了确认，为资本市场体系健全提供了法律支撑。

目前，我国资本市场已初步形成了错位发展、功能互补的多层次资本市场体系。但总体来看，还存在区域性股权市场发展不均衡、债券市场法律体系滞后、基金退出渠道狭窄、破产职业共同体尚未形成等问题。为此，应当进一步加强和完善多层次资本市场体系，推动区域性股权市场规则对接与标准统一，提高新三板和区域性股权市场的股权投资服务能力，从立法层面着力解决破产程序中债券交易、次级债券和永续债券的分组表决和清偿顺序、债券持有人会议与重整中债权人会议的关系等问题[1]，增加交易品种，扩大交易模式，畅通退出渠道，加强职业共同体建设，为重整企业融资提供更加有力的制度保障。

---

[1] 参见李曙光、崀芳琼：《中国债券市场法律体系改革研究》，载《金融市场研究》2022年第1期。

三、重整融资信息化建设

市场化和法治化是破产法的基石,信息化建设是推进破产法市场化实施的重要方式。发挥信息化建设在破产法实施中的作用已经成为国际共识。2016年,"运用信息化手段等方式推进破产法的实施"被正式写入《中美元首杭州会晤中方成果清单》。近年来,我国破产信息化建设尤其是破产财产网络拍卖取得了显著进展,引起了国际社会的广泛关注。但是实践中依然还有很多问题值得关注和研究,比如,网拍市场的国际化发展问题,拍品的文案推广和必要包装的成本负担问题,管理人在财产拍卖过程中的角色定位与履职保障的问题,网拍平台如何解决重整企业的估值问题,破产财产网拍的特殊性如何体现在司法解释和相应的制度规则中的问题,网拍平台的公益性使命与商业性考量之间如何平衡的问题,网拍平台机构之间的充分有效竞争的推动和促进问题等。[1] 目前,与重整融资相关的信息化平台主要是最高人民法院打造的全国企业破产重整案件信息平台和以商业化运作为主的网络拍卖平台。

(一) 全国企业破产重整案件信息平台

全国企业破产重整案件信息网是最高人民法院打造的破产案件信息化平台,于2016年8月1日正式上线运行。全国企业破产重整案件信息网由三部分组成,即企业破产案件法官工作平台、破产管理人工作平台和全国企业破产重整案件信息互联网。企业破产案件法官工作平台、破产管理人工作平台根据法官和管理人的工作职能和工作需求,为法官和管理人提供全流程的支持和服务。全国企业破产重整案件信息互联网对破产案件各类信息分级发布。对于重整投资人而言,既可以了解重整企

---

[1] 参见徐阳光:《破产法实施的市场化与价值最大化》,载微信公众号"中国破产法论坛"2020年4月23日。

业的基础情况，也可以向管理人有针对性地了解重点情况，还可以通过该网及时发布投资需求。同时，重整企业、债权人、企业股东等也可以通过该网进行网上立案、债权申报、参与债权人会议等一系列线上活动。

从功能上看，除保障债权人等利害关系人的知情权、参与权外，吸引潜在投资者，促进资本、技术、管理能力等要素的自由流动和有效配置，也是全国企业破产重整案件信息网的重要目标。最高人民法院审判委员会专职委员刘贵祥在第三届市场化破产国际研讨会上提出，要进一步完善全国法院重整信息平台建设，为推进法治化、市场化的破产审判提供有力保障。随着全国企业破产重整案件信息平台功能的进一步完善和影响力的进一步扩大，将有利于吸引全国范围甚至全球范围的投资者参与，为困境企业融资和重整工作开辟更加广阔的渠道和路径。

（二）网络拍卖平台

1. 网络拍卖的法律基础

司法实践中，破产财产变价的方式主要有网络拍卖、线下拍卖、财产变卖、实物分配等。我国关于破产财产处置的法律依据主要规定于《企业破产法》第112条，该条第1款和第3款明确了变价出售以拍卖为主，以其他方式为辅的原则；第2款关于全部出售和部分出售以及无形财产和其他财产可以分开出售的规定，体现了实现资产价值最大化的立法目的。[1] 目前我国破产财产变价的主要方式是网络拍卖。

2. 网络拍卖的积极作用

破产财产网络拍卖实质上是运用市场化方式对债务人企业进行的资产处置。在信息化背景下，破产网拍在节约财产处置时间和成本方面具

---

[1]《企业破产法》第112条规定："变价出售破产财产应当通过拍卖进行。但是，债权人会议另有决议的除外。破产企业可以全部或者部分变价出售。企业变价出售时，可以将其中的无形资产和其他财产单独变价出售。按照国家规定不能拍卖或者限制转让的财产，应当按照国家规定的方式处理。"

有独特优势,对于提高债权回收率、加快案件进程、提升"办理破产"指标、优化营商环境具有重要作用。破产财产处置是否及时高效,以及破产成本的控制程度,是优化营商环境的重要指标。网络拍卖之所以对债务人财产价值最大化具有推动和促进作用,主要在于其公开透明的程序、灵活高效的规则和规模庞大的受众。比如,在翡翠航空公司破产案件中,从2015年10月26日起,翡翠航空的三架波音747货机飞机已经在线下进行了6次拍卖均告流拍。2017年9月19日,三架飞机的拍卖从线下转入阿里巴巴旗下拍卖平台。11月21日,三架飞机拍卖成交,其中顺丰航空公司以3.2亿元竞得两架波音747。据了解,这是国内首次通过司法网拍的方式拍卖成交波音747飞机。再如,温州市伊蕾愉涵鞋业有限公司于2018年8月31日通过阿里拍卖平台以3元起拍价挂拍该公司4枚商标,最终以65,203元成交,破产财产溢价2万余倍。

3. 网络拍卖的发展阶段

从破产财产网拍的发展历程来看,可以分为两个阶段,即借助司法网拍平台阶段和管理人自行拍卖阶段。

(1) 借助司法网拍平台阶段。司法网拍平台建立之初的主要目的是进行执行拍卖,后根据破产财产的处置需要逐渐运用于破产财产拍卖。2016年8月2日,最高人民法院颁布《关于人民法院网络司法拍卖若干问题的规定》,提出了以线上拍卖为主,线下拍卖为辅的资产拍卖原则。当年11月25日,最高人民法院刊发了《关于司法拍卖网络服务提供者名单库的公告》,将淘宝网、京东网、人民法院诉讼资产网、公拍网和中国拍卖行业协会网5家网络服务提供者提供的网络司法拍卖平台纳入名单库,原则上司法拍卖只能在这5家平台上进行。在这一阶段,管理人没有专门的通道,而主要借助最高人民法院确定的司法拍卖平台,主要是淘宝平台进行破产财产网拍。拍卖成交后,由人民法院参照执行拍卖程序出具成交确认书。值得注意的是,网络拍卖平台不仅在破产财产处置方面成效显著,在招募重整投资人方面也发挥着积极作用。典型案例包括河南新飞电器有限公司破产重整案和北京华都肉鸡公司破产重整案。

这两起案件均采用网络拍卖重整企业股权的方式，成功选任重整投资人，开创了重整企业投资人招募的新模式。

案例：北京华都肉鸡公司破产重整案

北京华都肉鸡公司成立于1988年，是为解决市民"菜篮子"工程成立的北京老牌大型国有企业。公开数据显示，华都肉鸡在北京地区的市场覆盖率曾一度超过90%。由于外部市场冲击和自身经营方式的不适应，华都肉鸡公司持续亏损、资金链断裂。2016年2月，华都肉鸡公司最终资不抵债宣布停业。2016年6月，华都肉鸡公司向北京市昌平区人民法院申请破产清算。截至破产案件受理时，公司总资产3.5亿元，负债9亿余元，严重资不抵债。2018年5月28日，北京市昌平区人民法院裁定北京华都肉鸡公司进入重整程序。2018年11月7日，北京华都肉鸡公司股权拍卖在淘宝司法拍卖平台上开始竞拍。北京首农股份有限公司和北京市北郊农场有限公司联合体以9.6亿元的价格成功获得重整投资人身份。[1]

华都肉鸡公司进入破产重整程序后，为了实现重整价值最大化、最大限度地保护债权人利益，昌平法院破产审判团队大胆尝试，打破线下招募投资人的传统常规方式，在全市首创通过互联网平台公开招募投资人并采用网络竞价方式选任投资人。法院与破产管理人、华都肉鸡公司原股东积极沟通协调，最终管理人和原股东都接受了法院的提议方案。同时，昌平法院还与阿里巴巴集团的工作人员多次磋商，获得竞拍的技术支持，在淘宝网建立投资人招募、竞价专门通道及展示推广渠道。北京华都肉鸡公司股权（重整）在互联网平台拍卖，以公开竞价方式确定入围投资人，通过13轮的实时竞价，最终以9.6亿元的价格成交，溢价率达到20%。最终投资人提出的破产重整计划在债权人会议上获得高票

---

[1] 参见鄂晓颖、王宇新：《北京市昌平区法院助力老牌国企绝境逢生》，载今日头条网，https：//www.toutiao.com/article/6649951349389656590/。

通过，9.6亿元重整资金全部到账。[1]

（2）管理人自行拍卖阶段。破产财产拍卖因当事人意思自治与司法强制力的不同而有所区别。在破产财产处置中，简单地参照执行网拍程序有时会背离破产案件的实际需求。在最高人民法院对破产财产拍卖未作出专门规定的背景下，淘宝司法拍卖平台于2017年5月27日开启了破产财产网络拍卖端口。升级后的阿里司法拍卖平台设置执行程序和破产程序两个并存的财产拍卖接口，其中，通过破产财产网络拍卖处置的财产以"破"字标识，明确系破产财产拍卖，拍卖的实施主体为管理人，监督单位为管辖破产案件的人民法院。至此，破产财产网络拍卖的特别通道正式建立，预示着破产审判中财产处置的信息化建设取得了新的进步。[2] 破产管理人直接挂拍通道在破产财产的起拍价设定、降价次数及降价幅度等方面与执行财产的网拍规则有明显的区分，已经根据破产财产处置的特点实现了对破产财产的起拍价、降价次数及幅度均不予限制的技术支持。[3] 为规范管理人网拍行为，北京、重庆等地相继出台了破产程序中财产网络拍卖的实施办法。2019年4月出台的《北京市高级人民法院关于破产程序中财产网络拍卖的实施办法（试行）》（2021年4月废止），确立了债务人财产处置的网络拍卖优先原则，以及债权人自治、管理人实施、法院监督三位一体的破产财产处置模式。该实施办法根据破产案件的特点，将拍卖方式和拍卖方案的决定权交由债权人会议，并且明确起拍价的确定可以采取定向询价、网络询价、委托评估、管理人估价等方式，也可以由债权人会议授权管理人自行确定，在债权人会议无法就起拍价作出决议时，还可以由人民法院裁定。例如，北京弘天智

---

[1] 参见《那些写入报告的案件，听听法官怎么说》，载微信公众号"京法网事"2019年1月18日。

[2] 参见徐阳光：《依法推进市场化破产重整程序的有效实施》，载《人民法治》2017年第11期。

[3] 参见肖建国、黄忠顺：《中国网络司法拍卖发展报告》，法律出版社2018年版，第123页。

达科技有限公司破产清算案采用了管理人自行拍卖的方式,在债权人会议表决的基础上,确立了不同于司法网拍的定价模式,推动破产程序顺利开展。

案例:北京弘天智达科技有限公司破产清算案[1]

2018年1月30日,北京一中院裁定受理北京弘天智达科技有限公司破产清算案。进入破产程序后,管理人实际接收了二手办公用品、过时存货等少量财产。由于弘天智达公司无现金支付传统拍卖程序所需的评估费、拍卖费等费用,且无法判断该部分财产的处置底价,导致财产变价处置陷入僵局,严重阻碍了破产程序的推进。2019年4月29日,管理人根据《北京市高级人民法院关于破产程序中财产网络拍卖的实施办法(试行)》,通过淘宝司法拍卖平台独立发起拍卖,并在全国企业破产重整案件信息网同步发布拍卖公告,对两台二手打印机进行拍卖。该次网拍共有48人设置拍卖提醒,吸引3660次围观,经过6轮竞价,于5月15日上午9时成交,溢价率7%。自债权人会议决议通过网拍方案至网拍财产成交,包括15天拍卖公告期在内,共计用时18天,实现拍卖费用零支出。2019年10月25日,北京一中院裁定终结破产程序。

4. 管理人拍卖财产的法律性质

关于管理人通过网拍等方式处置财产的行为性质,理论上存在一定争议,这种争议对破产法实施效果的影响在实践中已经有所体现。有观点认为,管理人在破产程序中行使的财产调查和处置行为是一种私法行为,即管理人代表债务人企业对破产财产进行管理处分,法院行使的是监督指导职责。[2] 这种观点的主要法律依据是我国《企业破产法》第25条第1款第6项以及第61条第1款第8项、第9项。根据上述法条规定,管理和处分债务人的财产是管理人根据债权人会议表决结果履行的职责。

---

[1] 参见《北京破产法庭发布十大破产典型案例》,载澎湃网2019年10月29日,https://m.thepaper.cn/baijiahao_4804906。

[2] 参见章恒筑、王雄飞:《论完善执行程序与破产程序衔接协调机制的若干问题——基于浙江法院的实践展开》,载《法律适用》2017年第11期。

有观点认为，管理人在破产程序中行使的财产调查和处置行为具有公法的性质，管理人在拍卖程序中的履职行为具有强制执行力。此种观点的主要理由是：第一，破产清算程序与强制执行程序相似，破产财产拍卖属于司法强制措施的范畴。第二，管理人与债权人均非破产财产的归属主体，除非各方主体能够达成共识，否则人民法院有必要介入破产财产的处置。第三，管理人虽然不属于司法机关，但是管理人的权限来自破产法的规定以及法院的授权，可以理解为司法拍卖社会化的既有模式。[1]

笔者倾向于第二种观点。第一种观点的问题主要在于财产处置是由法院实施还是由管理人实施，这一事实本身并不能决定实施行为的性质。虽然管理人主要由个人或者中介机构组成，属于私法主体，但是管理人系由人民法院依据破产法指定，其权力也来自破产法的授权。破产法本身具有公法的性质，管理人依据破产法授权的履职行为也应具有相应的强制力。如果将管理人处置财产界定为具有私法性质的商业行为，这就意味着出卖人原则上承担瑕疵担保责任，不允许在拍卖公告中以"现状拍卖"的概括要求免除瑕疵担保责任；同时还意味着，拍卖成交后的产权转移由管理人负责，即使管理人办理权属变更遇到障碍，法院也没有义务和责任解决上述问题。如果采用第一种观点，司法实践中将会严重影响破产财产的变价处置，大大降低破产财产的成交价格，进而阻碍破产审判顺利推进，损害债权人、债务人等相关主体的利益。

近年来，我国法院充分发挥信息化建设在破产审判中的积极作用，"在破产企业识别、破产审判质效、破产财产溢价变现、破产裁判标准统一等各个方面应用信息化取得了突破性进展，赢得了国际社会的高度评价，填补了传统破产审判机制中的诸多空白，为国际社会解决破产审判难题提出了中国方案"。[2] 今后网络平台的建设和发展，应当始终坚持

---

[1] 参见肖建国、黄忠顺：《中国网络司法拍卖发展报告》，法律出版社2018年版，第126页。

[2] 艾文、惠宁宁：《破产重整的司法实践与发展方向——专访最高人民法院审判委员会委员、民二庭庭长贺小荣》，载《人民法治》2017年第11期。

市场化、法治化、信息化的发展方向，在现有基础上加大数据分析的力度，实现不仅能够在平台上拍卖各种类型的财产以及财产性权益，而且能够通过对相关数据的分析，促进资产评估、竞拍融资等工作的完善；通过开发定向推荐等系统，提高重整企业融资的效率；通过对拍卖情况的类型化总结，推动相关法律制度规则的改进。[1]

---

[1] 参见王欣新：《市场经济与破产资产网拍关系探讨》，载微信公众号"中国破产法论坛"2020年4月23日。

第七章　重整融资中的府院联动

府院联动是我国在破产法不完备的情况下，为应对破产社会外部性问题或破产衍生社会问题而采取的特色做法。从概念上来说，府院联动具体指的是在坚守司法权力程序引导的前提下，由行政权力配套解决破产衍生的社会问题，协调破产程序与外部环境之间隔离、缺失、冲突的生态关系，保障《企业破产法》的市场化实施，依法为实施市场化破产程序创造条件。[1] 府院联动实质上是在司法和行政之间架起一座桥梁，共同完成市场主体救治和退出任务。过去30年的破产审判实践证明，离开政府相关部门的配合和支持，各类破产案件的推进都步履维艰，效果不佳。凡是得到政府大力支持和配合的案件，无论是破产清算、司法重整还是司法和解，都取得明显的法律效果和社会效果。特别是近年来，全国各地法院在司法重整中取得的重大成绩，无一例外的都是在党委和政府的支持配合下取得的，"府院沟通协调联动机制"是中国破产法律制度的最大特色。[2]

2020年1月1日施行的《优化营商环境条例》第33条第2款对府院联动机制作出了明确规定，要求县级以上地方人民政府应当根据需要建立企业破产工作协调机制，协调解决企业破产过程中涉及的有关问题。破产法兼具公法和私法的属性，使政府将破产作为政策的目标和导向。企业破产程序中的利益冲突不属于纯粹的私人性问题，私人利益的冲突

---

[1] 参见陆晓燕：《"市场化破产"的法治内蕴》，法律出版社2020年版，第128页。
[2] 参见杜万华：《提高破产审判质量和效率应当建立的几个重要工作机制、制度和措施》，载微信公众号"中国破产法论坛" 2020年1月17日。

在破产程序中具有较强的公共性，因此也不宜采用纯粹私法自治的管理方式。破产程序中存在的众多利益冲突具有很强的社会性，容易造成社会问题，需要政策干预协调；同时，这种利益冲突具有公益与私益混合特征，利益平衡需要采取公权力干预和私法自治相结合的运作机制。[1]对于重整制度而言，其公法属性体现得更为明显，突出表现在重整条文中存在大量的强制性条款、确权性条款和实体性条款。重整融资作为重整制度的核心内容，在是非判断、权利分配、义务设置等方面的博弈更加复杂。多方利益主体的复杂博弈必然要求具有中立性、权威性和专业性的法院承担起监督者、裁判者和推动者的职能。与此同时，在重整融资过程中，司法权和行政权又不可避免地发生接触、协作和碰撞，并且对融资行为和整个企业重整行为产生重要的影响。司法权和行政权的冲突与协作也必然需要建立健全府院联动机制，让政府在重整融资中发挥更加积极的作用，同时明确行政权介入重整融资的边界和范围。

一、府院联动的基础

（一）市场的缺陷

市场失灵理论及公共利益管制理论是政府介入重整融资的正当性原理。市场失灵理论认为，完全竞争的市场结构是资源配置的最佳方式。但在现实经济中，完全竞争的市场结构只是一种理论上的假设，由于垄断、外部性、信息不完全和公共物品领域的存在，市场作为配置资源的一种手段，不能实现资源配置效率的最大化，由此出现了市场失灵。关于市场失灵的表现，有观点认为，包括效率、平等和稳定的缺失三方面内容[2]；也有观点认为，包括经济的不稳定、竞争的缺乏、外部性、公

---

[1] 参见丁文联：《破产程序中的政策目标与利益平衡》，法律出版社2008年版，第37-38页。

[2] 参见［美］保罗·萨缪尔森、威廉·诺德豪斯：《经济学》（第17版），萧琛等译，人民邮电出版社2004年版，第57-69页。

共物品的欠缺、市场欠缺以及信息与知识的缺乏六个方面。[1] 当市场"无形之手"失灵时，为了实现资源配置效率的最大化，就必须借助于政府"有形之手"的干预。

公共利益管制理论在市场失灵理论和福利经济学的基础上进一步提出，政府是公共利益的代表，为实现社会福利最大化，应当通过政府管理的方式对市场失灵进行矫正。波斯纳认为，公共利益管制理论有两个假设前提：一个是市场自身存在缺陷，另一个是政府的管制行为几乎没有成本。"无形之手"的固有缺陷，决定了"有形之手"有适度介入的必要，需运用两者的均衡，建构良好的市场秩序，达致社会总效用函数的最大化。[2]

破产是任何一个以市场经济为基础的社会必然会出现的现象，既是市场优胜劣汰的结果，也是市场失灵的体现。作为市场调节法，破产法本身具有政府干预的特征。对于重整融资而言，发达的自由商品流通市场和资本市场是理想化的融资渠道。但是在实践中，市场机制有时不能够反映财产本身的价值，而资本市场也不能及时提供重整企业所需的资金。在这种情况下，政府可以基于市场的不完备而介入重整程序，通过直接注资、协调金融机构贷款等方式，在企业融资方面发挥替代补充作用。

司法权作为一种判断权，在居中裁判、化解纠纷方面具有优势，但是却缺乏整合资源解决包括融资问题在内的破产衍生问题的能力。司法权的短板，正是行政权的优势。政府有能力在破产企业的有限资源之外调动其他各种社会资源，解决人民法院、债权人会议、债权人委员会和破产管理人无法解决的问题。[3] 因此，在企业重整以及重整融资活动中，政府和法院之间应当在明确职责分工的基础上建立起联动机制。法

---

[1] 参见[美]约瑟夫·斯蒂格利茨：《经济学》（第2版），梁小民等译，中国人民大学出版社2000年版，第137-143页。

[2] 参见周及真：《从企业破产重组看政府与市场的关系——以无锡尚德为例》，载《上海经济研究》2014年第12期。

[3] 参见尹正友：《企业破产与政府职责》，法律出版社2010年版，第84页。

院负责破产案件审理，依法保护债权人、债务人、债务人股东、新投资人、企业职工等各方利益。政府负责解决企业重整所产生的社会稳定、职工安置等突出问题，同时在企业面临融资困境时，通过市场化、法治化的方式予以及时的援助。这两种不同的社会职能、不同的调整对象、不同的工作方式，必须作出严格的划分，法院、政府一定要各司其职，相互配合，一起解决因企业破产而引发的各种社会问题。[1]

（二）政府的职责

维护社会整体利益是政府的职责，也是政府介入重整程序和重整融资的正当性基础之一。一方面，政府介入重整程序具有重要的经济价值。维持公司的持续经营价值有利于社会整体价值的提升，避免因公司清算所产生的财产与人员二次整合需要消耗的高昂成本。同时，一个企业如果进入破产清算程序，可能会影响上下游企业，对整个行业链条产生巨大冲击。从这个角度来看，政府介入企业重整程序，对陷入困境的企业给予及时的援助，具有十分重要的意义。另一方面，政府介入重整程序关系到社会稳定和国家安全。重整制度较之破产清算制度具有拯救企业和预防破产的重要功能。这种功能契合了政府防止社会动荡的政策导向。对于一些面临困境的大型企业，特别是涉及金融、能源、国防等领域的公司，如果简单地采取破产清算而不加干预，很有可能引发不稳定因素，甚至造成社会动荡。特别是在受新冠疫情影响全球出现新一轮经济危机的情况下，重整制度符合应对经济危机、维护社会整体稳定的政策导向。从这个角度来说，政府介入重整程序，不仅具有经济价值，还具有政治价值和社会价值。

因此，每当市场出现失灵、经济形势严峻、社会整体利益面临挑战时，各国政府都主动履行职责，积极应对危机。比如，2020年年初突如其来的新冠疫情，对世界经济造成前所未有的冲击，全球经济面临巨大

---

[1] 参见王欣新：《府院联动机制与破产案件审理》，载《人民法院报》2018年2月7日，第7版。

挑战，市场主体受到巨大冲击，许多企业出现现金流断裂、债务不能及时清偿的问题，面临严峻的财务困境和经营困境。在此背景下，迫切需要政府弥补市场失灵，积极干预经济，出台纾困政策，拯救困境企业，防止企业破产对经济社会造成重大不利影响。新冠疫情发生后，世界各国纷纷出台纾困政策应对疫情影响。以我国为例，2020年4月17日，中共中央政治局召开会议强调要统筹推进疫情防控和经济社会发展，在疫情防控常态化前提下，做好"六保"工作。"六保"指的是保居民就业、保基本民生、保市场主体、保粮食能源安全、保产业链供应链稳定、保基层运转。会议还提出，积极的财政政策要更加积极有为，提高赤字率，发行抗疫特别国债，增加地方政府专项债券，提高资金使用效率，真正发挥稳定经济的关键作用。稳健的货币政策要更加灵活适度，运用降准、降息、再贷款等手段，保持流动性合理充裕，引导贷款市场利率下行，把资金用到支持实体经济特别是中小微企业上。会议还特别强调，要着力帮扶中小企业渡过难关，加快落实各项政策，推进减税降费，降低融资成本和房屋租金，提高中小企业生存和发展能力。

（三）破产的外部性

破产法是社会外部性极强的实践性法律，在企业破产程序中，除了要解决债务清偿、财产分配、企业挽救等破产法问题外，还会产生一系列需要政府履行职责解决的与破产相关的社会衍生问题，如职工的救济安置、重整企业信用修复、涉破产的税费缴纳与工商注销登记等，需要进行大量的社会协调工作。[1]破产法和破产审判的外部性特征，决定了法院审理重整案件离不开党委政府的支持和相关配套制度的完善。

在重整程序中，无论重整最终成功与否，都需要注入资金增强流动性，维持企业继续营业。困境企业对资金的需求不仅体现在资金的规模

---

[1] 参见王欣新：《府院联动机制与破产案件审理》，载《人民法院报》2018年2月7日，第7版。

上，还体现在获取资金的时机上。实践证明，重整企业获得融资的及时性与拯救的成功率呈正相关关系。当重整企业出现信用融资困难、发行股份受阻、资产处置周期长等问题时，需要政府在资金注入方面提供有力支持。政府可以通过政府补助、政府担保、过桥贷款、协调银行贷款、设立引导基金或者利用政府平台资源寻找战略投资者等方式解决重整企业融资难题，促进困境企业成功重整。同时，政府即使不直接提供资金支持，还可以通过出台优惠政策、共享资源平台、提前介入庭外重组等方式，参与重整投资人的招募和谈判，为重整企业招募合适的投资人提供帮助。总之，市场、政府和法院应当明确各方在重整程序和重整融资中的定位，在市场和法律的框架内分工明确、有序配合，才能够真正破解重整企业的融资难题，为企业成功重整提供必要的资金保障。

二、府院联动的边界

在现代经济模式下，破产法不再单纯是企业退出市场的法律制度，它已发展成为具有重要政策目标的社会制度，政府在破产程序中的职责显得越发重要，但其法律性质、具体范围、职责边界等尚不明确，需要予以厘清。

（一）理论基础：政府失灵

政府失灵也称政府失效，指的是政府为弥补市场失灵而对经济、社会生活进行干预的过程中，由于政府行为自身的局限性和其他客观因素的制约而产生新的缺陷，进而无法使社会资源配置效率达到最佳的情景。政府失灵简单地说就是政府的活动和行为并不总是有效的，也即政府对市场缺陷的弥补并不总是有效的，相反有时还会产生一些新的弊端。[1]"政府失灵"主要包括以下几种情况：（1）由于行为能力和其他客观因素制约，政府干预经济活动达不到预期目标；（2）政府干预经济活动达到了预期目标，但效率低下，或者说成本昂贵，导致资源并未得到充分有效地利用；（3）政府干预经济活动达到了预期目标，也有较高的效率，但带来不利的事先未曾预料到的副作用；（4）某些外部性问题或国际性经济贸易问题，一国政府无力加以解决，如核利用中的污染问题、国际贸易纠纷问题等。在政府失灵理论的基础上，"政府管制俘虏理论"进一步认为，被管制企业可能具有特殊影响力，会利用管制者的自利动机进行寻租，从而"俘虏"管制者，并参与垄断利润的分享，使政府管制日益沦为企业追求垄断利益的手段。[2]

排除政府的不当干预，将国家意志介入重整案件限制在合理范围内，是破产法追求的重要目标之一。政府行为虽然具有一定的政策导向，但是政策本身不具有法律规范的稳定性和确定性，而且这些政策导向还有可能与法律规范相冲突。因此，在府院联动的过程中，政府行为仍然有可能超出合理的界限。更为重要的是，政府既有维护社会公共利益的职责，也会作为利益主体直接参与重整中的利益博弈。因此从竞争法角度来看，政府干预存在影响市场自由竞争、破坏公平竞争秩序的风险。比如，我国上市公司中的国有股，政府在其中即存在直接利益关系。在重整实践中，由于地位与职责的差异，法院实施破产法要实现的目标与地方政府在企业破产案件中要实现的目标之间，有时可能会存在落差，所以还要注意防范地方政府可能出现的不当利益冲动。[3]

---

[1] 参见［美］保罗·萨缪尔森、威廉·诺德豪斯：《经济学》（第17版），萧琛等译，人民邮电出版社2004年版，第78页。
[2] 参见王俊豪：《政府管制经济学导论——基本理论及其在政府管制实践中的应用》，商务印书馆2001年版，第62－64页。
[3] 参见王欣新：《府院联动机制与破产案件审理》，载《人民法院报》2018年2月7日，第7版。

（二）厘清界限：理顺法院与政府的职责范围

破产法是以市场经济为基础的法律，市场经济又是法治化的经济。因此，只有坚持破产法作为市场经济商事法的司法地位，坚持破产法市场化和法治化的实施，才能够厘清府院联动的边界，理顺法院和政府的职责范围。

1. 坚持法院的主导地位

在 2006 年《企业破产法》出台前的政策性破产阶段，法院和法官的角色处于过于被动的地位，有关公司的整顿、重组几乎与司法无关，即使进入司法程序的案件，法官也表现出过于依赖政府的倾向，有的地方政府甚至在法院已经受理破产申请的情形下仍然直接处理债务人的土地和财产，有的地方政府会撤销法院的拍卖决定直接指定财产的接收人。[1] 进入市场化破产阶段，法院在重整程序和府院联动实践中才逐步回归到主导地位，重整程序才逐渐成为在法院主持和监督下债务人、债权人、投资人等各方主体进行协商的平台。

具体到重整融资活动中，法院扮演的角色主要有：一是融资方案的监督者。法院的监督主要体现在合法性监督和形式监督。法院的职能主要是要求谈判过程中的信息充分披露，保障当事人得到充分的平等的谈判机会，确保谈判的过程符合法律规定，对违反谈判规则的行为进行惩罚等。对于融资方案涉及的商业判断，法院既没有能力介入，也没有必要介入。二是重大事项的把关者。在一些特殊情况下，人民法院依法决定企业的重大事项。比如，在第一次债权人会议召开之前，管理人因紧急情况需要处置债务人的重大资产的，应当向法院报告，由法院作出是否批准的决定。再如，在重整必要性和可行性审查过程中，将融资作为重整可行性审查的重要内容，对明显缺乏重整价值的企业不予受理，防

---

[1] 参见汪明华：《安徽省人民法院适用〈企业破产法〉一年情况述评》，载王欣新、尹正友主编：《破产法论坛》第 3 辑，法律出版社 2009 年版，第 334 页。

止不符合重整条件的企业进入重整程序产生高昂成本，从而给债权人利益造成进一步损害。三是法律效力的赋予者。包含融资方案在内的重整计划，无论是债权人会议表决通过，还是法院强裁，都需要经过法院的批准方能赋予法律效力。

2. 发挥政府的配合作用

在政策性破产时期，我国政府处于破产案件主导地位。在破产法市场化、法治化实施的过程中，政府应立足于服务者、协调者的角色，通过市场机制、经济手段、法治方法参与重整案件，尤其要避免"行政主导"模式的复归。政府是社会利益的代言人，同时也具有特殊的利益追求，这种利益追求突出体现在国有企业的特殊利益中。因此，政府主导破产程序意味着其既当运动员又当裁判员，违反了重整程序的公平原则。

市场化破产意味着政府介入应当以法治化、规范化的方式进行。政府在重整程序中应当充分尊重和保障司法权的主导地位，其职能主要是创造良好的社会环境，解决衍生社会问题和融资困境，而不得挤压司法权的作用空间，对于破产重整中的法律问题，不应过多介入，使破产程序突破行政权力的"瓶颈"，真正实现司法主导下的私权自治。[1]在重整融资活动中，政府职责和作用主要体现在按照市场化和法治化的要求，综合运用财政拨款、设立引导基金、政府担保、协调贷款、税收优惠、政策支持等方式为重整企业融资提供保障和支持。在我国的司法实践中，政府对重整企业融资支持的常见方式有：调整土地规划吸引战略投资者，安排国有企业作为重整企业投资人，说服金融债权人不降贷、不断贷和不压贷或在清偿上作出让步，协调金融机构提供新的贷款，协调证券监督管理部门为企业融资创造条件，协调税收部门给予税收优惠等。

比如，上市公司进行重大资产重组，依照《上市公司重大资产重组

---

[1] 参见董灿：《论破产法中行政权力的定位》，载《经纪人学报》2006年第3期。

管理办法》的规定，应当由董事会依法作出决议，并提交股东大会批准。中国证券监督管理委员会依照法定条件和程序，对上市公司重大资产重组申请作出是否核准的决定。即重大资产重组程序为"内部决议＋行政许可"。当重整程序中同时启动重大资产重组时，则存在"会议表决""内部决议"的公司内部治理结构冲突与"司法裁定""行政许可"的外部监管权力冲突。为解决重整与重大资产重组并行过程中司法权与行政权的协调问题，最高人民法院于 2012 年 10 月 29 日出台《关于审理上市公司破产重整案件工作座谈会纪要》，建立了最高人民法院与中国证券监督管理委员会的会商机制。笔者所在南京市中级人民法院审理的江苏舜天船舶股份有限公司破产重整案即是启动最高人民法院与证监会会商机制的典型案例。2017 年 12 月，最高人民法院将该案收入《最高人民法院公报》，明确其指导意义在于：上市公司破产重整与重大资产重组程序同步实施时，对内需要解决重整状态下公司治理结构的问题；对外需要协调司法程序与行政程序之间的冲突。通过会商机制形成并购重组专家咨询委员会意见，法院在参考该意见的基础上裁定批准重整计划。2024 年 12 月 31 日，最高人民法院会同中国证券监督管理委员会印发《关于切实审理好上市公司破产重整案件工作座谈会纪要》，同时废止了 2012 年《关于审理上市公司破产重整案件工作座谈会纪要》，新纪要第 9 条就司法与行政的协调联动机制作出了新的规定，"申请人向人民法院提出重整申请的，上市公司住所地省级人民政府应当同步向中国证监会通报情况，并将所出具的维稳预案以及上市公司与债权人、出资人、重整投资人等利害关系人已签署或者达成的有关债权调整、重整投资等协议一并通报。中国证监会应当就上市公司重整价值等事项向省级人民政府出具意见，并同步通报最高人民法院"。值得注意的是，虽然在重整程序中政府居于配合地位，但是在庭外重组程序中，可以实行政府主导、法院配合的模式，待进入重整程序后，再将主导权从政府移交给法院。

三、政府介入重整融资的比较分析

为拯救行业和经济，对重整企业给予政策支持和资金援助，是许多国家的通行做法，即使在自由活跃度高、政府干预较少的美国和日本，政府也会对破产重整进行积极干预，对重整企业实施援助。

（一）美国重整融资中的政府介入

在 2008 年国际金融危机期间，美国政府推出了 7000 亿美元的经济救援计划，以挽救困境企业，防止公司大规模走向破产清算。通用公司和克莱斯勒公司是美国政府实施经济援助计划拯救的重点企业。受 2008 年国际金融危机和历史负债的双重影响，通用公司和克莱斯勒公司经营状况和财务状况持续恶化。2009 年 6 月 1 日和 2009 年 4 月 30 日，通用公司和克莱斯勒公司分别向纽约南区联邦破产法院申请破产重整以寻求破产保护。通用公司和克莱斯勒公司在美国汽车行业具有重要影响力，通用公司是上市公司，其破产重整案也成为当时美国第四大破产案件。克莱斯勒公司虽然不是上市公司，但是更早进入并完成重整程序，最关键的是为通用公司重整提供了重要参考。

申请重整前，克莱斯勒公司的股东是瑟伯勒斯资产管理公司和戴姆勒公司。进入重整程序时，其债务主要有：银行债权人持有的第一留置担保债权（First Lien Secured Debt），共计约 69 亿美元；政府根据"问题资产救助计划"（TARP）提供贷款并因此持有的担保债权，共计 45 亿美元；供应商等合同债权人（Trade Creditors）持有的非担保债权，约 53 亿美元；现任及前任员工持有的非担保债权，约 135 亿美元。根据重整计划，克莱斯勒将大多数资产以拍卖的方式出售给新克莱斯勒公司，拍卖出售所得 20 亿美元根据绝对优先规则向优先债权人清偿，清偿比例约为 29%，而普通债权人在破产财产拍卖过程中没有获得任何清偿，但获得了新克莱斯勒公司以实现特定经济和社会目的为名而作的全额清偿承诺。在新克莱斯勒公司股权结构中，菲亚特持有 20% 的股份，自愿雇员福利协会持有 55% 的股份，美国和加拿大政府作为小股东而持有一定比例股份，原克莱斯勒公司的股东瑟伯勒斯公司和戴姆勒公司在新克莱斯勒公司未保留股份。

通用公司的破产重整借鉴了克莱斯勒公司的模式，首先将债务人有价值的资产拍卖出售给新通用汽车公司（以下简称新通用公司）。新通用公司 60% 的股份由美国联邦政府持有，12.5% 由加拿大政府持有，自愿雇员福利协会以员工债权人代表的身份持有 17.5%，旧通用公司的无财产担保债权人持有 10%，旧通用公司的股东未在新通用公司中持有股份。新通用公司同意支付通用公司对自愿雇员福利协会的 200 亿美元的破产债务，同时向自愿雇员福利协会发行 25 亿美元的票据、65 亿美元的公司优先股、17.5% 的公司普通股以及根据企业经营情况追加 2.5% 股份的担保，即自愿雇员福利协会所持有的非担保债权实质上得到了全额清偿。[1]

通用公司和克莱斯勒公司的重整成功很大程度得益于政府的贷款援助。据统计，以美国联邦政府为主的政府财政累计向通用公司注资近 500 亿美元，向克莱斯勒公司提供了近 70 亿美元的融资。在提出破产重整申请前，严峻的经济形势迫使通用公司和克莱斯勒公司首先寻求美国政府的资助。2008 年 11 月 21 日，美国众议院发言人 Nancy Pelosi 和美国参议院多数党领袖 Harry Reid 向通用、克莱斯勒和福特的首席执行官发函，要求三家企业提交可行性计划以获得政府贷款。2008 年 12 月 19 日，时任美国总统布什宣布政府将根据"困境资产救助计划"向通用和克莱斯勒提供紧急短期贷款，以避免企业破产。随后，通用公司、克莱斯勒公司分别与美国财政部签订贷款与担保协议。在破产重整受理前，美国政府向通用公司提供了 194 亿美元贷款，向克莱斯勒公司提供了 4 亿美元的贷款。在通用公司重整受理后，美国和加拿大政府又向通用公司提供

---

[1] 参见方俊：《上市公司破产重整的利益平衡论》，华东政法大学 2011 年博士学位论文。

了 333 亿美元 DIP 融资，其中 242 亿美元来源于美国财政部，91 亿美元来自加拿大政府。在克莱斯勒重整申请受理后，美国政府又向克莱斯勒公司提供了 5 亿美元的为期 60 日的 DIP 融资和 60 亿美元的高级担保融资。[1]

考虑到汽车行业发展及其对整体经济的影响，美国政府强势介入并控制了通用公司和克莱斯勒公司的重整谈判，对资产出售的交易双方、担保债权人都进行了直接或间接的干预。以克莱斯勒公司为例，在 2009 年 3 月 30 日，美国政府给克莱斯勒和菲亚特的合作谈判设定了一个框架，并要求其在 4 月 30 日之前达成协议，并委派"总统汽车业工作小组"直接参与这一个月的谈判。最终在美国联邦政府设定的谈判期限之前，克莱斯勒和菲亚特达成合作协议，满足了取得联邦政府财政支持的相关前提条件。2009 年 4 月 30 日，克莱斯勒向纽约南区破产法院提起破产重整申请后，美国联邦政府随即宣布将会为处于破产重整期间的企业提供 30 亿到 35 亿美元的 DIP 融资贷款，并且将在重整结束之后为公司提供另外 45 亿美元的贷款。

在通用公司和克莱斯勒公司重整案件中，美国政府介入破产重整主要是通过提供贷款完成的。在这个过程中，政府行为体现出了以下两个特点：一是全流程介入。美国政府在通用公司和克莱斯勒公司进入重整程序的前、中、后三个阶段，通过设置有针对性的贷款条件和前提，对两家公司的破产重整程序加以控制。二是市场化介入。虽然美国政府对重整融资的介入是通过政府贷款的形式完成的，但是此种干预是通过市场化和法律化的手段实现的，而不是通过颁布行政指令实现。美国政府对重整企业的控制主要是通过与债务人企业签订贷款合同实现的。贷款合同有控制重整债务人的日常经营行为的条款，如要求债务人必须严格遵守相关财务制度和预算；有限制债务人重整程序性行为的条款，主要

---

[1] 参见贺丹：《通用公司重整模式的破产法分析》，载李曙光、郑志斌主编：《公司重整法律评论》第 2 卷，法律出版社 2012 年版，第 12-13 页。

是要求公司不得根据破产法的相关规定向法院申请延展其提出重整计划专属排他期间；有控制重整程序的违约条款，如要求克莱斯勒在破产申请后 1 周内取得破产法院关于可接受拍卖出价程序的批准同意，在破产申请后 40 日内取得破产法院关于美国《破产法典》第 363 条款下出售的批准同意，又如条款明确，如果担保债权人（a）反对重整计划中破产财产根据美国《破产法典》第 363 条款进行出售；或者是（b）参与拍卖竞价，那么也属于 DIP 贷款合同的违约情形，政府可以要求破产债务人承担与上一类情形相似的违约责任。[1]

（二）日本重整融资中的政府介入

为应对 20 世纪 90 年代和 2008 年的两次经济危机，日本政府先后主导出台了《股份公司产业再生机构法》《股份公司企业再生支援机构法》等法律，并在此基础上于 2003 年和 2009 年分别设立了产业再生机构和企业再生支援机构。日本企业再生立法的出台和企业再生机构的设立体现了日本政府主动作为、积极干预的特点，特别是企业再生机构的成立和运行更加体现了政府主导、控制和监管的特征。

《股份公司产业再生机构法》和《股份公司企业再生支援机构法》都属于时限法，规定实施的期限为 5 年。依据这两个 5 年时限法设立的机构，依法应在 5 年之内予以解散并清算。产业再生机构和企业再生支援机构在性质上属于公私结合的股份公司，虽然由政府提议出资组建，具有强大的政府背景，但在具体运营操作上，依然遵从市场规律保持独立性和公正性，并因此受到了高度评价。根据上述两部法律，产业再生机构和企业再生支援机构的存续期间也均为 5 年。

日本产业再生机构由日本政府引导成立，日本政府为出资人提供了 10 万亿日元的财政担保，并对运营进行监管控制。根据《股份公司产业再生机构法》，日本产业再生机构应在 2008 年依法解散。由于该机构成

---

[1] 参见方俊：《上市公司破产重整的利益平衡论》，华东政法大学 2011 年博士学位论文。

功地完成了援助困境企业的目标，于2007年提前一年解散清算。截至清算时，产业再生机构在存续期间对房地产、航空、汽车、旅游等领域的41家困境企业进行援助和重建。这些企业基本上都恢复了发展能力，实现了重整更生，推动了整个日本经济的复苏和社会的稳定。

日本企业再生支援机构由政府和金融机构共同出资设立，注册资本约201亿日元，其中政府出资100亿日元，金融机构出资101亿日元。日本企业再生支援机构主要通过注入资金、协调贷款、协助裁员等方式帮助企业改善经营、走出困境。至2015年依法解散清算，日本企业再生支援机构共帮助28家企业完成司法重整程序，其中典型的成功案例是日本航空公司破产重整案。

案例：日本航空公司破产重整案[1]

日本航空公司（以下简称日航）于1951年8月成立，2002年合并日本空中系统公司后，跃升为全球运载旅客数量第六大航空企业。截至陷入破产境地之前，日航拥有279架飞机，业务覆盖全球35个国家和地区的220个目的地。2010年1月，日航正经历5年间第四个净亏损年份。总负债达2.32万亿日元（约256.5亿美元）。2010年1月19日，日航依据《产业活力再生特别措施法》向东京地方法院申请破产保护，成为日本历史上最大的非金融企业破产案。《产业活力再生特别措施法》类似美国《破产法典》第11章。受这一法律庇护，日航可在日本企业再生支援机构协助下继续经营并重组，同时减轻债务和融资包袱。

向法院申请破产保护后，日航进入了由日本政府主导、有官方背景的日本企业再生支援机构介入的破产重整程序。日航在政府主导下进行破产重整的主要进程如下：2009年6月30日，日航与主要商业和国资债权人签订合同，获1000亿日元（约11亿美元）贷款，以期恢复盈利。2009年8月20日，自由民主党政府成立专家组指导日航整改。2009年8

---

[1] 参见冯辉编著：《比较破产法案例选评》，对外经济贸易大学出版社2012年版，第251-253页。

月 30 日，民主党在众议院选举中击败自民党上台。2009 年 9 月 1 日，民主党领导的联合政府宣布日航重组计划重启。2009 年 9 月 25 日，日本政府为日航成立新专家组协助重组。2009 年 10 月 29 日，日航向具有国资背景的日本企业再生支援机构求援。2009 年 11 月 13 日，日航半年财报显示 1322 亿日元（约 14.5 亿美元）净亏损。2009 年 11 月 24 日，国家控股的日本发展银行为日航安排 100 亿日元限额。2010 年 1 月 3 日，政府决定把日本发展银行过桥贷款额度从 1000 亿日元提高至 2000 亿日元（约 22 亿美元）。2010 年 1 月 12 日，主要债权人同意政府提议，即日航接受法庭主导的企业重组，包括减免债务等措施。2010 年 1 月 19 日，日航在东京地方裁判所申请破产保护。2010 年 1 月 19 日，日本政府宣布大约 3000 亿日元（约 33 亿美元）公共资金将注入日航，债权人则将免除日航大约 7300 亿日元（约 80.5 亿美元）的贷款。同日，日本企业再生支援机构宣布了事先制定的日航重组方案。根据方案，日航将在 2013 年前裁减近 1.57 万个工作岗位，裁员比例相当于员工总数的 30%。同时，日航将以更节能环保的机型代替巨型飞机，取消不盈利的国内外航线。该机构和日本发展银行为日航提供共计 6000 亿日元（约 66 亿美元）贷款。

四、我国府院联动的反思及建议

当前，我国府院联动机制在重整融资方面存在的缺陷，突出表现在困境企业融资的制度供给和法律供给不足，需要按照市场化、法治化、专门化和制度化的方向予以完善。

（一）府院联动的三个时期

1. 政府主导时期

在 2006 年《企业破产法》出台之前，政府在企业破产以及融资中始终处于主导地位。通过历史溯源可以发现，政府和商业之间主要是管理与被管理的关系。1986 年 12 月 2 日公布的《企业破产法（试行）》体现了强烈的"政策性破产"特征，政府的组织领导、协调干预体现在破产工作制度框架和具体案件的各个方面和各个环节。在破产企业融资方面，政府的主导作用主要体现在以下条款：《企业破产法（试行）》第3条中规定，公用企业和与国计民生有重大关系的企业，政府有关部门给予资助或者采取其他措施帮助清偿债务的，不予宣告破产；企业由债权人申请破产，上级主管部门申请整顿并且经企业与债权人会议达成和解协议的，中止破产程序。第4条规定，国家通过各种途径妥善安排破产企业职工重新就业，并保障他们重新就业前的基本生活需要，具体办法由国务院另行规定。第17条规定，企业由债权人申请破产的，在人民法院受理案件后3个月内，被申请破产的企业的上级主管部门可以申请对该企业进行整顿，整顿的期限不超过两年。第24条中规定，清算组成员由人民法院从企业上级主管部门、政府财政部门等有关部门和专业人员中指定。

2. 个案联动时期

伴随着2006年《企业破产法》的正式实施，破产审判开始从"政策性破产"向"市场化破产"转型，府院联动的主导权也开始从政府逐渐转向法院。在转型初期，破产审判包括重整融资中的府院联动主要体现在个案协调之中。例如，扬州大洋造船有限公司破产重整案即是运用府院联动推进个案审理的典型案例。江苏省扬州市广陵区人民法院（以下简称广陵法院）在总结审判经验时强调：法院积极争取党委领导、政府支持，协调多部门共同参与，从职工矛盾化解到债权人会议召集，从招商平台共享到投资人招募，从争取债权人支持到股权强制变更，府院协调联动机制作用在各环节得到有效发挥。

案例：扬州大洋造船有限公司破产重整案[1]

扬州大洋造船有限公司（以下简称大洋造船）系国家级高新技术企业，工信部公布的首批符合《船舶行业规范条件》的企业之一，全国一

---

[1] 参见《2018年度江苏法院企业破产案件审理情况及十大典型案例》，载微信公众号"江苏高院"2019年3月6日。

级Ⅰ类钢质船舶生产企业，其技术和产品在国际市场上享有良好声誉和较强竞争力。大洋造船拥有完整的生产线和设施设备、400余亩固定生产场所及充裕的生产订单，全厂职工多达9000余人。2016年后，企业因资金链断裂陷入经营困境。

2017年7月，广陵法院裁定受理大洋造船破产清算案件，同年12月，依法转入重整程序。针对大洋造船因缺乏流动资金全面停产，但部分在建船舶尚需续建的情况，企业若长期不恢复经营，将导致技术工人流失、造船资产效用降低，为此，法院指导管理人运用租赁经营方式恢复生产，将大洋造船所有机器设备及技术团队整体租赁给当地同行企业，如期完成代建和续建船舶订单工程，为重整创造基础条件。

经清理，大洋造船资产价值18.86亿元，负债45.55亿元，已严重资不抵债。因大洋造船体量大、重整投资金额高、投资人招募困难，广陵法院积极争取党委领导、政府支持，借力府院协调联动机制推动投资人招募，最终引入央企国机集团下属企业作为投资人。重整投资人通过"受让股权+提供借款"方式，提供22.86亿元资金清偿企业债务，职工债权、税收债权、其他优先债权及小额债权获全额清偿，同时企业战略支点转向中型批量船舶及高端海工产品。2018年8月，广陵法院裁定批准大洋造船重整计划。执行过程中，在当地工商、公安、税务等职能部门的大力支持下，大洋造船有序办理股权变更，恢复生产经营，重塑企业信誉。截至2018年年底，大洋造船在岗职工4000余人，新增船舶订单25条，年均产值达20亿元。

这种个案中的府院联动，对于被拯救的企业来说，具有很强的针对性和有效性，往往能够快速解决被拯救企业的融资困境。但是在适用范围上，主要集中于国有企业和"大而不能倒"的民营企业，一般民营企业很难享受这种政策优惠。此种"量身定制""零敲碎打"型的府院联动，往往因为"挑肥拣瘦""推诿塞责"而为人诟病。[1] 在市场化、法

---

[1] 参见陆晓燕：《"市场化破产"的法治内蕴》，法律出版社2020年版，第138页。

治化破产深入推进和各类重整企业对重整融资需求日益迫切的背景下，府院联动正从"临时性协调"向"常态化联动"转变。

3. 建章立制时期

随着"市场化破产"实践的深入推进，府院联动的重要性逐渐凸显，地方政府与法院开始从机制层面探索建立常态化的联动方式，并陆续出台了建立健全府院联动机制的政策文件。在建立府院联动工作机制方面，浙江省在全国先行一步。温州市于2014年发布了《企业破产处置工作联席会议纪要》，率先在地市级层面建立府院联动平台；2016年，浙江省促进企业兼并重组工作部门联席会议办公室、浙江省高级人民法院、浙江省经济和信息化委员会联合下发《关于成立省级"僵尸企业"处置府院联动机制的通知》，率先在省级层面建立了府院联动机制。2019年6月30日，江苏省政府办公厅发布《关于建立企业破产处置协调联动机制的通知》，建立由省政府分管领导担任总召集人，相关省领导、省法院主要负责同志担任副总召集人，省检察院、省发展改革委、省公安厅等20家单位为成员单位的省企业破产处置协调联动机制。该通知与重整融资相关的条款包括："协调将破产财产处置、重整投资人招募纳入招商引资范围，给予相应政策支持""协调金融机构债权人、债务企业出资人等利害关系人帮助有挽救价值的债务企业摆脱债务困境，推动庭外重组与庭内重整衔接，提高破产重整效率和成功率；协调信用信息管理部门、金融机构积极支持重整企业开展信用修复"。该通知还要求，"各市、县（市、区）人民政府应结合本地实际，参照本办法建立健全企业破产处置协调联动机制，统筹解决有关问题，推动企业破产处置工作市场化、法治化、常态化"。

全国层面的府院联动机制始于2012年《关于审理上市公司破产重整案件工作座谈会纪要》确定的最高人民法院与中国证券监督管理委员会的会商机制。2018年，最高人民法院在《全国法院破产审判工作会议纪要》中正式将府院联动机制作为破产审判工作重点建设的四项机制之一，强调人民法院要加强与政府的沟通协调，解决重整计划制定、企业信用修复以及税收优惠等方面的问题。2020年7月20日，最高人民法院又联合国家发展和改革委员会共同发布《关于为新时代加快完善社会主义市场经济体制提供司法服务和保障的意见》，进一步提出要完善政府与法院协调处置企业破产案件的工作机制，探索综合治理企业困境、协同处置金融风险的方法和措施。2024年12月31日，最高人民法院、中国证券监督管理委员会共同印发了《关于切实审理好上市公司破产重整案件工作座谈会纪要》，要求人民法院应当加强与地方政府、监管机构等协作，妥善化解矛盾纠纷，确保案件审理依法有序推进；在加强司法审理与证券监管协作方面，针对上市公司及相关方、中介机构等主体在破产重整中存在的违法违规行为，该纪要规定，应设置重大事项通报机制，人民法院与中国证券监督管理委员会及时开展会商，针对损害债权人及中小投资者利益的行为，通过采取行政处罚、民事赔偿等措施，加大打击力度，达到"办理一案，震慑一片"的效果。

（二）完善府院联动机制的对策建议

1. 府院联动应坚持市场化原则

在政府与市场的关系上，政府原则上不干预经济，经济的发展主要依靠市场机制在政府宏观调控下实现。但是在特殊时期或特殊情况下，政府又有适度参与经济活动的必要。这种参与行为，必须严格遵循市场化、法治化原则，在重整融资中亦是如此，重整企业融资原则上应当是市场行为，政府不应干预。但是当一些具有重整价值的企业遇到资金困境时，政府应当通过符合市场经济规律的方式，而不是行政化的方式予以干预。具体而言，应体现在以下四个方面：

一是融资对象的选择要体现市场化。虽然政府在特殊情况下直接参与经济活动具有必要性，但是一个国家和地区经济的发展主要还是依靠市场机制。政府在选择对哪些产业和企业进行援助时，必须符合市场化的要求，重点选择具有重整价值和社会效益的企业，如关系国计民生的大型企业或可能引发系统性风险的金融机构。对于没有重整价值的企业，则不能进行"输血式"救助,而应当按照"当清则清"的原则,让这些企业有序退出市场。特别是在中央提出"多兼并重组、少破产清算"的情况下,一些政府和法院对中央政策产生误解,出现了一些越位支持僵尸企业的无效重整问题。对此,有学者一针见血地指出:这里的"多"与"少",是针对确有重整价值和挽救希望的企业,优先考虑兼并重组,并非要求兼并重组的数量一定要超过破产清算的数量;倘若排斥破产清算的适用,甚至非市场化地滥用破产重整,那就违背了中央政策的本意,可能使重整制度蜕变为僵尸企业的又一形成渠道,造成新的产能过剩。[1]

美国政府的融资干预,既有失败的教训,又有成功的经验,值得我们总结借鉴。在20世纪70年代,随着《航空业放松管制法案》的通过,美国航空业由限制竞争转向鼓励竞争,市场上出现了大量的中小型航空公司,受恶性竞争、油价上涨、经济形势恶化等因素的影响,大量航空公司亏损严重,纷纷申请破产保护。"优胜劣汰"是市场竞争的结果,对于在市场竞争中失败的企业本应退出市场,但是美国政府此时给予了保护,保障其继续生存。这种违背市场规律的不当干预导致美国的航空业亏损状况进一步恶化,陷入长期低迷状态。到了2008年,随着国际金融危机的爆发,美国汽车行业又面临经营困境。此时,美国政府的做法是对具有重整价值的企业进行援助,同时又让那些没有重整价值的企业及时退出市场,做到"当救则救""当清则清",取得了较好的效果。

二是融资的时机、程度和策略要体现市场化。选择援助对象后,政府还应当按照市场化的方式选择恰当的时机,同时把握好政府干预的程度和方式。在参与时机上,政府参与越早越好,以最大限度降低困境企业对经济造成的不良影响。从克莱斯勒公司和通用公司重整案件可以看出,美国政府都是在经济危机和行业衰退的特殊背景下,适时介入困境

---

[1] 参见王欣新:《僵尸企业治理与破产法的实施》,载《人民司法(应用)》2016年第13期。

公司，就债务人的资产出售和新公司的股权分配等核心问题初步达成一致，避免企业经营状况和社会影响的进一步恶化。在参与程度上，既要关注整个产业的再生，又要落实到具体企业的重建；既要重视困境企业处置前的债务问题，又要重视困境企业再生后的持续经营问题。在参与策略上，既要通过市场化的方式而非行政化的方式介入企业，又要做到"区别对待""一企一策"，针对不同企业的状况选择资产融资、债权融资、股权融资等不同的支持方式。例如，美国政府对于具有重整价值的中小型困境企业，采取协调金融机构提供融资的援助方式，如小企业债券购买项目；对于具有重要战略意义的大型企业，通过注资或贷款等方式进行直接救助。在通用公司和克莱斯勒公司重整案件中，政府并没有强行使用行政权力或直接通过国有化的方式实施救助，而是利用市场力量，在破产法律制度的框架内，以平等主体的合同条款约定方式介入破产重整和重整融资。

三是政府参与方式要体现市场化，要遵循市场竞争规则。政府作为投资人时，应与其他债权人享有平等的参与权和监督权，而不应具有特殊权力。特别是重整期间公司经营权的实施应建立在商业判断的基础上，而不应当受到政府的行政干预。要尊重市场的基础配置作用。无论是投资人的招募还是重整企业财产的处置，都应当在公开透明的市场环境中进行，政府不得运用行政权力替代市场机制，如不当附加破产投资条件、不当限制破产投资人范围，甚至直接指定破产投资人选或直接实施人财物资源调配。

四是政府退出机制要体现市场化。在重整融资中，政府及时提供援助，甚至临时持有公司股份，对于公司成功重整及各方利益保护具有积极作用。但是政府的干预应当设定时限，不宜长期介入公司的市场经营，防止对重整的过度干预。以日本为例，日本政府引导出台的《股份公司产业再生机构法》《股份公司企业再生支援机构法》两部困境企业援助法律均为时限法，实施期限为5年。依据这两部时限法设立的产业再生机构和企业再生支援机构的存续期也是5年，在完成历史使命后，产业再生机构和企业再生支援机构均退出了历史舞台。

2. 府院联动应遵循法治化方向

法治化意味着政府必须遵循法治精神，干预权力必须放置于法律权威之下，任何形式的调控政策和规制措施必须具备充分的法治基础。[1]推动府院联动的法治化，需要重点做好以下几个方面的工作：

一是要理顺法院和政府的关系。2015年，中央经济工作会议指出"要依法为实施市场化破产程序创造条件"，这也是府院联动应当坚持的宗旨。在重整融资中，司法权应当居于主导地位，其职责是专注于重整案件的审理；行政权应当居于配合地位，其职责是综合运用市场化的方式对企业进行援助，协助解决重整企业的融资难题。

二是政府要依法及时披露对企业的干预行为。在克莱斯勒公司重整案件中，美国政府派出工作小组参与克莱斯勒谈判，根据"问题资产救助计划"提供注资安排，为市场机构提供明确的预期。同时，政府介入破产重整的行为还必须符合法律正当性的基本要求。

三是要依法保障各类主体的权益。政府介入企业重整的过程中，往往在保护一些主体利益的同时，损害其他主体的合法权益。美国在19世纪末至20世纪的铁路破产重整浪潮中，即出现过债权人利益被损害的倾向，因而美国国会在20世纪30年代通过破产成文法确立的原则和方式来限制各种损害债权人的行为。在政府介入重整融资的过程中，那些没有获得政府关注和资助的债权人的权益，如收购债权的投资者、普通债权人等容易受到不利影响。因此，政府在参与企业重整和重整融资的过程中，更应当关注、保护和平衡各方主体利益，介入公司经营的手段不得滥用，不得违反破产法的规定，借融资方的优势地位损害其他利害关系人的利益，甚至将对债务人企业的保护和地方利益的维护演变为地方保护主义。

---

[1] 参见李长友、吴文平：《政府干预经济行为法治化之探究》，载《吉首大学学报（社会科学版）》2014年第4期。

四是要严格遵守破产法的法律程序。克莱斯勒公司重整案件是美国政府第一次运用破产法的规定对企业进行拯救的案例。在该案中,美国政府严格遵循了破产法的重整流程,首先在庭前与债务人、投资人进行磋商,继而按照美国破产法的规定申请重整、出售资产、表决并批准重整计划。当重整计划表决并通过后,克莱斯勒公司才根据重整计划规定的内容得到了相应的政府救助。同时,为了降低政府风险并增加企业自救的动力,如果企业重整失败,政府贷款的本息应当按照破产法规定的清偿顺序和重整计划的约定顺序得到清偿。

3. 府院联动应体现专门化要求

设立专门机构对困境企业进行援助是各国通行的做法。早在1974年,法国政府就成立了"产业结构整顿部际委员会",在非司法程序介入的前提下,委员会通过对申请企业的研究分析,经司法管理人同意,以与银行及债权人协商和提供适当资助的方式,帮助员工人数400人以上的较大规模私营企业摆脱无力偿债的困境,对于较小规模即员工人数少于400人的私营企业,则由各大区、省的政府代表进行协调和帮助,对于国有企业,则由政府各有关部门负责解决其财务困境问题。[1] 美国政府在应对2008年国际金融危机时,针对不同行业成立专项资金救助计划,并成立专门的处置机构,设立多家监管机构进行监管。例如,美国财政部成立了专门的执行机构——金融稳定办公室,由国会监管小组、不良资产救助计划特别督察长、金融稳定监管委员会等多家监管机构进行监管。日本通过《股份公司产业再生机构法》设立了专门的产业再生机构。该机构是以企业重建和产业再生为目的的第三方机构组织,独立于政府、企业、银行等重整主体之外。产业再生机构具有公私合作的性质,既有公司的特点,又有政府性质,聘用日本产业再生方面最权威的专家学者,既能够站在中立的立场处理各利益主体的关系,又能从产业再生的高度促进经济的长远发展。产业再生机构有健全的监管制度,设

---

[1] 参见王卫国:《法国治理企业困境的立法和实践》,载《外国法译评》1996年第4期。

有内审部门和守法室负责日常评估和监管，同时还接受社会监督，产业再生机构的每一个决定都会在新闻媒体上对外公布。

鉴于重整融资涉及政府、银行、债务人、企业股东、新投资人等多方主体的博弈，我国可以借鉴国际经验，成立由政府部门、专家学者、金融管理人才等组成的第三方机构，一方面中立、公正、高效地平衡各方利益，另一方面对社会资源进行有效整合，帮助企业获得融资、改善经营、实现再生，从而提高企业重整的有效性、战略性和经济性。

4. 府院联动应实现制度化效果

《企业破产法》自2007年实施以来，随着市场经济的深入发展和市场化社会体系的逐步完善，破产法的市场化、法治化实施不断取得新的进展，非市场化、政策性破产日益丧失存在的土壤。为进一步推进破产法市场化、法治化的实施，还需要建立健全破产法的各种配套法律体系，需要推进府院联动的制度化、法治化实施。

如前文所述，我国司法实践中的府院联动还停留在个案协调和文件指导阶段。虽然从个案的协调发展到以出台文件为特征的机制建设，体现了政府和法院试图系统解决破产法市场化实施中出现的突出问题的政策取向，也解决了破产法市场化实施中遇到的诸多衍生问题。但是也要看到府院联动仍然存在制度化和法治化不足的缺陷。即使是以出台文件为标志的机制建设，也往往缺乏系统化、前瞻性的设计，在实践中容易出现认识分歧并产生诸多冲突，陷入"头痛医头、脚痛医脚"的被动应对状态，仍存在较大的统一、规范和完善空间。[1] 因此，破产法的市场化、法治化实施亟待从机制建立上升到制度完善，从政策调控上升到法律规制阶段。

在重整融资方面，从美国、日本等成熟市场经济国家的经验可以看出，在破解重整企业融资难的关键问题上，都是通过市场化和法治化的手段完成，通过立法的方式对重整企业进行援助。2007年次贷危机后，

---

[1] 参见陆晓燕：《"市场化破产"的法治内蕴》，法律出版社2020年版，第138页。

美国及时出台《2008年紧急经济稳定法案》，制定了不良资产救助计划，有效应对了经济危机对美国经济和重点行业的冲击。日本紧紧围绕"再生与重整"主题，先后颁布了《关于今后的经济财政运行及经济社会结构改革基本方针》《反通货紧缩综合对策》，并重点完善了《金融再生法》《公司更生法》《股份公司产业再生机构法》等法律，从银行、企业、产业等角度进行法律指引，帮助日本企业渡过难关，帮助经济恢复活力。相比之下，我国重整融资的立法和制度还不够完善，法律和制度更多关注的是正常经营的企业，对于困境企业融资在制度供给和法律供给方面则存在明显的缺陷与不足，这种状况不仅不能推动破产法市场化、法治化的实施，反而可能成为市场化、法治化实施的障碍。为此，我国也应借鉴美国、日本等国家的做法，构建起全方位、多层次的制度体系和法律体系，从立法和制度层面加大对重整企业的资金援助，真正通过制度化、法治化的方式解决重整融资中的现实问题。多层次的法律和制度体系应围绕破产法展开，以国家立法为基本指引，以部门规章为有力支撑，以地方制度为实施细则，构建起符合当地社会经济发展实际、具备可操作性和执行力的实施机制。在立法层面，需要重点关注的是将产业政策法与财政法有机结合起来，同步出台或者修改产业政策法和财政法。这是因为通过政府财政支持企业重整，首先要符合预算法的规定，将财政支出依法纳入财政预算，同时，为防止权力的滥用，在必要时可以效仿日本，根据经济发展现状和需求制定时效法，性质为拯救困境企业、复苏经济的产业再生或支援法律制度。[1]

总之，我国在推进府院联动的过程中，应当明确政府和法院的职责边界，充分发挥政府在解决破产衍生问题方面的职能，实现中央经济工作会议公报提出的"为实施市场化破产程序创造条件"的要求。特别是在重整企业融资活动中，政府应当遵循市场化、法治化、专门化、制度化的原则，坚持积极引导、战略规划、适当干预、及时退出的工作要求，

---

[1] 参见丁燕：《企业重整融资方式创新之探究》，载《人民法治》2017年第11期。

从完善法律、配套政策、设立机构等方面构建全方位、多层次的法律制度框架体系，切实解决重整企业的融资困境，为发展新质生产力、优化营商环境提供有力支持。